VICTOR HUGO

LETTRES
A
LA FIANCÉE
— 1820-1822 —

AVEC DEUX PORTRAITS ET UN AUTOGRAPHE

PARIS
BIBLIOTHÈQUE-CHARPENTIER
EUGÈNE FASQUELLE, ÉDITEUR
11, RUE DE GRENELLE, 11

1901

ŒUVRES POSTHUMES DE VICTOR HUGO

LETTRES A LA FIANCÉE

DROITS DE TRADUCTION RÉSERVÉS POUR TOUS PAYS,
Y COMPRIS LA SUÈDE ET LA NORVÈGE

D'après Devéria

VICTOR HUGO

LETTRES
A
LA FIANCÉE

1820-1822

PARIS
BIBLIOTHÈQUE-CHARPENTIER
EUGÈNE FASQUELLE, ÉDITEUR
11, RUE DE GRENELLE, 11
—
1901

I

JANVIER 1820 — JUIN 1821

Victor Hugo, dans *les Feuilles d'automne*, nous a dit lui-même ce que sont ces Lettres :

O mes lettres d'amour, de vertu, de jeunesse,
C'est donc vous ! Je m'enivre encore à votre ivresse,
    Je vous lis à genoux.
Souffrez que pour un jour je reprenne votre âge !
Laissez-moi me cacher, moi l'heureux et le sage,
    Pour pleurer avec vous !

J'avais donc dix-huit ans ! j'étais donc plein de songes !
L'espérance en chantant me berçait de mensonges.
    Un astre m'avait lui !
J'étais un dieu pour toi qu'en mon cœur seul je nomme.
J'étais donc cet enfant, hélas, devant qui l'homme
    Rougit presque aujourd'hui.

O temps de rêverie, et de force, et de grâce !
Attendre tous les soirs une robe qui passe !
    Baiser un gant jeté !
Vouloir tout de la vie : amour, puissance et gloire !
Être pur, être fier, être sublime, et croire
    A toute pureté !

Les voici, ces « lettres d'amour, de vertu, de jeunesse », elles ont été précieusement conservées par « la fiancée »; — les voici, à la fois chastes et ardentes, ingénues et graves, pleines d'enfantillages et pleines de pensées; les voici, toutes palpitantes de désir, toutes saignantes de jalousie, avec leurs exaltations, leurs découragements, leurs plaintes, leurs joies, leurs gronderies, leurs caresses, leurs grosses querelles suivies de délicieux raccommodements. Elles n'étaient pas écrites, certes, pour être lues par d'autres yeux que ceux de l'aimée : il lui recommande à maintes reprises de les brûler; elles en sont d'autant plus précieuses et rares. On n'a pas souvent à saisir dans sa spontanéité, dans sa sincérité, et comme à sa source fraîche et secrète, un pareil amour, si jeune, si pur et si profond.

Victor avait connu Adèle tout enfant; les deux familles Hugo et Foucher étaient liées avant leur naissance; ils avaient grandi ensemble, ils se tutoyaient.
Victor Hugo a encore rapporté lui-même la naissance de leur amour* :
« Je me revois enfant, écolier rieur et frais, jouant, courant, criant avec mes frères dans la grande allée verte de ce jardin sauvage où ont coulé mes premières années, ancien enclos de religieuses que domine de sa tête de plomb le sombre dôme du Val-de-Grâce... »
Il se revoit quatre ans plus tard, « toujours enfant, mais déjà rêveur et passionné ». Il y a là une jeune

---

* *Le Dernier jour d'un Condamné.*

fille. Et il la revoit aussi « avec ses grands yeux et ses grands cheveux, sa peau brune et dorée, ses lèvres rouges et ses joues roses...

« Nos mères nous ont dit d'aller courir ensemble; nous sommes venus nous promener. On nous a dit de jouer, et nous causons, enfants du même âge, non du même sexe.

« Pourtant, il n'y a encore qu'un an, nous courions, nous luttions ensemble. Je lui disputais la plus belle pomme du pommier; je la frappais pour un nid d'oiseau. Elle pleurait; je disais : C'est bien fait! et nous allions tous deux nous plaindre ensemble à nos mères, qui nous donnaient tort tout haut et raison tout bas.

« Maintenant elle s'appuie sur mon bras, et je suis tout fier et tout ému. Nous marchons lentement, nous parlons bas. Elle laisse tomber son mouchoir; je le lui ramasse. Nos mains tremblent en se touchant. Elle me parle des petits oiseaux, de l'étoile qu'on voit làbas, du couchant vermeil derrière les arbres, ou bien de ses amies de pension, de sa robe et de ses rubans. Nous disons des choses innocentes, et nous rougissons tous deux. La petite fille est devenue jeune fille... »

La « fiancée » continue à son tour le récit* :

« En août 1818, Mme Hugo ne logeait plus aux Feuillantines; la demi-solde du général ne lui permettait plus le luxe d'un jardin. Elle avait un appartement moins coûteux au troisième étage du n° 18 de la rue des Petits-Augustins...

* *Victor Hugo raconté par un Témoin de sa vie.*

1.

« Après son dîner, elle avait l'habitude d'aller chez Mme Foucher. Quand ses deux fils sortirent de pension, ils y allèrent avec elle. Presque tous les soirs de l'hiver 1818-1819, le portier de l'hôtel Toulouse * vit entrer Eugène et Victor se donnant le bras et, derrière eux, leur mère, son sac à la main et vêtue d'une robe de mérinos amarante que recouvrait un cachemire à palmes.

« Mme Foucher occupait sa chambre à coucher, grande pièce à alcôve profonde. La visiteuse trouvait à l'un des coins de la cheminée son fauteuil tout prêt, et, sans ôter son châle ni son chapeau, s'asseyait, tirait son ouvrage de son sac et se mettait à ses points. M. Foucher se tenait de l'autre côté de la cheminée, ayant près de lui sur une étagère sa tabatière et sa bougie. Entre lui et Mme Hugo, autour d'un guéridon, travaillaient à l'aiguille Mme Foucher et sa fille. Eugène, Victor et Victor Foucher fermaient le cercle.

« Les soirées étaient fort silencieuses. La santé du maître de la maison, défaite par des excès de veilles, se prêtait peu au mouvement et à la conversation. Il s'effaçait dans son coin et dans ses livres. Mme Foucher, pour ne pas le troubler et par nature, causait peu; Eugène et Victor avaient été élevés par leur mère à ne jamais parler sans qu'on les interrogeât. Mme Hugo interrompait de temps en temps sa couture pour ouvrir sa tabatière, car elle prisait comme M. Foucher. Elle présentait sa tabatière à son vieil ami en lui disant: « Monsieur Foucher, voulez-vous une prise ? »

---

* Hôtel du Conseil de guerre, rue du Cherche-Midi, où M. Foucher, ancien greffier du Conseil, avait conservé son appartement.

M. Foucher répondait oui ou non, et c'étaient d'ordinaire, avec le bonjour et le bonsoir, les seules paroles échangées de toute la soirée.

« Ces soirées si monotones avaient pour Victor un intérêt qu'on ne s'expliqua pas dans le commencement. Aussitôt le dîner fini, il était prêt et pressait la lenteur d'Eugène ; dans la rue, il avait peine à ne pas devancer sa mère ; quand, par hasard, il ne venait pas à l'hôtel Toulouse, il était triste...

« Son bonheur n'était pourtant pas de voir pétiller le feu ni de passer deux heures immobile sur une chaise mal rembourrée, et cela lui était bien égal qu'on ne dît pas un mot, et il était content que M. Foucher eût les yeux baissés sur son livre et les femmes sur leur ouvrage, parce qu'alors il pouvait regarder tout à son aise Mlle Adèle. »

Longtemps Victor se contenta de cette contemplation muette, soit par timidité, soit par la difficulté de voir Adèle seule, soit enfin qu'il ne démêlât pas bien lui-même ce qui se passait en lui ; la jeunesse, en ce temps-là, manquant sans doute un peu d'instruction.

On sait, par une des lettres de 1821, quel jour et comment les deux jeunes cœurs se révélèrent l'un à l'autre ; la date est précise, ce fut le 26 avril 1819 ; Victor avait dix-sept ans, Adèle en avait seize.

Même en se faisant l'aveu suprême, ils restèrent des enfants ; il semble qu'ils aient joué, ce jour-là, à l'amour comme ils auraient joué à cache-cache ; ce fut naïf et charmant. Adèle, plus avisée et plus hardie en sa qualité de fille, voulut décidément savoir ce qu'il y avait au fond de ce silence admiratif du garçon. Elle lui dit : « Tu dois avoir des secrets ; n'en as-tu pas un qui est le plus grand de tous? » Victor convint qu'il avait des secrets et un plus grand que les autres. « C'est comme moi, reprit Adèle. Eh bien, écoute ; dis-moi quel est ton plus grand secret et je te dirai quel est le mien. — Mon grand secret, osa dire Victor, c'est que je t'aime. — Mon grand secret, c'est que je t'aime », répéta Adèle comme un écho.

La glace était rompue, elle n'était pas fondue. Cet amour, au commencement, fut des plus modérés et des plus sages.

> Les doux aveux de notre amour
> A peine ont effleuré nos lèvres innocentes ;
> Un mot faisait tous nos discours.
> . . . .
> Tu m'aimais sans transports, je t'aimais sans délire*.

Il y eut alors quelques lettres échangées, mais il paraît qu'elles étaient « brèves et froides » ; elles n'ont pas été conservées.

D'ailleurs les deux petits amoureux allaient être momentanément séparés.

« L'hiver touchait à sa fin. Mme Foucher louait, pour la saison d'été, un pied-à-terre dans la banlieue. L'été de 1819, elle s'en alla camper à Issy. Cette villégiature contraria vivement Victor ; il eut beau insinuer qu'Issy n'était pas beaucoup plus loin que le Conseil de guerre, qu'il n'y avait que Vaugirard à traverser et qu'on y était ; les visites ne purent plus être de tous les jours. Souvent pourtant,

* *Raymond d'Ascoli. Œuvres de la première jeunesse.*

quand le temps était beau, Mme Hugo prenait ses deux fils, achetait en route des corbeilles de fruits qu'ils étaient heureux de porter à Issy, et la domestique, à laquelle ils les remettaient, se hâtait d'ajouter trois couverts. Les fruits mangés, on allait dans le jardin respirer un peu de fraîcheur*. »

L'automne arriva, le retour à Paris. Le feu avait couvé pendant cette demi-absence.

Le doux penchant devint une indomptable flamme**.

Indomptable est le mot. L'amour est entré dans le cœur et dans la vie de Victor Hugo; il va tout dominer et résister à tout.

C'est à ce moment, au retour d'Issy, dans les derniers mois de 1819, que doit avoir commencé la correspondance suivie.

Victor maintenant semble avoir été moins timide : il avait demandé et il avait obtenu d'Adèle des rendez-vous où ils pouvaient se voir seuls. C'était dans le jardin de l'hôtel Toulouse, un assez beau jardin avec de grands arbres au fond. Quand sa mère était sortie, son père à son bureau, Adèle s'échappait, descendait vivement l'escalier, se glissait par un couloir demi obscur et allait retrouver Victor, qui l'attendait « sous les grands marronniers ». Puis, la santé de M. Foucher s'était raffermie, il recevait plus souvent le soir. De jeunes amies d'Adèle venaient avec leurs parents. On causait, on jouait, on s'épar-

---

* *Victor Hugo raconté par un Témoin de sa vie.*
** *Odes et Ballades.*

pillait dans l'appartement en groupes ou en couples. Un de ces groupes devait être fréquemment Victor avec Adèle. — Mais tous ces entretiens furtifs étaient forcément bien rapides. On y suppléait en s'écrivant des lettres qu'on se glissait dans la main à chaque entrevue.

Les premières de ces lettres nous manquent, elles ne différaient sans doute pas beaucoup de celles qui restent. Celles de Victor étaient pleines de passion, celles d'Adèle étaient pleines de trouble.

Leur état d'esprit n'était pas le même.

A dix-sept ans, Victor Hugo, accoutumé par sa mère à prendre la vie par ses côtés sérieux, a déjà beaucoup travaillé, beaucoup appris, beaucoup réfléchi. Ses sens ignorent; heureuse et rare condition pour connaître l'amour : il le connaîtra d'abord par le sentiment. Il a lu *Werther*, il a lu *René*; il attend les « orages désirés », et, comme Saint-Augustin, « aimant à aimer, il cherche ce qu'il aimera ». Son rêve, il est là, sous sa main, il le découvre, et la première et souveraine impression de la beauté unie à une âme qu'il sait charmante a soudain transformé ou, pour mieux dire, complété son être et, tout en lui laissant sa juvénile candeur, va développer en lui une énergie virile.

Elle, Adèle, à seize ans, n'est rien qu'une enfant. Avec une intelligence très vive, son cœur est toujours celui d'un enfant, d'un enfant ingénu et tendre, et c'est en enfant, avec les ignorances, les étonnements, les timidités et les scrupules d'un enfant qu'elle se laisse aller à l'amour. Ce qui chez Victor est passion, chez elle n'est qu'instinct. La jeune fille est restée petite fille, et la petite fille est de plus une petite bourgeoise. Son père, catholique pratiquant, l'a élevée dans la piété, et elle communie, et elle a un confesseur ! Elle a cédé en aimant à une impulsion naturelle, mais elle devra bientôt s'effrayer de son « péché », de son imprudence.

En effet, à leur âge et dans leur situation de fortune, où pouvait les mener cet amour ? Il est certain qu'avec un amoureux moins sérieux que Victor un tel jeu n'eût pas été sans danger. Il est certain que, le jour où leur doux secret serait découvert, le premier souci, le premier devoir de leurs parents serait de les séparer. Ils le savaient si bien qu'ils étaient convenus de se parler à peine et de feindre l'indifférence et la froideur dès qu'ils ne seraient plus seuls. Adèle ne s'était pas refusée d'abord à cette petite comédie, mais elle s'inquiétait, elle s'accusait : est-ce que ce n'était pas bien mal, ce qu'elle faisait là ?

La mère de Victor, pour qui son fils était docile et soumis comme à douze ans, ne voyait toujours en lui qu'un enfant et n'imaginait pas un instant que cet enfant pût être amoureux. La mère d'Adèle, plus clairvoyante, avait cru surprendre à plus d'un signe ce qu'elle supposait n'être encore qu'un enfantillage, et néanmoins elle surveillait, elle interrogeait, elle réprimandait sa fille. La pauvre Adèle, très tourmentée, se plaignait à Victor et parfois l'accusait et le boudait. Mais elle aimait, elle était la bonté même et, quand il ne se croyait plus aimé, vite elle le rassurait ; quand elle le voyait désolé, vite elle lui demandait pardon.

Elle eût été trop malheureuse d'ailleurs de perdre l'amour de son poète. Elle n'était pas seulement touchée de cet amour, elle en était flattée. La jeune gloire de Victor Hugo commençait dès lors à rayonner. Il ne faut pas oublier que Chateaubriand l'avait appelé « l'enfant sublime »; les salons royalistes parlaient avec admiration de son ode *les Destins de la Vendée* et de sa satire *le Télégraphe;* l'Académie des Jeux floraux de Toulouse avait récompensé de deux de ses premiers prix *le Rétablissement de la statue de Henri IV* et les strophes d'un si beau souffle, écrites à seize ans, *les Vierges de Verdun*.

A défaut des lettres perdues de l'automne de 1819, le premier témoignage écrit que l'on possède de l'amour de Victor Hugo, ce sont des vers, *le Premier Soupir*, datés du mois de décembre.

Quelle ne fut pas la joie d'Adèle quand le jeune lauréat les lui donna, ces vers! des vers lus par elle seule, faits pour elle seule! Ils étaient passablement tristes; c'était une élégie, une élégie « plaintive », comme il convient; il n'y parlait que de mourir. Ils étaient tristes, ces vers, mais qu'ils lui parurent beaux! Et comme le poète, en attendant son infaillible trépas, sollicitait une récompense, elle s'engagea, dans son enthousiasme, à lui donner douze baisers. Douze! c'était beaucoup, et il paraît avéré qu'elle n'en paya jamais que quatre.

> ... Ces vers pour qui ton jeune amour
> M'a promis des baisers, que ta pudeur craintive
> Me refuse de jour en jour[*].

---

[*] *Raymond d'Ascoli*. Œuvres de la première jeunesse.

Cependant, ces vers et ces baisers furent bientôt, pour Adèle, la cause de nouvelles alarmes.

Nous avons dit qu'elle avait des amies. Or, quand on a des amies et qu'on reçoit d'aussi « jolis » vers, comment ne pas communiquer ces vers à ces amies? Comment, en montrant les vers, ne pas ajouter qu'on est aimée du poète? Sur ce, grandes félicitations des bonnes amies. « Mais toi, est-ce que tu l'aimes? — Pouvais-je faire autrement? — Est-ce que tu le lui as dit? — Pouvais-je le lui taire? » Et l'on avoue même le prix demandé, les baisers promis. Sur ce, grandes exclamations des bonnes amies. « Oh! que c'est imprudent! — Oh! que c'est grave! — Quelle opinion va-t-il avoir de toi? — Il ne te respecte pas, puisque tu ne te respectes pas toi-même! » La pauvre Adèle rapproche cette parole des avertissements que lui a donnés sa mère : « Prends garde! Si jamais il te déclare son amour et que tu aies la faiblesse d'y répondre, il sera le premier à te retirer son estime. »

Eh! quoi! parce qu'elle l'aime, il la mépriserait? il la méprise? Oui, c'est certain, il la méprise! Elle, méprisée par lui! Oh! cela, c'est la pire douleur! Et elle l'interroge avec angoisse.

Il la rassure avec conviction. Il signe ses lettres *Ton mari* et lui parle comme si elle était déjà sa femme. N'est-il pas, lui, sûr de lui-même, sûr de son amour sincère et de ses intentions loyales, sûr de sa persévérance et de son courage? Le fond de son amour, c'est le respect. Ses plus grandes audaces sont de la presser quelquefois sur sa poitrine ou d'obtenir d'elle la promesse de baisers, qu'il la laisse lui refuser ensuite...

Car l'amant à l'époux garde sa pureté *.

On peut dire que l'amant y a quelque mérite. A dix-sept ans, Adèle en même temps que le charme, avait déjà l'éclat. Brune, avec d'abondants cheveux noirs et de longs sourcils fermement arqués, de grands yeux vifs et doux, le nez fin et droit, la bouche de la forme la plus délicate et la plus suave, elle était adorablement belle, adorablement jolie.

Donc il l'adore. Mais alors il voudrait, il veut être aimé, aimé comme il aime, profondément, uniquement, jalousement. Et c'est là l'intérêt de ces lettres ingénues et fortes : il s'y efforce, avec une infinie tendresse, quelquefois cependant avec impatience et dépit, d'éclairer, d'élever l'âme de la petite pensionnaire, de lui apprendre ce que c'est que l'amour vrai, son amour, dont tout le monde autour d'elle s'accorde à lui démontrer le péril et la déraison et dont il veut arriver à lui faire comprendre la grandeur et la pureté.

Son plus grand moyen de persuasion, c'est que lui-même il l'admire ; le maître est à genoux devant son élève ; elle est dans sa pensée comme sur un autel ; son jeune génie humblement, timidement, s'incline devant cet autre don divin, la beauté. Qu'un jour elle puisse être sienne, il ose le rêver à peine. Mais si elle est à un autre, il mourra ! Cette idée de la mort, preuve et sanction de l'amour, complaît à son imagination, et elle est faite aussi

* *Marion de Lorme.*

pour frapper l'imagination de la jeune fille. En attendant, il met tout ce qu'il a, tout ce qu'il est, à ses pieds, ou plutôt sous ses pieds. Jamais il ne lui dit un mot de ses travaux, de ses succès, de ses illustres amitiés, Lamennais, Chateaubriand, de sa célébrité naissante, ou, s'il y fait quelque allusion, c'est pour lui répéter que tout est à elle, pour elle, par elle. Ces lettres ne sont qu'à l'amour, ne parlent que d'amour, et c'est pourquoi elles sont et resteront un si rare et si pur exemplaire de l'amour idéal.

LETTRES A LA FIANCÉE

1820

JANVIER — AVRIL

Samedi soir (janvier 1820).

Quelques mots de toi, mon Adèle chérie, ont encore changé l'état de mon âme. Oui, tu peux tout sur moi, et, demain, je serais mort que j'ignore si le doux son de ta voix, si la tendre pression de tes lèvres adorées ne suffiraient pas pour rappeler la vie dans mon corps. Combien ce soir je vais me coucher différent d'hier! Hier, Adèle, toute ma confiance dans l'avenir m'avait abandonné, je ne croyais plus à ton amour, hier l'heure de ma mort aurait été la bienvenue.

— Cependant, me disais-je encore, s'il est vrai qu'elle ne t'aime pas, si rien dans mon âme n'a pu me mériter ce bien de son amour sans lequel il n'y a plus de charme dans ma vie, est-ce une raison pour mourir? Est-ce que c'est pour mon bonheur personnel que j'existe? Oh non! tout mon être lui est dévoué, même malgré elle. Et de quel droit aurais-je osé prétendre à son amour? Suis-je donc plus qu'un ange ou qu'un dieu? Je l'aime, il est vrai, moi; je suis prêt à tout lui sacrifier avec joie, tout, jusqu'à l'espérance d'être aimé d'elle; il n'y a pas de dévouement dont je ne sois capable pour elle, pour un de ses sourires, pour un de ses regards. Mais est-ce que je pourrais être autrement? Est-ce qu'elle n'est pas l'unique but de ma vie? Qu'elle me montre de l'indifférence, de la haine même, ce sera mon malheur, voilà tout. Qu'importe, si cela ne nuit pas à sa félicité! Oh! oui, si elle ne peut m'aimer, je n'en dois accuser que moi. Mon devoir est de m'attacher à ses pas, d'environner son existence de la mienne, de lui servir de rempart contre les périls, de lui offrir ma tête pour marchepied, de me placer sans cesse entre elle et toutes les douleurs, sans réclamer de salaire, sans attendre de récompense. Trop heureux si elle daigne quelquefois jeter un regard de pitié sur son esclave et se souvenir de moi au moment du danger! Hélas! qu'elle me laisse jeter ma vie au-devant de tous ses désirs, de tous ses caprices; qu'elle me permette de baiser avec respect la trace adorée de ses pieds, qu'elle consente à appuyer parfois sa marche sur moi dans les difficultés de l'existence, et j'aurai obtenu le seul bonheur auquel j'aie la présomption d'aspirer. Parce que je suis prêt à tout lui immoler, est-ce qu'elle me doit quelque reconnaissance? Est-ce sa faute, si je l'aime? Faut-il qu'elle se croie pour cela contrainte de m'aimer? Non, elle pourrait se jouer de mon dévouement, payer de haine mes services, repousser mon idolâtrie avec mépris, sans que j'eusse un moment le droit de me plaindre de cet ange, sans que je dusse cesser un instant de lui prodiguer tout ce qu'elle dédaignerait. Et quand chacune de mes journées aurait été marquée par un sacrifice pour elle, le jour de ma mort je n'aurais encore rien acquitté de la dette infinie de mon être envers le sien. —

Hier, à cette heure, mon Adèle bien-aimée, c'étaient là les pensées et les résolutions de mon âme. Elles sont encore les mêmes aujourd'hui. Seulement il s'y mêle la certitude du bonheur, de ce bonheur si grand que je n'y pense jamais qu'en tremblant d'oser y croire.

Il est donc vrai que tu m'aimes, Adèle! Dis-moi, est-ce que je peux me fier à cette ravissante idée? Est-ce que tu crois que je ne finirai pas par devenir fou de joie si jamais je puis couler toute ma vie à tes pieds, sûr de te rendre aussi heureuse que je serai heureux, sûr d'être aussi adoré de toi que tu es adorée de moi? Oh! ta lettre m'a rendu le repos, tes paroles de ce soir m'ont rempli de bonheur. Sois mille fois remerciée, Adèle, mon ange bien-aimé. Je voudrais pouvoir me prosterner devant toi comme devant une divinité. Que tu me rends heureux! Adieu, adieu. Je vais passer une bien douce nuit à rêver de toi.

Dors bien et laisse ton mari te prendre les douze baisers que tu lui as promis et tous ceux que tu ne lui as pas promis.

28 février. — Lundi.

Je serais bien fâché, mon Adèle, de t'avoir rendu, ainsi que tu paraissais le désirer, hier au soir, cette lettre qui, malgré les cruelles réflexions qu'elle m'a fait faire, m'est devenue bien chère, puisqu'elle me prouve que tu m'aimes encore.

C'est avec joie que j'avoue que tous les torts sont de mon côté, et c'est avec le plus sincère repentir que je te conjure de me les pardonner. Non, mon Adèle, ce n'est pas à moi qu'il est réservé de te punir. Te punir! et de quoi? Mais c'est à moi qu'il est réservé de te défendre et de te protéger.

Informe-moi toujours de tout ce qui t'arrive, de tout ce que tu fais et même de tout ce que tu penses. J'ai ici un petit reproche à te faire. Je sais que tu aimes les bals, tu m'as dit toi-même, dernièrement, que la valse était pour toi une tentation bien attrayante; pourquoi donc as-tu refusé l'offre qui t'a été faite ces jours passés? Ne t'y trompe pas : lorsque j'ai renoncé pour toi aux bals et aux soirées, c'était simplement de l'ennui que je m'épargnais, ce n'était pas un sacrifice que je te faisais. Il n'y a de sacrifice à se priver d'une chose que lorsque la chose dont on se prive faisait éprouver du plaisir. Or, je n'ai de plaisir qu'à te voir ou à me trouver près de toi. Pour toi, du moment où la danse t'amuse, la privation d'un bal est un vrai sacrifice. Je suis très reconnaissant de ton intention, mais je ne saurais l'accepter. Je suis, à la vérité, excessivement jaloux; mais il serait trop peu généreux de ma part de t'enlever, par pure jalousie, à des plaisirs qui sont de ton âge et qui seraient sans doute aussi des plaisirs pour moi, si tu ne me suffisais pas. Amuse-toi donc, va au bal, et au milieu de tout cela, ne m'oublie pas. Tu trouveras sans peine des jeunes gens plus aimables, plus galants, et surtout plus brillants que moi, mais j'ose dire que tu n'en trouveras pas dont la tendresse pour toi soit aussi pure et aussi désintéressée que la mienne.

Je ne veux pas t'ennuyer ici de mes peines personnelles; elles sont loin d'être sans remède, et d'ailleurs elles seront oubliées toutes les fois que je te verrai gaie, heureuse et tranquille.

Adieu, dis-moi toujours tout, soit de vive voix, soit par écrit. Du courage, de la prudence et de la patience; prie le bon Dieu de m'accorder ces trois qualités, ou plutôt les deux dernières seulement; car, tant que tu m'aimeras, la première ne me manquera pas. J'espère que cette lettre-ci ne te fera pas pleurer. Quant à moi, je suis tout joyeux quand je songe que tu es à moi, car tu es à moi, n'est-il pas vrai, mon Adèle?

Malgré les obstacles qui se présentent dans l'avenir, je suis tout prêt à crier comme Charles XII: « Dieu me l'a donnée, le diable ne me l'ôtera pas. »

Adieu, pardonne-moi et permets à ton mari de supposer qu'il prend un des dix baisers que tu lui dois.

Ton fidèle
Victor.

20 mars 1820.

Obsédé et importuné de toutes parts, je t'écris à la hâte quelques mots, mon Adèle, et j'espère que les marques de confiance entière que je t'ai données ce matin t'auront assez calmée pour que cette lettre soit inutile. Si tu pouvais concevoir à quel point je t'aime, tu concevrais aussi à quel point je t'estime. Tout se réduit à savoir si tu doutes de mon éternel et inviolable attachement; dans ce cas, comment veux-tu que je te le prouve? Parle et je t'obéirai.

Je crois, mon Adèle, que tu es entièrement rassurée sur mon compte; je te donnerai toutes les marques de confiance qu'il sera en mon pouvoir de te donner, et je te jure que tu seras informée comme moi de tout ce qui me concerne.

Je voudrais, mon amie, t'exhorter à la patience, mais ce mot-là sonne mal dans ma bouche; je ne puis t'offrir aucune consolation dans tes peines qui sont aussi les miennes, aucune compensation à tes chagrins dont je ne souffre pas moins que toi. Quant à moi, mon Adèle, et je ne parle ici que pour moi seul, dans quelque position que je me trouve, je ne serai jamais tout à fait malheureux tant que je pourrai croire que tu m'aimes encore.

Adieu, crois à mon estime et à mon respect, je ne puis te dire autre chose, sinon que je voudrais que tu penses autant de bien de moi que j'en pense de toi. Tu vois que je répète continuellement la même chose, parce que je pense toujours de même.

Pardonne à tout ce fatras que je cherche à prolonger le plus que je peux ; il m'en coûte tant de te dire adieu.

Écris-moi le plus souvent que tu pourras et brûle mes lettres, je crois que la prudence l'exige. Adieu, adieu... Surtout ne brûle jamais les tiennes !

21 mars.

Puisque je n'ai pu, à mon grand regret, te porter cette réponse hier au soir, permets-moi d'y ajouter ce peu de lignes. Je suis seul pour quelques minutes et j'en profite pour t'écrire. Que n'es-tu avec moi dans ce moment-ci, mon Adèle ! j'ai tant de choses à te dire... Pourquoi as-tu brûlé ta lettre de samedi? tu ne saurais croire combien je t'en veux : tu avoues toi-même que tu avais *quelque chose à me demander*, et tu ne l'as pas fait !... Voilà ta confiance pour moi ! J'espère que ta prochaine lettre réparera ta faute... Tiens, mon Adèle, pardonne-moi, je suis tout fier d'avoir un reproche fondé à te faire. Tu vaux cent mille fois mieux que moi, et pourtant tu es à moi...

Adieu, quand pourrons-nous causer un moment?

28 mars.

Tu me demandes quelques mots, Adèle, et que veux-tu que je te dise que je ne t'aie déjà dit mille et mille fois. Veux-tu que je te répète que je t'aime? Mais les expressions me manquent... Te dire que je t'aime plus que la vie, ce ne serait pas te dire grand'-chose, car tu sais que je ne suis pas fou de la vie. Il s'en faut! A propos, je te défends, entends-tu, je te défends de me parler davantage de mon *mépris*, de mon *manque d'estime* pour toi. Vous me fâcheriez sérieusement si vous me forciez à vous répéter que je ne vous aimerais pas, si je ne vous estimais pas. Et d'où viendrait, s'il te plaît, mon *manque d'estime* pour toi? Si l'un de nous deux est coupable, ce n'est certainement pas mon Adèle. Je ne crains cependant pas que tu me méprises, car j'espère que tu connais la pureté de mes vues. Je suis ton mari, ou du moins je me considère comme tel. Toi seule pourras me faire renoncer à ce titre.

Que se passe-t-il autour de toi, mon amie? Te tourmente-t-on? Instruis-moi de tout. Je voudrais que ma vie pût t'être bonne à quelque chose.

Sais-tu une idée qui fait les trois quarts de mon bonheur? Je pense que je pourrai toujours être ton mari, malgré les obstacles, ne fût-ce que pour une journée. Nous nous marierions demain, je me tuerais après-demain, j'aurais été heureux et personne n'aurait de reproches à te faire. Tu serais ma veuve. — N'est-ce pas, mon Adèle, que cela pourra, dans tous les cas, s'arranger ainsi? Un jour de bonheur vaut bien une vie de malheur.

Écoute, pense à moi, mon amie, car je ne pense qu'à toi. Tu me dois cela. Je m'efforce de devenir meilleur pour être plus digne de toi. Si tu savais combien je t'aime!... Je ne fais rien qui ne soit à ton intention. Je ne travaille uniquement que pour ma femme, ma bien-aimée Adèle. Aime-moi un peu en revanche.

Encore un mot. Maintenant tu es la fille du général Hugo. Ne fais rien d'indigne de toi, ne souffre pas que l'on te manque d'égards; maman tient beaucoup à ces choses-là. Je crois que cette excellente mère a raison. Tu vas me prendre pour un orgueilleux, de même que tu me crois fier de tout ce qu'on appelle mes succès, et cependant, mon Adèle, Dieu m'est témoin que je ne serai jamais orgueilleux que d'une seule chose, c'est d'être aimé de toi.

Adieu, tu me dois encore huit baisers que tu me refuseras sans doute éternellement. Adieu, tout à toi, rien qu'à toi.

V.

(Commencement d'avril 1820).

C'est le 26 avril 1819 que je t'avouai que je t'aimais... Il n'y a pas un an encore. Tu étais heureuse, gaie, libre ; tu ne pensais peut-être pas à moi. Que de peines, que de tourments depuis un an ! Que de choses tu as à me pardonner !...

Je voudrais savoir tout ce que l'on te dit sur mon compte. Aie un peu de confiance en ton mari, je suis bien malheureux.

Tu vois, mon amie, que je puis à peine lier deux idées, ta lettre me tourmente bien cruellement. J'ai pourtant tant de choses à te marquer et si peu de temps pour t'écrire. Comment tout cela finira-t-il ? Je le sais à peu près pour moi, mais pour toi ?

Maintenant toutes mes espérances, tous mes désirs se concentrent sur toi seule...

Je veux cependant absolument répondre à ta lettre. Comment oses-tu dire que je pourrai jamais t'oublier ? Me mépriserais-tu par hasard ? Dis-moi encore quelles sont les mauvaises langues ? Je suis furieux ! tu ne sais pas assez combien tu vaux mieux, *sous tous les rapports*, que tout ce qui t'entoure ; sans excepter ces prétendues amies, qui feraient croire aux anges mêmes qu'ils sont des diables.

Adieu, mon Adèle, tu vois que je ne suis pas en état de te répondre. Excuse mon griffonnage. A demain le reste, si je puis.

Mardi, 18 avril 1820.

Je suis désolé, ma bien-aimée Adèle, de te voir malade, et si les idées que tu te formes sur mon compte contribuent à te mettre en cet état, je ne sais, en vérité, comment faire pour te détromper. Je t'avais demandé quelles étaient les *commères* qui te donnaient une mauvaise opinion de moi ; tu n'as pas voulu me répondre, parce qu'il est malheureusement probable que tu crois à la vérité de ce qu'elles te disent sur moi... Je t'avais demandé encore quels étaient les reproches que l'on me faisait afin de me corriger, s'ils étaient justes, et de les démentir, s'ils étaient faux ; tu n'as pas jugé à propos de me satisfaire encore sur ce point. Que te dit-on donc de moi ? Il est probable que tous ces propos ne sont honorables ni pour ma conduite, ni pour mon caractère, et cependant le ciel m'est témoin que je voudrais que tu connusses toutes mes actions, toutes sans exception, je m'inquiéterais alors fort peu des bavardages de tes *amies* et je pense que tu ferais plus de cas de moi que tu n'en fais. Comme il serait très possible qu l'on m'eût peint à toi comme plein d'amour-propre, je te supplie de croire que je ne parle point ainsi par orgueil.

Tu m'adresses de vagues inculpations, je suis gêné près de toi, dis-tu. Tu as raison, je suis gêné, parce que je voudrais toujours être seul avec toi et que je suis tourmenté des regards scrutateurs des autres. Tu ajoutes que *je m'ennuie;* si tu me crois un menteur, il est inutile que je dise que les seuls moments de bonheur que j'aie encore sont ceux que je passe près de toi.

Cependant, mon Adèle, puisque la suite cruelle de mes idées m'amène à t'en parler, il faudra bientôt que je renonce à ce dernier et unique bonheur. Je suis vu avec déplaisir de tes parents, et, certes, ils ont bien à se plaindre de moi. Je reconnais mes torts, ou plutôt mon tort, car je n'en ai qu'un, celui de t'avoir aimée. Tu sens que je ne puis continuer mes visites dans une maison où je suis mal vu. Je t'écris ceci les larmes aux yeux, et j'en rougis presque, comme un sot et un orgueilleux que je suis.

Quoi qu'il en soit, reçois ici mon inviolable promesse de n'avoir jamais d'autre femme que toi et de devenir ton mari sitôt que cela sera en mon pouvoir. Brûle toutes mes autres lettres et garde celle-ci. L'on peut nous séparer; mais je suis à toi, éternellement à toi; je suis ton bien, ta propriété, ton esclave... N'oublie jamais cela, tu peux user de moi comme d'une chose et non comme d'une personne; en quelque lieu que je sois, loin ou près, écris-moi ta volonté, et j'obéirai, ou je mourrai.

Voilà ce que j'ai à te dire avant de cesser de te voir, pour que tu m'indiques toi-même les moyens que tu désireras me voir employer, si tu juges à propos de conserver quelques relations avec moi. — Oui, mon Adèle, oui, il faudra sans doute bientôt cesser de te voir. Encourage-moi un peu.....

Je fais souvent des réflexions bien amères. Depuis que tu m'aimes, tu te crois moins *estimable* (c'est ton expression) qu'auparavant ; et moi, depuis que je t'aime, je me crois de jour en jour meilleur. C'est qu'en effet, chère Adèle, je te dois tout. C'est le désir de me rendre digne de toi qui me rend sévère sur mes défauts. Je te dois tout et je me plais à le répéter. Si même je me suis constamment préservé des débordements trop communs aux jeunes gens de mon âge, ce n'est pas que les occasions m'aient manqué, mais c'est que ton souvenir m'a sans cesse protégé. Aussi, ai-je, grâce à toi, conservé intacts les seuls biens que je puisse aujourd'hui t'offrir, un corps pur et un cœur vierge. J'aurais peut-être dû m'abstenir de ces détails, mais tu es ma femme, ils te prouvent que je n'ai rien de caché pour toi et jusqu'où va l'influence que tu exerces et exerceras toujours sur ton fidèle mari.

V.-M. Hugo.

Les pressentiments et les craintes qu'exprime la lettre des premiers jours d'avril, allaient être réalisés, dépassés même par l'événement. La correspondance des petits amoureux va être brusquement, et pour des mois, interrompue.

Victor avait-il manqué de prudence? avait-il fait seul des apparitions trop fréquentes et trop peu motivées dans la maison et dans le jardin d'Adèle? La vigilance en éveil de Mme Foucher s'était alarmée et elle avait averti son mari de ce qui se passait.

M. Foucher ne voulut pas rester dans cette situation équivoque. La mère de Victor ne se doutait toujours de rien; que penserait-elle des sentiments de son fils? C'est ce qu'il fallait savoir.

M. Foucher, lui, aurait été plutôt porté à voir sans défaveur l'amour de Victor pour sa fille. Il ne pouvait être question de marier ces deux enfants; mais, en les séparant pour le moment, on pouvait attendre, laisser passer le temps, s'assurer de leur constance.

M. Foucher, chef de bureau au Ministère de la

Guerre, estimé, décoré, était tout ce qu'il y a de plus honorable ; mais il avait trois enfants, il n'avait que sa place pour vivre et sa fille était sans dot. La fortune présente de Victor était à coup sûr moins brillante encore ; seulement, il était fils du général Hugo, et les généraux de l'Empire, même dans les milieux royalistes, avaient apparemment gardé leur prestige ; de plus, M. Foucher, grand liseur et plus connaisseur qu'il ne voulait le paraître, était capable d'apprécier le talent de Victor et de prévoir son avenir ; il connaissait le mot de Chateaubriand, il connaissait la lettre où Alexandre Soumet, au nom de l'Académie des jeux floraux, avait félicité le jeune lauréat des « *prodigieuses espérances* qu'il donnait à notre littérature ». Peut-être Mme Hugo, sa vieille amie, ne se montrerait-elle pas, de son côté, trop hostile. Mais il fallait en avoir le cœur net, il fallait aller tout lui dire.

Victor connaissait sa mère, et rien ne pouvait l'effrayer plus qu'une telle démarche.

La générale Hugo était pour ses trois fils la mère la plus chérie, mais aussi la plus redoutée. Elle les aimait tendrement et elle les menait rudement. C'est qu'elle était seule pour gouverner ces trois grands garçons. Le général Hugo avait alors à peu près délaissé femme et fils ; à Blois où il résidait, il avait un autre ménage, et le seul rapport qu'il eût encore avec sa famille, c'était de lui servir une pension, bien juste pour ses besoins. Mme Hugo, autoritaire de tempérament, tenait donc très sévèrement ses fils ; son système d'éducation était de leur laisser dans leurs travaux la plus large liberté intellectuelle, mais en exigeant d'eux dans la conduite de la vie la plus stricte obéissance. Devant la révélation inattendue des parents d'Adèle, quel arrêt allait-elle rendre ? Victor ne le prévoyait que trop, et d'avance il se sentait lié et subjugué, d'abord parce qu'il craignait sa mère et surtout parce qu'il l'adorait.

On sait qu'il lui devait deux fois la vie; on sait qu'il était en venant au monde si frêle et si chétif qu'il semblait « n'avoir pas un lendemain à vivre », et, avant de devenir si robuste, il était resté longtemps faible et délicat; on se rappelle les vers des *Feuilles d'automne :*

. . . . Je dirai peut-être quelque jour
Quel lait pur, que de soins, que de vœux, que d'amour,
Prodigués à ma vie en naissant condamnée,
M'ont fait deux fois l'enfant de ma mère obstinée.

Et l'amour de la mère pour le fils qu'elle avait sauvé s'était doublé encore de fierté lorsqu'à mesure qu'il croissait en force elle l'avait vu croître en talent. Mais plus elle croyait en lui, plus elle exigeait de lui et le voulait tout à elle. Victor s'en rendait bien compte, et c'est pourquoi son cœur se serra d'angoisse quand il vit, un matin, M. et Mme Foucher arriver chez sa mère et lui demander d'un air grave un entretien particulier.

Cela se passait le 26 avril 1820, juste un an après le jour où Victor avait dit pour la première fois à Adèle qu'il l'aimait, le 26 avril 1819.

Le premier mouvement de Mme Hugo fut la stupéfaction. Était-ce croyable ? était-ce possible ? Victor, cet enfant hier encore pendu à sa jupe, Victor serait amoureux ? amoureux depuis des mois ? allons !

ce n'était pas sérieux !... — Si, c'était sérieux, elle le sentait bien ! Elle aussi, elle connaissait son fils, elle connaissait ce cœur passionné, et elle ressentait cette vive douleur, la jalousie de la mère. Son fils pouvait aimer, il aimait une autre qu'elle ! il aimait une jeune fille, une bambine ! — Et qui était-elle, celle-là qui lui volait l'amour de son enfant ? Ici, c'était l'orgueil maternel qui se révoltait : Victor était le fils du général comte Hugo ; Victor, par lui-même, avait déjà la célébrité et aurait sûrement bientôt la gloire ; il pourrait alors prétendre aux plus beaux, aux plus riches « partis, » et le voilà qui s'amourachait de la fille d'un employé sans dot et sans nom !

Si Mme Hugo avait été préparée au coup qu'elle allait recevoir, elle aurait assurément adouci vis-à-vis de M. et Mme Foucher l'expression de ses sentiments ; mais, prise ainsi par surprise, elle ne ménagea pas ses termes : — Proche ou lointain, un tel mariage était impossible ! jamais, jamais, elle vivante, ce mariage ne se ferait ! — M. Foucher, justement froissé dans sa dignité, répliqua très froidement. Il fut convenu des deux parts qu'on cesserait absolument de se voir et que toutes relations seraient rompues. C'était plus que la séparation, c'était la brouille.

On fit venir Victor pour lui signifier la décision prise. Il avait eu le temps de s'armer de force et de courage ; il s'agissait de montrer qu'il était un homme ! Chose étrange, il n'en voulait pas à sa mère, c'était déjà sa nature d'excuser tout chez ceux qu'il aimait ; mais ce père qui s'avisait de vouloir veiller sur la pureté de sa fille, que lui Victor savait si peu menacée, ce père lui semblait souverainement injuste et despotique. « Il n'avait pas le droit, écrira-t-il à Adèle, de pénétrer un secret qui n'appartenait qu'à nous seuls ! » Il avait donc décidé qu'il garderait vis-à-vis de ce tyran une belle et fière attitude. Il avoua hautement son amour, puis entendit la sentence qui le chassait de son paradis et ne sourcilla pas. Seulement, quand les parents d'Adèle furent partis, quand il resta seul avec sa mère, l'homme s'évanouit, l'enfant reparut, il fondit en larmes. La mère, remuée par la souffrance de son fils bien-aimé, essaya de le consoler. Mais il s'enfuit, s'enferma dans sa chambre, et pleura, pleura tout à son aise, pleura comme la fille de Jephté et sans doute pour la même raison qu'elle. Si Adèle était perdue pour lui, il ne lui restait plus qu'à mourir !

M. et Mme Foucher, rentrés chez eux, semblent avoir évité de s'expliquer nettement sur la démarche qu'ils venaient de faire. Ils annoncèrent simplement à leur fille que toutes relations avec la générale Hugo seraient désormais interrompues et qu'elle cesserait de les venir voir. — Et Victor ? — Victor ne reviendrait pas non plus ; il refusait de revenir. Ils n'en dirent pas davantage, laissant la pauvre Adèle se livrer aux plus tristes conjectures. Victor ne l'aimait-il plus ? Elle ne voulait pas le croire, mais elle vit passer les jours, les semaines, les mois, sans recevoir aucune nouvelle de l'absent. Ses parents tâchèrent de la distraire par des réceptions, des visites, de petites fêtes, et, comme elle était jeune, vivante et gaie, elle les laissait faire et se laissait faire. Il fut même question pour elle d'un autre mariage. Il paraît certain qu'en ce qui la concernait, elle fit tout pour l'écarter. Pouvait-elle désespérer tout à fait, si elle relisait les lettres de Victor, leurs promesses ardentes, leurs engagements sacrés? Il serait bien invraisemblable qu'elle ne les eût pas relues, puisqu'elle les a conservées.

Quant à lui, après le déluge de larmes, il avait vite retrouvé sa vaillance et son énergie. Mourir! à quoi bon mourir? N'avait-il pas voué à son amour sa vie? Donc, il fallait vivre. Sa mère pouvait exiger de lui qu'il renonçât à voir Adèle; mais elle n'obtiendrait pas, elle n'obtiendrait jamais qu'il renonçât à l'aimer. Conquérir sa femme, même contre sa mère, ce fut dès lors son idée fixe. Il se rappelait les fermes assurances que, par un singulier pressentiment, il avait mises dans sa dernière lettre, signée, contre son habitude, de son nom tout entier : — « Reçois ici mon inviolable promesse de n'avoir jamais d'autre femme que toi... On peut nous séparer, mais je suis à toi, éternellement à toi! — V. M. HUGO. » —

Quel moyen avait-il de tenir sa promesse? Un seul, le travail. Le travail seul pouvait assurer son indépendance et lui permettre, disons le mot brutal, de gagner assez d'argent, d'abord pour augmenter le bien-être de sa mère, puis pour donner au père d'Adèle le gage qu'il serait en état de nourrir sa femme. Et il se mit à l'œuvre, pour employer son expression, *avec un courage de lion*. Ainsi commença cet infatigable labeur qui va durer toute sa vie; la forge, allumée, ne s'éteindra plus jamais.

Depuis le mois de décembre 1819, Victor avait fondé, avec son frère Abel, dans le but de venir en aide à leur mère, une revue bi-mensuelle, *le Conservateur littéraire*. Il y avait pris déjà, dans les premiers numéros, la plus grosse part de la besogne ; mais, à partir du mois d'avril, il redoubla de zèle et d'activité. *Le Conservateur littéraire* eut une durée de quinze mois ; sur les trois gros volumes dont se compose la collection, Victor, sous huit ou dix signatures, en écrivit bien deux à lui seul. Le jeune journaliste rend compte de tout ce qui intéresse le monde des lettres, livres, poèmes, pièces de théâtre. Il parle, avec une incroyable maturité de jugement, des œuvres de Chateaubriand, d'André Chénier, de Lamennais, de Mme Desbordes-Valmore, de la *Marie Stuart* de Lebrun, des *Vêpres siciliennes* de Casimir Delavigne. En même temps, il s'essaie au roman et donne la première version de *Bug-Jargal*.

Mais la grande affaire du *Conservateur littéraire*, c'était le combat pour la cause monarchique. *Le Conservateur*, la grande revue politique de Chateaubriand, Lamennais et Bonald venait de cesser de paraître. A défaut du vaisseau de haut bord, la petite chaloupe continua vaillamment la bataille. Victor y apportait toute l'ardeur que lui inspirait son amour pour « sa mère vendéenne. » Ses premières poésies furent ses odes royalistes, *la Vendée, la Mort du duc de Berry, le Rétablissement de la statue de Henri IV*, etc. Rien de plus sincère que cet enthousiasme et rien de plus désintéressé. Une note assez mélancolique du *Conservateur littéraire* remarque que les encouragements officiels — et matériels, qui ne manquent pas à d'autres publications moins dévouées, font totalement défaut aux jeunes combattants; n'importe! leur zèle ne se refroidira pas.

Mais toute cette polémique, bonne à peine pour remplir les heures, laissait au cœur du pauvre Victor le vide. Il ne cessait de penser à Adèle, et il n'avait personne à qui parler d'elle. C'est alors qu'il conçut l'idée d'un roman, *Han d'Islande*, qui lui serait ce confident douloureux et nécessaire. Adèle s'y appellerait Ethel, et Victor, sous le nom d'Ordener, lui adresserait, sur le papier, toutes les paroles d'amour qu'il ne pouvait plus ni lui dire ni lui écrire. Seulement, elle non plus, avant que le livre fût achevé, elle ne pourrait pas les lire ou les entendre. Alors Victor pensa au *Conservateur littéraire*.

M. Foucher recevait la Revue et il devait lui être difficile de la dissimuler à Adèle. Dans les nombreux travaux de Victor, nous avons omis ses lectures; il avait déterré dans une chronique du XV° siècle l'histoire d'un jeune poète, disciple de Pétrarque, Raymond d'Ascoli, qui, séparé de celle qu'il aimait, préféra se donner la mort. Victor, sur ce jeune désespéré, composa une élégie, *le Jeune Banni*, et, en sa qualité de rédacteur en chef, inséra cette lettre détournée dans le numéro de juillet 1820 du *Conservateur littéraire*. C'était peut-être au moment où l'on parlait du nouveau prétendant à la main d'Adèle. Raymond d'Ascoli écrit à Emma, — et Adèle, le cœur palpitant, put lire ces vers (pas très bons, mais s'en est-elle aperçue?):

Bientôt... Lis sans retard, lis, ô ma douce amante,
Ces mots qu'en frémissant trace ma main tremblante.

J'ose t'écrire ! Hélas, à nos ardeurs naissantes,
Qu'eût servi jusqu'ici ce pénible secours ?

Hier..... Te souvient-il, fille douce et modeste,
    De cet hier déjà si loin de moi ?...
Je souriais, l'amour veillait seul avec nous ;
    Et toi, dans ta gaîté naïve,
    Tu m'appelais ton jeune époux !

..... Tu verras, rougissante, étonnée,
Un plus heureux hâter ton réveil matinal,
Et, saisissant ta main dans sa main fortunée,
Te conduire au lieu saint. . . . . . .
Et puis il cachera ton bandeau virginal
    Sous la couronne d'hyménée !
    Un autre !... ô douleur ! ô tourment !
Je t'aimais sans délire et je t'aime avec rage !
Mon Emma, songe à moi ! respecte ton serment !

Adèle a respecté son serment, et Victor a donné à Adèle signe de vie, voilà qui est bien ; mais il n'a pu en même temps éviter le risque qu'il redoute par-dessus tout, le risque d'affliger et d'offenser sa mère. Il est clair que Mme Hugo a saisi, aussi bien qu'Adèle, le sens de cette poésie transparente, et il est certain qu'une scène de reproches et de larmes a dû s'ensuivre et que la dure séparation a dû se faire plus étroite et plus douloureuse entre les amants. C'est encore le bienheureux *Conservateur littéraire* qui réussira à l'adoucir.

M. Foucher, qui était, nous l'avons dit, chef de bureau au ministère de la Guerre, publia, par chance, vers ce temps-là, un volume intitulé : *Manuel du recrutement*, livre spécial et technique qui n'avait assurément aucune prétention littéraire. Mais not' amoureux ne l'entendait pas ainsi ; il s'empressa de faire dans le *Conservateur*, si *littéraire* qu'il fût, un vif éloge du bel ouvrage qu'avait signé le père d'Adèle. Accorder quelque louange à un ancien ami et à un parfait recruteur n'a rien de répréhensible, et Mme Hugo ne pouvait trouver à y redire.

L'article plut assurément; mais M. Foucher, retranché dans sa dignité, crut devoir garder le silence. Par bonheur, la Providence s'en mêla, et voulut bien dans le même temps, donner à la France l'héritier royal qu'elle attendait : le duc de Bordeaux, l'enfant du miracle, naquit. Sur-le-champ Victor fit une ode, l'imprima dans *le Conservateur littéraire* d'abord, puis dans une plaquette tirée à part, et envoya cette plaquette à M. Foucher, avec une dédicace dont on peut croire qu'il soigna les épithètes. Cette fois, le bon M. Foucher ne pouvait, sans manquer à la courtoisie la plus élémentaire, se dispenser de répondre, pas fâché d'ailleurs peut-être de cette obligation d'être poli. Cependant, très correct, il n'écrivit pas à Victor, c'est à Mme Hugo qu'il adressa la lettre suivante :

Paris, 13 octobre 1820.

Madame,

J'avais à remercier M. V. Hugo de son article flatteur sur le *Manuel du recrutement*. J'ai de nouveaux remerciements à lui faire pour le don d'un exemplaire de son ode sur la Naissance du duc de Bordeaux. Ma femme est de moitié dans cette dette, car elle a pris sa bonne part du plaisir que ces vers nous ont fait.

Les passages : *tel un fleuve mystérieux; oui, souris, orphelin*, ont été sentis d'un auditoire qui n'est cependant pas poétique. Vous le savez, personne chez nous ne sait juger les vers.

J'aurai à entretenir ces messieurs de certaines œuvres qui seraient une abondante pâture pour la critique. Je me propose de les voir et de vous renouveler, madame, les assurances de notre respectueux et sincère attachement.

Votre très humble et très obéissant serviteur,

P. Foucher.

C'était un petit rapprochement, et Victor fut assurément heureux, ne fût-ce que pour une seule et banale visite, de revoir chez lui le père d'Adèle. Mais Adèle, Adèle elle-même, ne la reverrait-il donc jamais? Que faisait-elle? Que pensait-elle? Souffrait-elle comme lui? L'avait-elle oublié? L'aimait-elle encore? A tout prix il voulut le savoir. Son amour avait encore grandi par l'absence et la souffrance; il n'était pas possible que celle qui remplissait sa vie et son âme demeurât ainsi à deux pas de lui et lui fût si longtemps comme une étrangère !

Adèle, en ce temps-là, prenait des leçons de dessin d'une amie, Mlle Duvidal, qui, depuis, devint la femme d'Abel Hugo, le frère aîné de Victor. Mlle Duvidal demeurait dans le quartier, et Victor savait que, presque tous les matins, Adèle se rendait chez elle seule, en voisine. Au mois de février 1821, il prit un grand parti, brava toutes les défenses, affronta tous les risques, alla rôder le matin autour de la maison d'Adèle, la vit sortir, la suivit, et, quand elle fut à quelque distance, osa l'aborder et lui adresser la parole.

Comment le reçut-elle? Le cœur battant sans nul doute, mais battant de joie encore plus que de crainte. Le fait est qu'elle l'écouta, lui répondit, ne lui défendit pas de revenir. Puis elle accepta, elle écrivit des billets, qui bientôt s'allongèrent en lettres.

Ces lettres sont tendres d'abord; elles ne tardent pas à devenir inquiètes et même orageuses. On s'est revu, et c'est un grand bonheur; mais on se revoit hors de la maison paternelle, dans la rue, et c'est un grave péril. Les premiers jours passés, Adèle s'aperçoit vite des risques que court sa réputation de jeune fille à se promener ainsi dans son quartier côte à côte avec un jeune homme. Elle commence par abréger ces rencontres hasardeuses, elle veut un jour les supprimer; Victor désespéré se fâche, et elles recommencent; mais Adèle obtient de les espacer de mois en mois. Par force majeure elles vont d'ailleurs bientôt cesser tout à fait.

LETTRES A LA FIANCÉE

1821

MARS — AVRIL

Samedi (Commencement de mars 1821).

Ta dernière lettre était bien courte, Adèle ; tu ne me permets jamais de te voir que peu d'instants, tu ne m'écris que peu de mots ; que conclure de là, sinon que me voir t'importune et m'écrire t'ennuie ? Cependant, Adèle, je veux m'étourdir sur cette pensée qui me désolerait, je veux croire que si tu cherches tant à abréger les moments que nous passons ensemble, c'est que tu crains d'être vue avec ton mari, et que, si tu m'écris toujours si laconiquement, c'est que tu as pour cela d'autres raisons, que je ne devine pas, à la vérité, mais que je n'en respecte pas moins. Je veux tout croire, car autrement que deviendrais-je ?

Quand tu me parais froide ou mécontente, je passe des heures à te chercher dans ma tête d'autres motifs que ceux qui sont peut-être les véritables, mais qui me mettraient au désespoir si je les savais tels. Non, mon Adèle, malgré les craintes qui me tourmentent quelquefois quand tu m'abordes avec trop de répugnance ou quand tu me fuis avec trop d'empressement, je me confie toujours aveuglément en toi, et ce ne sera jamais qu'à la dernière extrémité que je croirai n'être plus aimé. Car c'est sur ta constance que sont fondés tous les plans de ma vie, et, si cette base venait à me manquer, que deviendrais-je?

Tu me réitères une demande qui est bien naturelle, et qui pourtant m'afflige chaque fois que tu me la représentes, parce qu'elle me prouve que tu doutes étrangement de moi. Tu me dis que c'est moi qui ai refusé d'aller chez toi il y a un an. J'ai toujours vivement regretté, Adèle, que tu n'aies pas assisté à ce prétendu refus, tu aurais jugé toi-même s'il était possible à un homme d'agir autrement que je ne l'ai fait, et peut-être m'apprécierais-tu mieux aujourd'hui; mais tu n'en as pas été témoin et je ne te reproche rien. Cependant quelqu'un qui aurait confiance en moi serait disposé à croire, même sans l'avoir vu, que si j'ai accepté un pareil malheur, c'est que je ne pouvais faire autrement. Je ne puis tant exiger de toi. C'est seulement un de mes plus forts motifs pour désirer un moment d'entretien avec toi, que le désir de détruire toutes les préventions qu'on a dû t'inspirer contre ton mari. Les lettres ne servent à rien, parce que, même en lisant, tu réponds en toi-même à tout ce que je t'écris, et que je ne suis point là pour répliquer.

Qu'il t'est bien plus facile, Adèle, de te justifier auprès de moi ! Tu n'as qu'à me dire que tu m'aimes toujours et tout est oublié.

Tu me dis que tu crois au moins que, si je ne cherche pas à revenir à présent chez toi, c'est que je ne le puis plus. Adèle, ma chère Adèle, si tu crois que je le puisse, indique-moi un moyen quelconque d'y parvenir et, s'il est honorablement possible, je serai trop content de l'essayer. Je serais si heureux de te revoir encore avec l'assentiment de tes parents, de passer près de toi mes soirées, de t'accompagner dans tes promenades, de te conduire partout, de te servir dans tous tes désirs ; conçois-tu avec quelle joie j'échangerais contre tant de bonheur ma perpétuelle solitude !

Le grand obstacle est l'éloignement de nos familles. Nos parents se sont en quelque sorte brouillés sans que je sache trop pourquoi*; et il me semble aujourd'hui bien difficile et même impossible de les rapprocher. Vois, réfléchis, peut-être finiras-tu encore par penser qu'il *faut attendre;* et c'est ce qui me désespère. Aussi je veux avant peu être assez indépendant par moi-même pour que les miens n'aient rien à me refuser. Alors, mon Adèle, tu seras à moi, et je veux que ce soit *avant peu;* je ne travaille, je ne vis que pour cela. Tu ne conçois pas avec quelle ivresse j'écris ces mots *tu seras à moi,* moi qui donnerais toute ma

---

* Il ne le sait que trop, mais il ne veut pas accuser sa mère. C'est pour ne pas nommer sa mère qu'il dit *les miens,* qu'il dira une autre fois *ma famille.*

vie pour un an, pour un mois de bonheur passé avec ma femme.

Je ne réponds pas à ce que tu me dis de *mon mépris*, etc. Comment as-tu pu écrire cela? Si tu m'estimais toi-même un peu, me croirais-tu capable d'aimer un être que je mépriserais? Apprécie-toi donc toi-même, songe combien tu es au-dessus, et par l'âme et par le caractère, de toutes les autres femmes, si coquettes et si fausses. Comment n'aurais-je pas, mon Adèle bien-aimée, la plus profonde estime pour toi! Si mon âme et ma conduite ont toujours été pures, c'est ton souvenir, c'est la volonté ferme de rester digne de toi qui m'ont constamment protégé. Adèle, toi que j'ai toujours vue si noble, si modeste, ne te crois pas coupable, je t'en supplie; car il faudrait alors que je me crusse un scélérat, et cependant je n'ai commis d'autre faute que celle de t'aimer, si tu veux que c'en soit une.

Crois-moi, Adèle; si tu m'aimes, c'est peut-être un malheur (pour toi, non pour moi), mais ce ne sera jamais un crime. Il n'y a que la tendresse que je t'ai vouée qui puisse égaler mon respect pour toi.

Adieu, mon Adèle, il est bien tard et le papier me manque. Excuse mon griffonnage. Adieu, je t'embrasse.

Ton fidèle mari.

16 mars.

J'avais perdu, Adèle, l'habitude du bonheur. J'ai éprouvé en lisant ton trop court billet toute la joie dont je suis sevré depuis près d'un an. La certitude d'être aimé de toi m'a sorti violemment de ma longue apathie. Je suis presque heureux. Je cherche des expressions pour te rendre mon bonheur, à toi qui en es la cause, et je n'en puis trouver. Cependant j'ai besoin de t'écrire. Trop de sentiments me bouleversent à la fois pour que je puisse vivre sans les épancher.

D'ailleurs, je suis ton mari et tu ne peux avoir de scrupules en correspondant avec ton mari. Nous sommes unis d'un lien sacré. Ce que nous faisons est légitime à nos yeux et le sera un jour aux yeux du monde entier. En nous écrivant, nous usons d'un droit, nous obéissons à un devoir.

Aurais-tu d'ailleurs le courage, mon Adèle bien-aimée, de me priver si vite d'un bonheur qui est aujourd'hui tout pour moi? Il faut que nous lisions tous deux mutuellement dans le fond de nos âmes. Je te le répète, si tu m'aimes encore, tu ne dois avoir aucun scrupule à m'écrire, puisque tu es ma femme.

Écris-moi donc, écris-moi souvent. Quand je tiens en mes mains un de tes billets adorés, je te crois près de moi. Ne m'envie pas au moins cette douce illusion. Marque-moi tout ce que tu penses, tout ce que tu fais. Nous vivrons ainsi l'un pour l'autre; ce sera presque comme si nous vivions encore l'un avec l'autre. Je te donnerai également un journal de mes actions, car elles sont telles que tu peux toutes les connaître. Depuis un an, j'ai continuellement agi comme si j'avais été devant toi. Je serais bien heureux, Adèle, si tu pouvais m'en dire autant! Tu me promets, n'est-ce pas, de me parler à l'avenir de tes plaisirs, de tes occupations, d'initier ton mari dans tous tes secrets? Cultive ton talent charmant*, mais que ce ne soit jamais pour toi qu'un talent charmant, jamais un moyen d'existence. Cela me regarde. Je veux que dans la vie, ce soit toi qui aies tout le plaisir, toute la gloire; moi, toute la peine; elle me sera douce, soufferte pour toi. Tu seras mon âme, je serai ton bras.

J'ignore si tu pourras lire tout ce griffonnage. Hélas! tout mon bonheur, à présent, consiste dans une espérance, celle que tu me répondras!

Ton mari.

* Adèle dessinait très agréablement.

19 mars (1821).

Ton billet m'a profondément affligé. J'avais écrit quelques lignes amères, je les ai brûlées. De quoi ai-je droit de me plaindre? Ta lettre est prodigieusement raisonnable. Moi, je t'aimais assez pour en perdre la raison. Je suis un fou, un cerveau brûlé. Je me serais jeté pour toi dans un précipice. Tu m'as arrêté avec une main de glace.

Tu as même eu le courage de me railler. J'ai *éludé* à merveille, selon toi, la demande que tu me faisais. Sais-tu qu'*éluder* veut dire *tromper* et conçois-tu tout ce qu'il y a de mépris dans cette phrase? Moi, te tromper, Adèle!...

Tu vois que nous ne nous connaissons plus. On a élevé un mur de fer entre nous.

Tu ne sais pas, tu ne sauras jamais, Adèle, à quel point je t'ai toujours aimée. A présent que tu vois les choses si raisonnablement, tu ne le comprendrais pas, l'expression t'en semblerait fausse ou ridicule, à toi qui n'as plus pour moi que des expressions d'amitié à demi éteinte. Si tu les connaissais, tu blâmerais sans doute les sacrifices que j'ai faits pour rester dans le même pays, dans la même ville, dans le même quartier que toi. A quoi bon tout cela?

Tu es heureuse sans moi, ai-je jamais voulu autre chose que ton bonheur? De quel droit irais-je donc t'entraîner de force dans mon avenir de tristesse et de malheur? De quel droit irais-je jeter les agitations de ma vie à travers le calme de la tienne? Non, sois heureuse. Pardonne-moi de t'avoir troublée un moment.

Adieu, je ne t'écrirai plus, je ne te parlerai plus, je ne te verrai plus. Il n'y aura que moi de puni, comme il n'y eut que moi de coupable. Cependant, tant que ton bonheur ne sera pas à jamais assuré, je veux vivre, car il faut que si jamais tu as besoin de moi, tu puisses encore me trouver là. Adieu.

21 mars.

Si, par impossible, tu avais encore quelque chose à me faire savoir, comme tu n'auras plus d'occasion de me parler, tu pourras m'écrire par la poste, à cette adresse :

A M. *Victor Hugo, de l'Académie des Jeux floraux,* poste restante, *au Bureau général, rue Jean-Jacques-Rousseau, à Paris.*

Ce vain titre m'aura au moins servi une fois ; grâce à lui, tu seras sûre que ta lettre ne tombera qu'entre mes mains. Je passerai pendant huit jours, du 22 au 30 mars, une fois dans la journée, à la poste. Si dans cet intervalle on ne me remet pas une lettre de toi, c'est qu'alors tu n'auras plus eu rien à me dire.

Adieu, j'aurais peut-être déjà dû cesser de te tutoyer. Je l'aurais dû, mais je ne l'ai pas pu. Adieu.

Vendredi (23 mars).

Un mot de toi, Adèle, a encore changé toutes mes résolutions. Oublie ma dernière lettre comme j'oublie ce que la tienne contenait de douloureux pour moi. N'est-il pas vrai que tu ne me condamnes pas à ne plus te revoir? Oui, je te reverrai puisque tu veux bien, mon Adèle bien-aimée, persister à m'écrire encore.

J'espère même trouver quelque moyen de concilier ce que tu dois à ton mari et ce que tu dois aux bienséances que tu te fais.

Je t'écrirai plus au long là-dessus, la prochaine fois. Pour le moment, je n'ai que le temps de t'écrire quelques mots où je cherche en vain à t'exprimer ma reconnaissance et mon bonheur.

Adieu, mon Adèle adorée. Écris-moi et aime-moi un peu.

Je t'embrasse.

Dimanche (25 mars).

J'ai été désolé, mon Adèle, de n'avoir pu te voir hier matin, comme je l'espérais. Si tu avais reçu sans rien me dire de consolant ma dernière lettre, nous ne nous serions plus revus ; mais tu m'as donné en ce moment-là même une preuve d'affection qui m'a profondément touché, tu as consenti à m'écrire encore. Je voulais reprendre ce que je t'avais écrit dans un instant de colère et de découragement. Tu n'as pas voulu me le rendre et tu as lu ce que j'aurais déjà désiré que tu eusses oublié. Il était donc important que je te visse samedi matin pour effacer l'impression de ce triste billet.

Je t'avais écrit quelques mots que tu trouveras ci-joints. Un contre-temps fâcheux m'a empêché de te les remettre. Pardonne-moi donc ma précédente lettre, comme je te pardonne la douleur que la tienne m'avait causée.

Tu veux bien m'écrire encore : cependant je ne dois pas abuser de ta générosité; tu t'exposes, m'as-tu dit, à être rencontrée avec moi ; tu crains les yeux de toutes les commères du quartier; et je voudrais trouver un moyen d'accorder toutes ces misérables convenances avec le bonheur de te voir, auquel je ne puis renoncer. Prononce toi-même. Si tu veux que nous ne vous voyions plus qu'une fois toutes les semaines, tous les quinze jours, tous les mois même... je t'obéirai, et cette pénible obéissance sera la plus grande preuve que je puisse te donner d'un attachement sans bornes. Alors nous nous écririons chaque fois que nous nous verrions, et tu me parlerais beaucoup de toi, car c'est le seul sujet qui puisse m'intéresser.

Quant à revenir chez toi, je n'en vois pas de moyen possible, à présent du moins. Ma famille est ambitieuse pour moi comme je suis ambitieux pour toi. Un jour, j'espère que si je parviens à être son soutien, si je lui donne du repos et de la fortune, elle me permettra d'être heureux; autrement, j'aurais ma volonté. Alors, Adèle, tu seras à moi. Voilà mon unique espérance. Ceux qui voudraient m'enlever à toi ignorent que sans elle je ne serais rien.

Adieu, mon Adèle, tâche de répondre en détail à ma lettre et arrange tout dans ton intérêt, auprès duquel le mien n'est rien.

Ton fidèle mari.

Je t'ai vue aujourd'hui à Saint-Sulpice et chez M. Leymerie. J'allais dans une maison d'où je t'ai vue un jour danser.

Jeudi, à 1 heure du matin (29 mars).

Encore un mot, de grâce, mon Adèle. Sais-tu que je me résigne bien difficilement à rester un mois sans te parler, un mois éternel? Permets-moi du moins cette consolation de te voir encore une fois avant une si longue absence.

D'ailleurs, puis-je être un long mois tout entier sans te remercier du don charmant que tu me fais, en même temps que tu m'imposes une bien cruelle obligation. Je ne sais, mon Adèle adorée, quelle expression employer pour te peindre ma joie en recevant ce gage de notre éternelle union. J'ai fait mille extravagances. Ces cheveux sont à toi, mon Adèle, c'est une partie de toi-même que je possède déjà! Comment te payer de tout ce que tu fais pour moi? Je n'ai qu'une misérable vie, mais elle t'appartient, c'est encore bien peu de chose. Fais donc de moi tout ce que tu voudras, je suis ton mari et ton esclave.

Cependant, je commence, diras-tu, par te désobéir; Adèle, songe qu'il faudra ensuite attendre tout un mois. Un mois! Dieu! quinze jours n'auraient-ils pas suffi? Quinze jours sont déjà si longs! Je t'en supplie, réfléchis et tâche de m'annoncer, le 28 avril, qu'à l'avenir nous nous verrons tous les quinze jours; j'obéirai pour le triste mois d'avril, puisque l'arrêt.

est porté; mais tâche que, cette épreuve passée, l'obéissance ne soit plus si dure.

Adèle, je le vois, je suis plus égoïste que je ne croyais; cependant, songe à la longueur d'un mois. Que deviendrais-je en ton absence, grand Dieu, si je ne pouvais presser sur mon cœur cette boucle de cheveux qui ne me quittera plus.

Adieu, ma femme, ma bien-aimée Adèle, pardonne-moi de t'avoir écrit. Je t'embrasse tendrement.

Ton mari fidèle.

V.-M. Hugo.

Dans le cas où, ce qu'à Dieu ne plaise, nos relations éprouveraient quelque obstacle, tu peux écrire en toute sûreté à l'adresse que je t'ai donnée. Adieu pour ce grand mois.

Songe surtout qu'il me faudra, le 28 avril, une longue lettre, une espèce de journal de toutes tes pensées, de toutes tes actions. Adieu.

26 avril.

Sais-tu, Adèle, te rappelles-tu que c'est aujourd'hui l'anniversaire du jour qui a décidé de toute ma vie ? C'est le 26 avril 1819, un soir où j'étais assis à tes pieds, que tu me demandas mon plus grand secret, en me promettant de me dire le tien. Tous les détails de cette enivrante soirée sont dans ma mémoire comme si c'était d'hier, et cependant depuis il s'est écoulé bien des jours de découragement et de malheur. J'hésitai quelques minutes avant de te livrer toute ma vie, puis je t'avouai en tremblant que je t'aimais, et après ta réponse, mon Adèle, j'eus un courage de lion. Je m'attachai avec violence à l'idée d'être quelque chose pour toi, tout mon être fut fortifié, je voyais enfin au moins une certitude sur la terre, celle d'être aimé. Oh! dis-moi que tu n'as pas oublié cette soirée, dis-moi que tu te la rappelles. Je ne vis au bonheur et au malheur que depuis ce moment-là. N'est-il pas vrai, mon Adèle bien-aimée, que tu ne l'as point oublié ?

Eh bien, par une fatalité bizarre que j'admire dans mes moments d'humeur contre Dieu (pardonne), ce fut précisément cet anniversaire de mon bonheur, permets-moi de dire du tien, qui fut choisi pour tout renverser : c'est le 26 avril 1820 que nos familles apprirent ce que nul n'avait le droit de lire dans nos âmes, excepté nous. C'est d'un 26 avril que dataient mes espérances, c'est d'un 26 avril que data mon désespoir; je n'ai eu qu'une année de bonheur et voici la seconde année de malheur qui commence. Arriverai-je à la troisième ?

Tu ne sais pas, Adèle, et c'est un aveu que je ne puis faire qu'à toi, tu ne sais pas que, le jour où il fut décidé que je ne te verrais plus, j'ai pleuré ! oui, pleuré véritablement, comme je n'avais point pleuré depuis dix ans, comme je ne pleurerai sans doute plus. Je supportai une discussion pénible, j'entendis même l'arrêt de notre séparation avec un visage d'airain; puis, quand tes parents furent partis, ma mère me vit pâle et muet, elle devint plus tendre que jamais, elle essaya de me consoler; alors je m'enfuis et, quand je fus seul, je pleurai amèrement et longtemps.

J'étais resté impassible et glacé tant que je n'avais vu dans ma séparation de toi que la nécessité de mourir; mais lorsqu'un peu de réflexion m'eut démontré que mon devoir était de te conserver un défenseur tant que tu pourrais en avoir besoin, je pleurai comme un lâche; et je n'eus plus la force de considérer de sang-froid l'obligation de vivre loin de toi, et de vivre.

Depuis ce jour, je ne respire, je ne parle, je ne marche, je n'agis qu'en pensant à toi. Je suis comme dans le veuvage; puisque je ne puis être près de toi, il n'y a plus de femme au monde pour moi que ma mère; dans les salons où j'ai été jeté, on me croit l'être le plus froid qu'il y ait, nul ne sait que j'en suis le plus passionné.

Ces détails ne peuvent t'ennuyer, je rends compte de ma conduite à ma femme; je serais bien heureux si tu pouvais me dire les mêmes choses de toi.

Je t'ai vue ce matin et ce soir; il fallait bien que je te visse pour qu'un tel anniversaire ne passât pas sans quelque joie. Ce matin, je n'ai pas osé te parler, tu m'as tout défendu avant le 28; je respecte ton ordre, mais il m'a bien affligé. Adieu pour ce soir, mon Adèle, la nuit est avancée, tu dors et tu ne songes pas à une boucle de tes cheveux que, chaque soir, avant de s'endormir, ton mari presse religieusement sur ses lèvres.

27 avril.

A la tristesse qui, depuis un an, est devenue ma seconde nature, il se joint depuis quelques jours une fatigue, un épuisement de travail qui me jette, par intervalles, dans une apathie singulière. Je n'ai de plaisir qu'à t'écrire. Alors tout mon embarras est de trouver des mots qui rendent mes idées et mes émotions. Tu dois trouver quelquefois, Adèle, le langage de mes lettres bizarre; cela tient aux difficultés que j'éprouve à t'exprimer, même imparfaitement, ce que je sens pour toi.

J'attends de toi une longue, très longue lettre qui me récompense de mon mois d'attente, un journal détaillé où tu m'inities au secret de toutes tes actions, de toutes tes pensées; je t'aurais écrit aussi de mon côté, jour par jour, si j'avais été aussi sûr de ne pas t'ennuyer que tu es sûre de m'intéresser. Au reste, mon journal quotidien se réduirait à ces mots : J'ai pensé à toi tout le jour dans mes occupations, toute la nuit dans mes songes.

Que te dirais-je de plus? Que je t'ai vue deux fois à Saint-Sulpice seule, et que deux fois tu m'as refusé la permission que le bon Dieu semblait nous donner de passer une heure ensemble? Que je t'ai rencontrée un soir près de ta porte et que le seul de nous deux qui ait reconnu l'autre, c'est moi? Que je t'ai vue au Luxembourg le 23 avril et que j'ai réfléchi amèrement que, le 23 avril 1820, je t'avais donné le bras pour la dernière fois?

Te dirai-je combien de fois, le soir, en revenant de mes promenades solitaires, je me suis arrêté à l'extrémité de la rue d'Assas, devant la lumière de ta fenêtre? Combien de fois j'ai pensé, en revoyant les nouvelles feuilles, aux heures que nous passions ensemble dans ton jardin; si tu t'asseyais, c'était près de moi, si tu marchais, ton bras s'appuyait sur le mien; ta main ne fuyait pas ma main, nos regards se rencontraient toujours, et, si j'osais quelquefois te presser sur mon cœur, tu ne me repoussais qu'en souriant. Adèle, Adèle, voilà tout ce que j'ai perdu !

Je suis trop agité de ces souvenirs pour continuer ; brisons là. Je reprendrai ce soir.

Minuit.

Ainsi, dans quelques heures, Adèle, je te verrai, je te parlerai, je recevrai une lettre de toi ; ces heures vont passer bien lentement, plus lentement encore peut-être que l'éternel mois d'avril. Dis-moi, mon aimée, t'a-t-il semblé aussi long qu'à moi, ce mois d'isolement ? As-tu songé, comme moi, avec délices au 28 avril ? Hélas ! pourvu que tu y aies quelquefois pensé avec plaisir, c'est tout ce que j'ose espérer.

Du moins, tu as sans doute adouci la rigueur excessive de ta première décision, tu as eu pitié de moi. Nous nous verrons désormais une fois par semaine, n'est-il pas vrai ? et tu tâcheras que nous puissions passer quelque temps ensemble. Tu ne sais pas ce dont je me flatte en ce moment-ci même, peut-être follement ? c'est que demain tu n'auras pas le courage de me quitter aussi vite qu'à l'ordinaire. Nous pourrons entrer un instant dans le jardin des Bains, qui est désert, pour que ton bras repose encore une fois sur le mien, pour que je puisse te contempler à mon aise, bonheur dont il y a si longtemps que je n'ai joui. N'est-ce pas, Adèle, que tu ne me refuseras pas ?

Je suis un fou ! Tu ne me regarderas seulement pas, tu me donneras en cachette un billet que tu auras écrit à regret, tu m'adresseras à peine trois paroles, comme un ange qui parlerait à un diable, et tu disparaîtras sans que j'aie eu la force de t'adresser une prière pour obtenir un moment d'entretien, prière que tu te ferais un bonheur de prévenir, si tu pouvais m'aimer comme je t'aime.

Vois, Adèle, le hasard ou mon bon génie s'intéressent plus à moi que toi ; tu m'avais interdit de te voir tout ce mois-ci ; eh bien, ils m'ont plusieurs fois conduit près de toi malgré toi. C'est ainsi que le 16 juillet dernier, je te rencontrai au bal de Sceaux. J'avais à plusieurs reprises opiniâtrément refusé d'y aller ; enfin je cédai à l'importunité, ou plutôt aux conseils de mon bon ange, qui me conduisit ainsi à mon insu vers celle que je cherchais partout. Tu parus contrariée de me voir, et moi, j'eus toute la soirée le cruel bonheur de te voir danser avec d'autres. Tu vois, Adèle, que je t'aime plus que tu ne m'aimes ; car, pour tout au monde, je n'aurais pas voulu danser. Nous partîmes du bal avant toi. J'étais bien fatigué, cependant je voulus revenir à pied, espérant que la voiture où tu reviendrais nous atteindrait ; en effet, une demi-heure après, je vis passer un fiacre où je crus te reconnaître, croyance qui me dédommagea de la poussière et de la fatigue de la route.

Adèle, pardonne-moi, je t'ennuie ; mais m'aimes-tu ainsi ? Permets-moi de te parler de mon dévouement, je n'ai en perfection que le mérite de bien t'aimer. Adieu. Je suis pourtant bien reconnaissant de tout ce que tu fais pour moi.

Adieu, mon Adèle adorée, pour peu de temps sans doute. Dors tranquille, et souffre que je t'embrasse bien tendrement, mais bien innocemment.

Ton mari.

Le rendez-vous du 28 avril, dont Victor se promettait tant de bonheur, devait être pour bien longtemps le dernier; les amoureux, à partir de ce jour, allaient cesser de se voir, cesser même de s'écrire. Non qu'ils eussent été découverts et de nouveau séparés par ordre. Mais Mme Hugo, dont la santé était, depuis plusieurs mois, chancelante, tomba gravement malade dans les premiers jours de mai, et Victor, de ce moment, ne quitta plus le chevet de sa mère.

Le mal, avec des alternatives de mieux et de pire, dura pendant deux mois. Mme Hugo mourut le 27 juin 1821.

II

OCTOBRE — DÉCEMBRE 1821

La mort de sa mère fut pour Victor une immense douleur. Sa « faculté d'aimer », dont il parle quelque part dans ses lettres, avait un premier besoin, la famille, et l'adoration qu'il avait vouée à sa mère lui avait donné cet aliment nécessaire, avec la douceur infinie de se sentir aussi infiniment aimé par elle. Il avait été deux fois son enfant, il était maintenant deux fois orphelin. Éloigné de son père pour le moins indifférent, froidement traité par ses frères que sa supériorité offusquait, séparé d'Adèle qu'on lui refusait, il se sentit seul au monde.

Son accablement fut porté au comble par un incident douloureux; il le racontera dans une de ses lettres, nous ne ferons que l'indiquer ici. Le 29 juin, le soir même de l'enterrement de sa mère, ne pouvant supporter la solitude de sa maison vide, il sortit, et, d'instinct, vint errer, comme il le faisait souvent, aux alentours de l'hôtel de Toulouse. Les fenêtres étaient illuminées, c'était la fête de M. Foucher, il y avait bal au logis. Victor connaissait les êtres, il monta au second étage, entra dans une pièce déserte d'où un vasistas donnait sur la salle de bal, et, de là, put voir Adèle qui dansait et qui riait.

Plus tard elle lui prouva qu'on lui avait absolument caché la vérité et lui certifia que, si elle eût été avertie de sa présence, elle aurait tout bravé, tout laissé là pour aller pleurer avec lui. Mais sur le moment ce nouveau coup l'acheva. Était-ce vrai? était-ce possible? Adèle l'oubliait à ce point! Adèle ne l'aimait donc plus!

Auprès de ces poignantes angoisses les soucis matériels sont peu de chose, mais ils ne manquèrent pas non plus à l'orphelin. De sa résidence de Blois, le général Hugo l'informa qu'il consentirait à lui faire une pension, mais à la condition que le jeune poète se résoudrait à suivre une carrière plus sûre que la carrière des lettres. Victor avait devant lui tout au plus de quoi vivre quelques semaines. Il répondit à son père qu'il le remerciait de ses bonnes intentions, mais qu'il tâcherait de se suffire à lui-même.

Ce fut là, dans son existence à peine commencée, la seconde crise de désespoir, et plus grave que la première. Mais, cette fois encore, il ne voulut pas désespérer, il ne désespéra pas. C'est à de telles épreuves que se trempent les fortes âmes. Non, il ne renoncerait pas à la poésie, il ne renoncerait pas à son amour! Il travaillerait encore plus qu'il n'avait travaillé, voilà tout. Il accepta vaillamment la pauvreté, il accepta ces grandes et petites misères que, dans son roman *les Misérables*, il fera subir à Marius, et, comme Marius, il s'en trouva *grandi*.

Du côté d'Adèle, pour l'obtenir de ses parents, et peut-être à présent pour la reconquérir elle-même, il y aurait sans doute de bien autres difficultés à vaincre, un bien plus grand effort à faire ; mais, là, il aurait pour lui une force de plus : avec sa volonté, il aurait son amour.

Avant tout, il s'agissait, pour se rapprocher d'elle, de renouer avec les siens. Mais ceux-ci ne paraissaient guère disposés à s'y prêter.

M. Foucher avait dû faire aux fils de son ancienne amie une visite de condoléance, et Victor s'était hâté de lui rendre cette visite ; mais on ne lui avait pas laissé voir Adèle. M. Foucher lui avait même insinué qu'il ferait bien, pour se distraire, de s'absenter de Paris. On sait que lui-même il louait chaque année pendant l'été un pied-à-terre à la campagne, d'ordinaire dans la banlieue. Mais ce ne seraient pas deux ou trois lieues qui arrêteraient Victor ; le père alla, cette fois, s'installer avec sa femme et sa fille à Dreux, à vingt-cinq lieues — et à vingt-cinq francs de Paris.

Il partit le 15 juillet. Le 16, Victor se mettait en route et, en trois étapes, arrivait le 19 à Dreux. Il avait fait le chemin à pied.

Le lendemain, il alla errer par la ville et, comme la ville n'est pas grande, il ne tarda pas à rencontrer M. Foucher se promenant avec Adèle. Ici le drame tourne à la comédie. Il ne les aborda pas, mais il fit tenir aussitôt à M. Foucher une lettre. Elle est d'une haute invraisemblance, cette lettre, et le mensonge y devient presque touchant par sa candeur. Elle débute ainsi :

« Monsieur, — J'ai eu le plaisir de vous voir aujourd'hui, ici même, à Dreux, et je me suis demandé si je rêvais !... »

Là-dessus, pour expliquer « le plus bizarre de tous les hasards », il raconte qu'il est venu invité par un de ses amis habitant entre Dreux et Nonancourt ; seulement, cet ami, par une fatalité inouïe, était parti l'avant-veille pour Gap ! Lui Victor, il voudrait bien repartir sur-le-champ pour Paris ; mais il est si connu à Dreux ! il a reçu des invitations, pris des engagements... « Ce qu'il y a de singulier, c'est que je n'ai quitté Paris qu'avec beaucoup de répugnance. Le désir que vous m'aviez montré de me voir absent pendant quelque temps a beaucoup contribué à me décider. Votre conseil a singulièrement tourné. »

La lettre se termine cependant par un cri sincère :

« Je ne serais pas franc si je ne vous disais que la vue inespérée de mademoiselle votre fille m'a fait un vif plaisir. Je ne crains pas de le dire hautement, je l'aime de toute la force de mon âme et, dans mon abandon complet, dans ma profonde douleur, il n'y a que son idée qui puisse encore m'offrir de la joie. »

L'excellent M. Foucher dut sourire devant cette accumulation de merveilleuses coïncidences. Mais que faire vis-à-vis d'un amoureux si tenace et d'un marcheur si déterminé ? Il fallait décidément prendre au sérieux ce jeune homme.

Il le fit venir et eut avec lui une explication en présence de sa fille.

Victor lui demanda résolument la main d'Adèle.

Il peignit naturellement en beau sa situation si terriblement précaire. Il dit qu'il avait devant lui bien assez d'argent pour attendre les événements ;

qu'il avait commencé un roman dans le goût de Walter Scott, dont il comptait tirer des sommes ; qu'à raison des services rendus il avait des promesses formelles pour avoir dans un délai prochain une place ou une pension. Pour ce qui était du consentement de son père, si on ne voulait pas trop brusquer les choses, il était sûr de l'obtenir.

Ce qu'il ne dit pas, c'est qu'au contraire il doutait fort de ce consentement du général, que dominait une influence féminine hostile ; ce qu'il ne dit pas, c'est que, s'il avait tous les droits possibles à une pension du gouvernement royal, il était d'humeur trop fière pour savoir faire valoir ces droits incontestables. Pour le présent, il ne tenait qu'à une chose : gagner du temps. Il comptait que sa persévérance et son énergie feraient le reste.

M. Foucher, convaincu à demi, mais profondément touché de tant de vaillance et gagné d'ailleurs par les instances de sa fille, consentit à recevoir de nouveau Victor dans sa maison. Les fiançailles ne seraient pourtant pas officielles et déclarées. On attendrait pour cela que la position de Victor fût plus nettement et plus sûrement établie. Jusque-là, les jeunes gens se verraient toutes les semaines, mais pas seuls ; on se rencontrerait au Luxembourg ; on irait au spectacle en famille. Cet arrangement provisoire allait créer une situation assez fausse ; mais Victor fut trop heureux de l'accepter. — On n'avait plus que faire à Dreux, tout le monde revint à Paris.

La correspondance qui reprit ne fut d'abord, hélas, qu'avec le père. Victor n'y peut plus guère manifester l'ardeur de son amour; il y montre du moins la fermeté de son caractère. Il écrit à M. Foucher :

... Le plus cher de nos intérêts, n'est-ce pas ? c'est le bonheur de mademoiselle votre fille. Si elle peut être heureuse sans moi, je serai le premier à me retirer, quoique l'espérance d'être un jour uni à elle soit ma seule espérance. En tout cas, je n'arriverai jamais au bonheur, s'il m'est donné d'y arriver, que par des voies larges et droites ; je ne veux point qu'elle ait à rougir de son mari. Je crois sans présomption que j'y arriverai, parce qu'une volonté ferme est bien puissante. Quel que soit le résultat de mes efforts, si l'obtenir est nécessaire à mon bonheur et à ma vie, la mériter suffit à ma conscience. — (Lettre du 28 juillet.)

... Un petit échec n'abat pas un grand courage. Je ne me dissimule ni les incertitudes, ni même les menaces de l'avenir; mais j'ai appris d'une mère forte qu'on peut maîtriser les événements. Bien des hommes marchent d'un pas tremblant sur un sol ferme ; quand on a pour soi une conscience tranquille et un but légitime, on doit marcher d'un pas ferme sur un sol tremblant. (Montfort-l'Amaury, 3 août.)

A la fin de ce mois d'août, Victor est au château de son ami, le jeune duc de Rohan; mais sa sauvagerie ne l'y laisse pas séjourner longtemps. Il écrit à M. Foucher :

... Madame la duchesse de Berry, qui est à Rosny, doit venir visiter le château dans quelques jours. M. de Rohan voudrait me retenir au moins jusque là; mais je me défie de sa bienveillance. Je ne veux pas que ma position particulière m'expose à devenir le client d'un homme dont ma situation sociale me permet d'être l'ami.

J'aime le duc de Rohan pour lui, pour sa belle âme, pour ses nobles manières, mais non pour les services matériels qu'il peut me rendre.

Et sur ce, Victor revient à Paris, où la grande attraction l'appelle.

Les fiancés se revoient assez fréquemment en septembre. Mais bientôt ces entrevues surveillées ne suffisent plus à Victor. Il obtient d'Adèle quelques rencontres au dehors, et la douce correspondance directe se renoue entre eux.

LETTRES A LA FIANCÉE

1821

OCTOBRE — DÉCEMBRE

Vendredi 5 octobre.

Je t'avais écrit une longue lettre, Adèle; elle était triste, je l'ai déchirée. Je l'avais écrite parce que tu es le seul être au monde auquel je puisse parler si intimement de tout ce que je souffre et de tout ce que je crains. Mais elle t'aurait fait peut-être quelque peine, et je ne t'affligerai jamais volontairement de mes afflictions. Je les oublie toutes d'ailleurs quand je te vois. Tu ne sais pas, tu ne conçois pas, mon Adèle, combien mon bonheur est grand de te voir, de t'entendre, de te sentir près de moi! Maintenant qu'il y a deux jours que je ne t'ai vue, je n'y pense qu'avec une ivresse en quelque sorte convulsive. Quand j'ai passé un instant près de toi, je suis bien meilleur; il y a dans ton regard quelque chose de noble, de généreux qui m'exalte; il me semble, quand tes yeux se fixent sur les miens, que ton âme passe dans la mienne. Alors, oh! alors, ma bien-aimée Adèle, je suis capable de tout, je suis grand de toutes tes douces vertus.

Combien je voudrais que tu pusses lire tout ce

qu'il y a en moi, que ton âme pût pénétrer dans la mienne comme ton sourire pénètre dans tout mon être! Si nous étions seuls ensemble seulement une heure, Adèle, tu verrais combien je serais à plaindre si je n'avais le plus grand des bonheurs et la plus douce des consolations dans l'idée d'être aimé de toi.

Je t'avais écrit toutes mes peines sans réfléchir que je t'écrivais des choses qui ne peuvent qu'être dites, et dites à toi seule... Je m'aperçois que je retombe dans les réflexions qui m'ont fait déchirer ma première lettre. Songe, mon Adèle, que tout cela n'est rien : quand j'ai eu quelques instants l'indicible bonheur de te voir, qu'importe que le reste de mes journées soit sombre ; et, quand je t'aurai enfin conquise, ma bien-aimée Adèle, que seront les années d'épreuves qui me semblent maintenant si longues et si amères ?

Adieu, écris-moi et multiplie le plus possible, je t'en supplie, nos courtes entrevues. C'est absolument ma seule consolation, car je ne pense pas que tu me fasses l'injure de croire que les jouissances de l'amour-propre et les triomphes de l'orgueil soient quelque chose pour moi. Toi seule es toute ma joie, tout mon bonheur, toute ma vie. Je ne vaux rien que par toi et pour toi. Tu es pour moi tout ton sexe, parce que tu m'offres l'ensemble de tout ce qu'il y a de parfait.

Adieu, ma bien chère Adèle ; je t'embrasse bien tendrement et bien respectueusement.

Ton fidèle mari.

(15 octobre).

Quelle lettre tu m'as écrite, Adèle! Tu as semblé toi-même en me la remettant, prévoir et regretter l'effet qu'elle devait produire sur moi. Aussi ne me plaindrai-je pas. Je n'y aurais même pas répondu, de peur de t'affliger de la peine que tu m'as faite, s'il ne s'agissait de te rassurer et de me rassurer moi-même. A quoi d'ailleurs mon temps peut-il être mieux employé qu'à t'écrire? A quel devoir plus important, à quel plaisir plus grand pourrais-je le consacrer?

Sais-tu, mon Adèle, que deux mots de ta lettre m'ont bouleversé et que j'aurais donné tout le sang de mes veines pour en avoir sur l'heure l'explication? Quelle était ta pensée quand tu as écrit cette phrase, cette phrase insupportable, où tu sembles dire que *ta réputation n'est point sans tache, ni ta conscience sans reproche?* Parle, oh! parle ici, dis toute ta pensée à celui qui donnerait le bonheur de sa vie pour te procurer un moment de plaisir, un éclair de joie; ne me cache rien de la vérité, quelle qu'elle soit; tu sais si jamais je t'ai rien caché de mon âme. Écoute, je vais te donner l'exemple de cette confiance illimitée que tu me dois, je vais te dire quel affreux soupçon, quelle intolérable idée, cette cruelle phrase a fait naître en moi. Réponds-moi, mon Adèle, ma bien-aimée, mon adorée Adèle, réponds-moi comme tu répondrais à Dieu ; aie pitié de moi, si par bonheur je ne sais quel démon de jalousie m'égare ; songe que je me suis roulé toute la nuit dans une insomnie brûlante, tantôt m'accusant d'avoir si légèrement conçu une alarme injurieuse pour toi, tantôt voyant le soupçon grandir et s'accroître dans mon cœur de toute l'immensité, de toute la jalousie de ma tendresse pour toi. Déclare-moi avec cette sincérité qui est dans ta belle âme toute l'inexorable vérité; enfin, réponds *oui* ou *non* à cette question, dussé-je en mourir : *N'en as-tu jamais en aucun temps aimé un autre que moi ?*

Oh! mon Adèle, si en lisant cette phrase, ton cœur pouvait se soulever d'indignation, si tu pouvais dans ta candeur et dans ta colère me répondre *non!* avec quelle joie, avec quel indicible ravissement, je voudrais baiser la poussière de tes pieds en reconnaissant combien je suis insensé et coupable d'avoir pu interpréter un moment si mal une de tes lettres et te soupçonner, toi, l'être que je respecte, que j'admire, que j'estime, que j'aime le plus au monde! Oh! dis-moi, mon Adèle, n'est-il pas vrai que tu n'as jamais aimé que moi?

Hélas! Dieu m'est témoin que, depuis mon enfance, tu es mon unique pensée. Aussi profondément que je descende dans mon souvenir, j'y rencontre ton image. Absente, présente, je t'ai toujours aimée, et c'est parce que j'ai voulu en tout temps te rendre un culte aussi pur que toi que je suis resté inaccessible à ces tentations, à ces séductions auxquelles l'immorale indulgence du monde permet à mon sexe et à mon âge de succomber.

En y réfléchissant, Adèle, en songeant à tout ce qu'il y a de chaste et d'angélique dans ton être, je pressens que mes alarmes sont chimériques. Cependant je te les ai dites parce que je dois tout te dire, et d'ailleurs, s'il faut t'avouer toute ma faiblesse, je voudrais que tu fusses assez bonne pour me rassurer toi-même et répondre à ma question. Car enfin, quels seraient ces *reproches*, cette *tache* dont tu me parles? Peut-être (et pourquoi ne serais-je pas aussi ingénieux à me rassurer qu'à me tourmenter?), peut-être n'est-ce qu'à cause de moi que ta conscience d'ange s'alarme et croit ta réputation ternie par les soins que je t'ai rendus. Si cela était, ma bien chère Adèle, ce serait moi, et non toi, qui serais coupable. Toute la faute m'appartiendrait et, si l'un de nous était indigne de l'autre, ce serait moi. Comment oses-tu donc me dire que tu me voudrais une épouse plus *digne* de moi?

Grand Dieu, Adèle! et qui suis-je près de toi? Oh! je t'en supplie, et je voudrais que tu fusses là, car je m'agenouillerais devant toi comme devant une divinité, apprécie-toi mieux toi-même. Si tu savais combien tu es au-dessus de toutes celles de ton sexe, si tu pouvais te voir toi-même moralement, connaître comme moi toute la noblesse, toute la simplicité, toute la grandeur de ton caractère, tu ne me souhaiterais pas, dans tes plus grands vœux pour mon bonheur, une autre femme que toi. C'est moi, Adèle, qui suis bien loin de ta hauteur ; tous mes efforts tendent à m'élever jusqu'à toi, et, si jamais j'ai paru ambitieux de gloire, ce n'était que par habitude de rapporter tous mes désirs à toi ; si jamais j'ai cherché à attacher quelque illustration à mon nom, c'est que je pensais que tu le porteras un jour.

Va, crois un peu plus en toi-même ; je voudrais que l'univers entier sût que je t'aime, qu'un regard de toi m'est plus précieux que toutes les gloires et que je consentirais volontiers à voir tout mon sang couler goutte à goutte, si cela pouvait épargner une larme à tes yeux. Que ne puis-je te prouver ma tendresse par actions et non par paroles ! Va, sois tranquille, tu es bien au-dessus de toutes les femmes dans la sphère des idées de vertu et de générosité ; leurs têtes ne vont pas même à tes pieds.

Que ta conscience ne te reproche pas un baiser ou une lettre, seules consolations de ton mari orphelin et abandonné à ses propres forces ; ne crains rien pour ta réputation, elle m'est plus chère que ma vie, et, pour qu'elle cessât d'être pure comme toi, il faudrait que je fusse un misérable lâche, ce qui ne sera jamais.

Adieu, tu es à moi comme ma vie.

Cette nuit (20 octobre).

Cette lettre est bien importante, Adèle ; car c'est de l'impression qu'elle produira sur toi que désormais tout dépend entre nous. Je vais essayer de rallier quelques idées calmes, et ce n'est, certes, pas le sommeil que j'aurai à combattre cette nuit. — Je vais avoir avec toi une conversation grave et intime, et je voudrais que ce pût être de vive voix, car je pourrais avoir sur-le-champ ta réponse (que je vais attendre avec bien de l'impatience), et épier moi-même sur tes traits l'effet que te produiraient mes paroles, effet décisif pour notre avenir à tous deux.

Il est un mot, Adèle, que nous paraissons jusqu'ici avoir peur de prononcer, c'est le mot *amour*; cependant, ce que j'éprouve pour toi est bien l'*amour* le plus véritable ; il s'agit de savoir si ce que tu ressens pour moi est aussi de l'*amour*. Cette lettre éclaircira ce doute sur la solution duquel repose toute ma vie.

Écoute. Il y a au-dedans de nous un être immatériel, qui est comme exilé dans notre corps auquel il doit survivre éternellement. Cet être d'une essence plus pure, d'une nature meilleure, c'est notre âme. C'est l'âme qui enfante tous les enthousiasmes, toutes les affections, qui conçoit Dieu et le ciel. Je prends les choses de haut, mais il le faut pour être parfaitement compris; que ce style ne te semble pas singulier, nous parlons de choses qui exigent un langage simple, mais élevé. Je poursuis. L'âme, si au-dessus du corps auquel elle est liée, resterait sur la terre dans un isolement insupportable, s'il ne lui était permis de choisir en quelque sorte parmi toutes les âmes des autres hommes une compagne qui partage avec elle le malheur dans cette vie et le bonheur dans l'éternité. Lorsque deux âmes, qui se sont ainsi cherchées plus ou moins longtemps dans la foule, se sont enfin trouvées, lorsqu'elles ont vu qu'elles se convenaient, qu'elles se comprenaient, qu'elles s'entendaient, en un mot, qu'elles étaient pareilles l'une à l'autre, alors il s'établit à jamais entre elles une union ardente et pure comme elles, union qui commence sur la terre pour ne pas finir dans le ciel. Cette union est *l'amour*, l'amour véritable, tel à la vérité que le conçoivent bien peu d'hommes, cet amour qui est une religion, qui divinise l'être aimé, qui vit de dévouement et d'enthousiasme, et pour qui les plus grands sacrifices sont les plus doux plaisirs. C'est l'amour tel que tu me l'inspires, tel que tu le sentiras certainement un jour pour un autre que moi, si, pour mon malheur éternel, tu ne l'éprouves pas à présent pour moi. Ton âme est faite pour aimer avec la pureté et l'ardeur des anges; mais peut-être ne peut-elle aimer qu'un ange, et alors je dois trembler.

Le monde, Adèle, ne comprend pas ces sortes d'affections qui ne sont l'apanage que de quelques êtres privilégiés de bonheur comme toi, ou de malheur comme moi. L'amour, pour le monde, n'est qu'un appétit charnel, ou un penchant vague que la jouissance éteint et que l'absence détruit. Voilà pourquoi tu as entendu dire, par un étrange abus de mots, que les *passions* ne duraient pas. Hélas ! Adèle, sais-tu que *passion* signifie *souffrance ?* Et crois-tu, de bonne foi, qu'il y ait quelque *souffrance* dans ces amours du commun des hommes, si violents en apparence, si faibles en réalité. Non, l'amour immatériel est éternel, parce que l'être qui l'éprouve ne peut mourir. Ce sont nos âmes qui s'aiment et non nos corps.

Ici, pourtant, remarque qu'il ne faut rien pousser à l'extrême. Je ne prétends pas dire que les corps ne soient pour rien dans la première des affections. Le bon Dieu a senti que, sans l'union intime des corps, l'union des âmes ne pourrait jamais être intime, parce que deux êtres qui s'aiment doivent vivre en quelque sorte en commun de pensées et d'actions. C'est là un des motifs pour lesquels il a établi cet attrait d'un sexe vers l'autre, qui montre seul que le mariage est divin. Ainsi, dans la jeunesse, l'union des corps concourt à resserrer celle des âmes qui, toujours jeune et indissoluble, raffermit à son tour, dans la vieillesse, l'union des corps, et se perpétue après la mort.

Ne t'alarme donc pas, Adèle, sur la durée d'une passion qu'il n'est plus au pouvoir de Dieu même d'éteindre. Je t'aime de cet amour fondé, non sur les avantages physiques, mais sur les qualités morales, de cet amour qui mène au ciel ou à l'enfer, qui remplit toute une vie de délices ou d'amertume.

Je t'ai mis toute mon âme à nu ; je t'ai parlé un langage que je ne parle qu'à ceux qui peuvent le comprendre. Interroge-toi bien toi-même, vois si l'amour est pour toi ce qu'il est pour moi, vois si mon âme est réellement sœur de la tienne. Ne t'arrête pas à ce que dit le sot monde, à ce que pensent les petits esprits qui t'entourent ; descends en toi-même, écoute-toi. Si les idées de cette lettre sont claires pour toi, si je suis vraiment aimé comme j'aime, alors, mon Adèle, à toi pour la vie, à toi pour l'éternité. Si tu ne comprends pas mon amour, si je te semble extravagant, alors adieu ! Je n'aurai plus, moi, qu'à mourir, et la mort n'aura rien qui m'effraie quand je n'aurai plus d'espoir sur la terre. Ne crois pas cependant que je me tue sans avantage pour les autres ; c'est égoïsme et lâcheté quand il y a des pestiférés à soigner ou des guerres sacrées à soutenir. Je m'arrangerai de manière à ce que le sacrifice de ma vie ne soit pas moins utile aux autres que doux pour moi.

Ces idées te sembleront peut-être un peu sinistres, à toi pour qui mon front est toujours riant, à toi qui ne connais pas la sphère de mes réflexions habituelles.

Adèle, je le dis en tremblant, mais je crois que tu ne m'aimes pas de cet amour que je t'ai voué et qui peut seul me suffire. Si tu m'aimais, me demanderais-tu sur tout ce que tu fais cette sorte de confiance que tu m'accordes si aisément et qui me semble à moi l'indifférence. Tu t'offenses de mes questions les plus naturelles, tu me demandes si je crains que ta conduite ne soit répréhensible. Si tu aimais comme j'aime, Adèle, tu saurais qu'il est mille choses que tu peux faire sans crime, et même sans tort réel, et qui cependant pourraient alarmer la jalouse délicatesse de mon affection. L'amour, tel que je te l'ai peint, est exclusif. Je ne demande rien, pas même un regard, à toutes les femmes de la terre ; mais je veux que nul homme n'ose rien réclamer de la mienne. Si je ne veux qu'elle seule, je la veux entière. Un coup d'œil, un sourire, un baiser de toi sont pour moi les plus grands des bonheurs ; crois-tu que je verrais patiemment quelque autre les partager ? Cette susceptibilité t'effraie ? Si tu m'aimais, elle te plairait. Que n'es-tu ainsi pour moi !

Plus l'amour est brûlant et pur, plus il est jaloux, plus il est ingénieux à se tourmenter. Je l'ai toujours éprouvé ainsi. Je me rappelle qu'il y a plusieurs années, je frémissais comme d'instinct, quand ton jeune frère tout enfant passait par hasard une nuit dans le même lit que toi. L'âge, les réflexions, l'observation du monde n'ont fait qu'accroître chez moi cette disposition. Elle fera mon malheur, Adèle, car elle devrait concourir à ton bonheur, et je vois au contraire qu'elle t'inquiète.

Parle sans crainte, vois si tu me veux tel que je suis, ou non. Il s'agit de mon avenir qui n'est rien, et du tien qui est tout. Songe que, si tu m'aimes, nul obstacle ne sera assez puissant contre moi ; que, si tu ne m'aimes pas, il est un moyen sûr de te débarrasser vite de moi, c'est d'en convenir. Je ne t'en voudrai pas ; je sais une absence grâce à laquelle on est bientôt oublié des indifférents. Cette absence-là, on n'en revient pas.

Encore un mot ; si cette longue lettre te semble triste et découragée, ne t'en étonne pas ; la tienne était si froide ! Tu trouves qu'entre nous la *passion est de trop !* Adèle !... J'ai relu pour me consoler d'anciennes lettres de toi, mais la différence était si grande entre les anciennes et la nouvelle qu'au lieu d'être consolé..... Adieu.

Vendredi (26 octobre).

Ton petit billet, mon Adèle, m'a fait une joie que je n'essaierai pas de te décrire. Quand il y a, comme aujourd'hui, longtemps que je ne t'ai vue, je suis triste, abattu, insensible à tout, ennuyé de tout. Eh bien, il me suffit maintenant de relire ton charmant billet, que je sais par cœur, pour me sentir presque heureux. Oui, ma bien-aimée Adèle, puisque tu me l'assures, je te crois, tu m'aimes comme je t'aime, tu ne peux ni te tromper, ni me tromper. Je n'ai pas été un moment étonné que tu aies compris si aisément des idées dégagées de toutes choses terrestres; comment ne les comprendrais-tu pas, toi qui es faite pour les inspirer et les enfanter? Y a-t-il rien de généreux, de chaste, de noble, à quoi puisse être sourde ton âme éminemment généreuse, éminemment chaste, éminemment noble. Ce ne sont point ici, chère Adèle, de ces stupides louanges dont la fausseté des hommes abuse si souvent la vanité des femmes; ne nous abaissons jamais ni l'un ni l'autre à de pareilles mesures. Je ne te parle que d'après un sentiment profond de ce que tu vaux, et le seul défaut que je te trouve, c'est l'ignorance de ton angélique nature; je voudrais que tu connusses entièrement la dignité de ton être, et que tu fusses plus fière vis-à-vis de toutes ces femmes au moins vulgaires qui ont l'honneur de t'approcher et qui me semblent abuser de ton excessive modestie jusqu'à se croire tes égales, quelques-unes même tes supérieures. Il est inutile que nous nous en occupions plus longtemps; mais crois, mon Adèle, qu'aucun être au monde ne t'est supérieur et que tu feras honneur à toutes les femmes en daignant les traiter en égales.

Autant on doit mépriser les avantages périssables comme la beauté, le rang, la fortune, etc., autant on doit respecter en soi-même les dons impérissables de l'âme. Ils sont si rares! Autant la vanité est nuisible et injuste, autant cet orgueil-là est juste et utile. Il n'est d'ailleurs nullement extérieur, il ne blesse pas les autres hommes, au contraire, il inspire pour tous une sorte de pitié qui mène à la bienveillance. Il élève ensuite tellement l'âme qu'elle devient inaccessible à toutes les ambitions de rang et de gloire. Quand on n'a pour pensée unique qu'une éternité d'amour et de bonheur, on voit toutes les choses de la terre de si haut qu'elles semblent bien petites. On accepte la prospérité avec calme, on se résigne au malheur avec sérénité, parce que tout cela passe et n'est, en quelque sorte, que l'accessoire d'une union qui ne passe pas.

C'est cette union, mon Adèle adorée, qui s'est formée entre nous et tu ne saurais te faire une idée de l'ivresse, du délire avec lequel je pense au jour où cette union, conclue enfin aux yeux des hommes, me permettra de te posséder tout entière et de t'appartenir tout entier. Oh! mon Adèle, ma femme, que n'es-tu là, en ce moment! nous parlerions de cet immense bonheur, nous ferions pour l'avenir des projets ravissants, nous vivrions ensemble en espoir, nous... Dieu! près de cet avenir, que sont toutes les douleurs du moment présent?

Adieu, je t'embrasse bien tendrement.

Ton mari pour l'éternité.

Samedi soir.

Je viens de lire ta lettre et j'ajoute un mot à celle-ci, mon Adèle, pour t'en remercier. Combien je te dois de bonheur! Pourquoi seulement tes lettres sont-elles toujours si courtes? Tu te plains d'une préoccupation continuelle; s'il en était autrement, Adèle, tu ne m'aimerais pas. Sais-tu que pendant dix-huit mois que je ne t'ai vue, je n'ai pas été une minute sans songer à toi? Sais-tu que tu es le but de tout ce que je fais et que je ne ferais rien sans cela? Quand j'ai une douleur morale ou une souffrance physique à supporter, je me figure que c'est en l'honneur ou pour l'amour de toi. Et alors tout me semble doux. Qu'importe d'ailleurs que ma bien-aimée Adèle ne *soit bonne qu'à m'aimer?* Quand ce serait ta seule science, je serais le plus heureux des hommes.

Jeudi (1er novembre).

J'ai réfléchi longtemps et bien longtemps, Adèle, à cette réponse. Dois-je, puis-je te satisfaire? Il y avait plutôt dans ta lettre de la compassion que de la tendresse ; je te remercie d'avoir quelque pitié de moi, car je suis en effet bien à plaindre sous plus d'un rapport. Il me semble, s'il faut te dire ce que j'ose à peine me dire à moi-même, que tes lettres se refroidissent encore. Un moment, tu étais redevenue telle qu'il y a deux ans ; mais ce moment... Adèle, interroge-toi bien, je crains que cette fatale épreuve de dix-huit mois n'ait détruit tout le bonheur de ma vie en diminuant ta première affection pour moi ; je ne puis être heureux d'être aimé à demi. Vois, cherche en toi-même avec candeur et sans t'étourdir si, durant cette longue absence, *tu ne m'as pas oublié un seul instant.* Je t'ai plusieurs fois fait cette question sans obtenir de réponse directe. Réponds-moi, je t'en supplie, la vérité ; je la devinerais si tu ne me la disais pas, et c'est de ta bouche et non de mes conjectures que je veux recevoir la vie ou la mort.

Adèle, tu le vois, un regard froid ou un mot indifférent de toi suffisent pour me replonger dans tous mes insupportables doutes, et certes, de toutes mes souffrances, celle-là est bien sans contredit la plus grande ; elle me va au cœur. Toutes les autres passeront, mais celle-là, qui pourra m'en consoler ? Et qui sait si, même après la mort, on peut oublier qu'on n'est plus aimé ?

Si tu n'étais qu'une femme ordinaire, Adèle, j'aurais tort de te montrer combien ton image est profondément gravée dans mon âme, j'aurais tort de te laisser voir cet amour d'esclave qui asservit tout mon être au tien ; une femme ordinaire n'y comprendrait rien et ne verrait d'autre avantage dans cette invincible passion que la faculté d'être indifférente et la commodité de pouvoir tout se permettre avec un homme dont elle serait sûre. Une femme ordinaire dont on voudrait exalter l'attachement aurait besoin qu'on fût avec elle léger, inconséquent, inégal, tantôt affectueux, tantôt froid. Il faudrait feindre d'autres inclinations, partir, revenir, alarmer sa vanité pour exciter sa jalousie, jouer un rôle enfin. Je ne suis point comédien et tu es loin d'être une femme ordinaire.

Quel prix peut-on d'ailleurs attacher aux passagères affections d'un pareil être ? Cela vaut-il la peine de mettre un masque et de se dégrader jusqu'à introduire de petits et vils calculs dans le plus noble et le plus haut des sentiments ? Ce ne sera jamais ainsi que j'agirai avec toi, Adèle ; je t'aime avec fierté, parce que je t'aime avec candeur ; je crois qu'un détour nous abaisserait tous deux et que ton cœur est assez grand pour comprendre un grand amour. Réponds avec cette confiance et cette franchise à la question que je viens de te faire. Tout dépend de là.

Je relis toute cette lettre et je tremble de la réponse. N'importe ! l'avenir se décide par un mot comme une avalanche par un caillou, comme un incendie par une étincelle. Qu'est-ce que notre vie et à quoi tient le fil qui nous suspend entre le ciel et l'abîme ? Je suis bien profondément agité, Adèle, et cependant, si tu voyais en ce moment mon visage, il est calme et glacé comme la face d'un mort. — Je reprendrai ce papier plus tard.

D'où vient que pendant ces deux longues pages, j'ai oublié ou négligé ce qui devrait faire le sujet de cette lettre, la demande que tu me fais, la confidence que tu provoques ? C'est que j'étais tourmenté de l'idée que tu ne m'aimais plus, et pouvais-je songer à autre chose ? Que sont toutes mes afflictions près de cette douleur ?

Vendredi (2 novembre).

Ecoute, mon Adèle, pardonne-moi ce qu'il peut y avoir d'amer dans ces deux pages ; la moindre chose m'aigrit, chère amie. C'est que je suis continuellement assailli d'idées sombres. Toutes mes journées se déroulent douloureusement sur moi, hormis quelques heures délicieuses, celles où je te vois.

Pardonne-moi, pardonne-moi. Il me serait bien doux, ma chère Adèle, de déposer tous mes chagrins dans ton âme, si bonne et si généreuse ; mais, je te le répète, ce ne peut être que de vive voix et je crains comme toi que de longtemps ce ne soit impossible. Je souffrirai seul. Ce n'est pas que je craigne pour ces lettres. Tout ce que j'ai à te dire, je pourrais le dire devant la terre entière, sans avoir, moi, à rougir. Mais il est une foule de détails qu'il serait minutieux d'écrire et qui constituent cependant mes soucis de tous les jours...

Il est une dernière considération. J'ai cru remarquer, Adèle, que tu me croyais de l'amour-propre et même, tranchons le mot, de la *vanité*. Cette observation a dû m'affliger. Si tu as raison, si je suis *vain* en effet, je dois gémir de ce que, parmi mes nombreux défauts, il se trouve celui que je déteste et que je méprise le plus au monde. Si tu te trompes, si tu prends pour de l'amour-propre une fierté, ou, si tu veux, un orgueil que je m'avoue à moi-même et dont même je m'applaudis, je dois déplorer bien plus encore d'être mal jugé par le seul être sans l'estime duquel je ne pourrais vivre, surtout si ce qui lui semble un défaut (et le dernier de tous !) est à mon gré la première qualité de tout homme qui se sent quelque dignité dans l'âme. Tu dois penser, mon Adèle, combien je dois désirer d'effacer cette idée de ton esprit, s'il est vrai que tu l'aies conçue ; c'est donc en ayant soin de ne te parler de moi que le moins possible que j'y puis parvenir. Or, pour te faire la confidence que tu me demandes, il aurait fallu te raconter une foule de choses que tu ne connais pas, récit qui, grâce à tes préventions, aurait pu te sembler peu modeste, de quelque simplicité d'expression que je l'eusse voilé. J'ai donc dû me résoudre à garder encore tous mes chagrins pour moi, d'autant plus que je ne vois pas la nécessité de t'en affliger, jusqu'à cette époque où je pourrai trouver des consolations de toutes les douleurs dans un épanchement de toutes les heures, de tous les moments.

En attendant, je vois mon avenir tiraillé dans tous les sens par une foule d'égoïstes qui veulent y placer leur intérêt; mais mon avenir n'est qu'à toi, et je le défends parce que c'est ton bien. Tu me connais peu, Adèle, tu ignores mon caractère, tu ne me vois jamais que contraint et ennuyé de la présence de quelque tiers importun. Mais attends, je t'en supplie, avant de me juger. On a dû avoir intérêt à t'inspirer, il y a un an, des impressions fâcheuses sur mon compte, et moi, ce que j'aurais demandé à Dieu, ce que je lui demande encore, ce serait de t'avoir eue en tout temps, comme aujourd'hui, pour invisible témoin de mes actions les plus importantes ainsi que des plus indifférentes.

Le témoignage d'une conscience pure m'est cher, c'est le seul côté par lequel je sois digne d'être aimé de toi, c'est aussi là le seul orgueil que je me sente; toutes les autres fumées m'étourdissent peu, et, en vérité, si jamais je voulais de ce qu'on appelle la gloire, ce serait pour toi seule.

Il faut finir et cependant que j'ai encore de choses à te dire ! Ne me parle plus de toi, ma bien-aimée Adèle, comme d'une *femme ordinaire;* sois modeste tant que tu voudras, mais ne me force pas à l'être quand il s'agit de toi.

Adieu, porte-toi bien. Je t'embrasse tendrement. Adieu, adieu ; surtout porte-toi bien.

Ton mari fidèle et respectueux.

Lundi, minuit (12 novembre).

Je ne puis lire un mot de toi, ma chère Adèle, sans qu'il me remplisse de joie ou de tristesse, et quelquefois de toutes deux à la fois. C'est l'effet que m'a produit ta dernière lettre. J'y ai vu que mon injustice égalait ta générosité, et, quoiqu'il y ait peut-être quelque sévérité dans la partie de ta lettre où tu me fais sentir mes torts, c'est un devoir pour moi de les reconnaître et un bonheur de t'en demander pardon. Tu le sais, mon Adèle, si quelquefois je te tourmente, ce n'est qu'à force de t'aimer, hélas! et je me tourmente bien plus moi-même. Je suis fou, mais fou d'amour, et, chère amie, ne dois-je pas trouver grâce à tes yeux? Toute mon âme se consume à t'aimer, tu es ma pensée unique, et il m'est impossible de trouver, je ne dirai pas du bonheur, mais le moindre plaisir hors toi. Tout le reste m'est odieux.

La fin de ta lettre, Adèle, m'a profondément ému. Tu désespères de notre bonheur mutuel et cependant tu dis qu'il est dans mes mains. Oui, mon Adèle, ma bien-aimée fiancée, il y est, et je suis sûr, si tu m'aimes, d'y atteindre ou de mourir. Et quels sont, en effet, les obstacles à surmonter? Quelle volonté osera s'opposer à la mienne quand il s'agira de toi? Ne sais-tu pas qu'il n'y a pas une goutte de sang dans mes veines qui ne soit destinée à couler pour toi? Et tu doutes! Va, mon Adèle, aime-moi comme je t'aime, et je me charge du reste. Une volonté ferme fait la destinée, et, quand on a su souffrir, on sait vouloir. D'ailleurs, l'homme qui met sa vie en jeu dans les calculs de son avenir est presque toujours sûr de gagner; et moi, je n'épouserai jamais que toi ou une boîte de sapin.

Il nous faudrait si peu de chose en effet pour être heureux, Adèle! Quelques mille francs de rente et un *oui* accordé par indifférence ou affection paternelle, voilà mon beau rêve réalisé. Crois-tu vraiment que ce soit si difficile?

Non, mon Adèle, tu es à moi et tu seras éternellement à moi. Te figures-tu cet inconcevable bonheur? dis-moi, y songes-tu comme moi avec cette ivresse et ce ravissement que ton âme tendre et virginale est si bien faite pour éprouver? Te représentes-tu la félicité de ton Victor passant à tes pieds sa vie, déposant dans ton sein toutes ses peines et les trouvant douces, jouissant de tout pour toi seule, ne respirant que par ton souffle, n'aimant qu'avec ton cœur, ne vivant enfin que de ta vie? Quand je pense, chère amie, à cette délicieuse communauté d'existence, je ne puis m'empêcher de croire que Dieu ne m'aurait pas donné la faculté de l'imaginer s'il ne m'avait réservé le bonheur d'en jouir. Va, *tu es née pour être heureuse*, ou je n'aurai été bon à rien sur la terre.

Tu veux bien avoir quelque estime pour moi,

Adèle, et c'est le prix le plus doux de tout ce que j'ai pu faire, dans le but de me rendre digne de toi. Je te remercie profondément de l'assurance que tu m'en donnes, car si tu ne m'estimais pas, pourrais-tu m'aimer, et si tu ne m'aimais pas, que ferais-je ici ?

Adieu pour ce soir, ou plutôt pour cette nuit ; adieu, ma bien-aimée Adèle ; il est bien tard et il fait bien froid. Tu dors en ce moment, et rien ne t'avertira du baiser brûlant que ton pauvre mari va déposer sur tes cheveux en ton absence. Il n'en sera pas toujours ainsi, et quelque jour ces baisers te réveilleront doucement. Adieu, adieu, dors et ne souffre pas.

Mardi (13 novembre).

Ce matin, on m'a remis un billet de ton père ; je te verrai donc ce soir, Adèle ! Voilà ma pensée de toute la journée ; elle me rend bien heureux, surtout quand je songe qu'elle est peut-être aussi la tienne. Mon bonheur serait complet, chère Adèle, si je pouvais te voir quelquefois seule et jouir du charme de ton intimité. Je te soumettrais toutes ces opinions auxquelles tu me reproches de tenir si fort ; il n'y a en effet que toi qui puisses me faire changer. J'essaierais aussi quelquefois de détruire celles de tes idées qui me semblent étrangères à ton heureuse nature. Elles ont presque toutes une noble source, trop de modestie et d'ignorance de toi-même.

Tu me dis, par exemple, que tu n'es pas capable d'apprécier le talent poétique. Cette assertion est tellement singulière, pour moi qui te connais mieux que tu ne te connais, qu'elle m'aurait fait sourire, si j'y avais été disposé. J'y répondrai, en me mettant, bien entendu, tout à fait de côté, et tu ne me feras certainement pas l'injure de croire que je puis mêler quelque idée d'amour-propre personnel à des réflexions aussi générales.

En deux mots, la poésie, Adèle, c'est l'expression de la vertu; une belle âme et un beau talent poétique sont presque toujours inséparables. Tu vois donc que tu dois comprendre la poésie; elle ne vient que de l'âme et peut se manifester aussi bien par une belle action que par un beau vers. Ceci exigerait de longs développements; mais tu vois combien, dans un entretien intime, je pourrais te révéler dans ton propre cœur de trésors que tu ignores. Ce bonheur m'est encore interdit. Je l'espère avec tous les autres.

Adieu, ma bien-aimée Adèle, pense à moi et écris-moi une bien longue lettre; elle me paraîtra toujours bien courte. Permets à ton mari de t'embrasser tendrement. Adieu, adieu.

Surtout, ne me parle plus de *travailler*, etc., etc.

Chaque fois que tu touches cette corde, tu m'affliges vivement. Aie quelque croyance en mes forces. C'est à moi de travailler pour toi, et le bonheur de fonder ton avenir m'appartient, comme tout ce qui a rapport à toi. Adieu; écris-moi bien long.

Samedi minuit (17 novembre).

Je viens de lire ta lettre ; elle m'a vivement ému, et, comme j'espère te voir demain, j'éprouve le besoin d'y répondre sur-le-champ. Pardonne, chère Adèle, si pour cela je commence par te désobéir. Je te promets que ce sera la dernière fois. Il suffit que mon habitude de travailler la nuit te déplaise pour que je la proscrive. D'ailleurs tes raisons sont justes, et il suffit encore que mon Adèle daigne prendre quelque intérêt à ma santé pour qu'elle me devienne précieuse. Le travail de nuit épuise ; mais l'insomnie oisive ne fatigue guère moins. Cependant, puisque tu le veux, je tâcherai encore de dormir le plus possible ; aussi bien, tous mes moments de sommeil sont heureux pour moi, car ils sont toujours remplis par des rêves charmants qui me transportent près de toi. Quand ce bonheur ne sera-t-il plus un rêve ! — Je te promets donc, mon Adèle, de ne plus travailler la nuit, à moins de cas extraordinaires. Je serais coupable d'enfreindre cette promesse au moment où je la fais, si t'écrire était *travailler*.

Tu crains ensuite, Adèle, que je ne prenne du goût pour la vie extérieure et que, par conséquent, mon intérieur ne me soit un jour à charge. Tu n'as pas réfléchi, ma bien-aimée Adèle, que lorsque cet intérieur sera rempli par toi, tout mon bonheur y sera. Qu'y aura-t-il de plus doux pour moi que de passer près de ma femme toutes mes heures de plaisir, de repos ou de travail? Devrais-je avoir besoin, chère amie, de te répéter cela pour la centième fois?

Maintenant, quelle différence! Qui peut m'attacher chez moi, où à l'ennui de la solitude se joignent des souvenirs bien tristes et bien récents encore? C'est précisément parce que j'y ai goûté la douceur de la vie de famille, mon Adèle, que cette maison m'est lugubre aujourd'hui. Quel intérieur que celui d'un garçon et d'un orphelin ! Car je suis orphelin et peut-être plus à plaindre encore que si je l'étais entièrement.

Tu vois, chère amie, que si tu as quelque confiance pour moi, la mienne en toi est bien entière ; il n'est rien d'intime dans mon cœur que tu ne connaisses ; s'il plaît à Dieu, il ne sera rien de secret dans ma vie dont tu ne sois instruite; car sois sûre que tous mes secrets seront toujours de nature à être connus de toi.

D'un autre côté, si mon intérieur me semble peu attrayant, tu es bien dans l'erreur de croire qu'une vie extérieure me plaise mieux. Ma chambre, tout au contraire, me paraît triste à la vérité, mais les rues et les salons me sont odieux. Je fuis les distractions, je hais *les plaisirs*. La vie de garçon, tout entière, m'est insupportable : isolement au dedans, isolement au dehors. Je n'aspire qu'au bonheur du ménage, à la félicité de la famille; et je n'aurai rien à désirer, chère amie, si, quand cette époque tant souhaitée sera venue, ton intérieur te plaît autant qu'à moi.

Tu ne t'alarmerais pas si tu savais combien ma *liberté* me pèse et avec quelle impatience j'attends qu'un doux esclavage enchaîne tous mes jours aux tiens. En attendant, excepté les moments bien courts et bien heureux où je te vois, toutes mes heures me sont également fastidieuses, et plus encore peut-être quand je suis dans la foule que lorsque je suis seul. Seul, du moins je puis songer en paix à toi.

Je n'aime pas, Adèle, à m'occuper d'un autre que toi dans ces lettres. Dans ces entretiens intimes et sacrés, nous ne devons pas daigner songer aux autres. Cependant il faut te parler de ton oncle et de ta tante. Je ne puis les aimer ni l'un ni l'autre. Les observations de ta tante me semblent singulièrement déplacées. Je ne vois pas en quoi notre conduite est remarquable aux yeux du monde, et comment on peut me disputer le bonheur de passer sur huit jours deux heures à côté de toi. Il faudrait donc encore que nos trop courtes entrevues fussent consacrées à nous occuper des autres, et que je fisse *l'aimable* auprès de je ne sais quelle indifférente, tandis que le premier venu le ferait auprès de toi. Voilà qui est souverainement ridicule. Ou, si on l'exige pour les jours où vous recevez, qu'on me permette donc de te voir plus souvent en des moments où personne ne nous gênera. Encore, toute cette minutieuse retenue est-elle absurde. Je ne suis plus un enfant. J'ai vu le monde, et je crois en honneur être assez réservé. Je suis, je veux être insipide, ennuyeux, nul, pour l'univers entier, parce que tu es le seul être au monde pour lequel je puisse prodiguer toutes mes facultés de penser et de sentir. Autant je suis ardent et expansif pour toi, autant je suis glacé et muet pour tout autre. S'il faut encore prendre ce rôle avec ma femme, personne n'y gagnera, je n'en serai pas certes plus aimable, et l'effort me sera bien pénible. Rappelle-toi, chère Adèle, qu'il y a un mois, je te voyais tous les deux jours et dans une intimité charmante. Croit-on cette habitude si aisée à perdre? Mais on prétend que je te fais du tort; avec ces mots-là, on me ferme la bouche; avec ces mots-là, on aurait ma vie.

Toi, chère Adèle, continue, je t'en supplie, à me faire part de tout ce qui t'occupe. Tu ne sais pas combien ces preuves de ta confiance me touchent et me pénètrent. Il m'est si doux de lire dans ta belle âme, d'étudier ton noble cœur! Je n'ai pas besoin d'être *bon*, chère amie, pour te dire avec transport la vérité sur ce que je pense de toi; je ne puis *avouer que j'aurais aimé davantage une demoiselle qui se fût conduite autrement*, car je ne conçois pas qu'on aime plus que je ne t'aime, ni qu'on se conduise mieux que tu ne te conduis, et si l'on me *parlait d'une jeune personne* qui agît comme toi, j'irais baiser la poussière de ses pieds.

Adieu, mon Adèle bien-aimée, adieu, ma femme. Je t'embrasse avec respect. Parle-moi de ta santé. Que ne puis-je l'entretenir au prix de la mienne, de ma vie!

Samedi 24 novembre (1821).

Il faut chez moi un grand fonds de confiance pour ne pas croire, Adèle, que cette correspondance t'ennuie. C'est la dernière fois qu'une réponse aussi longue suivra une lettre aussi courte. Sous les raisons que tu me donnes, j'en ai découvert une qu'elles cherchent à me cacher ; tu devrais me parler non de la difficulté, mais de l'ennui de m'écrire ; tu serais franche au moins. Tu parais attacher de l'importance à une visite manquée ; je ne croyais pas, Adèle, qu'une privation de ce genre fût un sacrifice, et je n'ai pas jusqu'ici songé à me vanter de tous les sacrifices de cette espèce que je fais journellement pour te voir ou t'écrire. Il est vrai que si je ne les compte pas, moi, c'est qu'ils ne me coûtent rien...

Mon Adèle, je viens de relire le commencement de cette lettre et j'en suis mécontent parce que je crains que tu n'en sois mécontente. Il m'est impossible de conserver longtemps de l'humeur contre toi, même quand j'ai raison. Me voilà prêt, chère Adèle, à te demander pardon de t'avoir accusée. N'ai-je pas pourtant un légitime sujet de me plaindre ? Adèle, je ne te demande pas de m'écrire de longues lettres de suite, puisque tu n'as que de courts moments ; mais il est impossible que tu n'aies pas chaque jour le temps de m'écrire, à différentes reprises, au moins une page, ce qui, au bout de plusieurs jours, donnerait à tes lettres, sans te fatiguer, une longueur satisfaisante. Je t'indique ce moyen de bonne foi, parce que je pense que tu le cherches de bonne foi. Non, chère amie, moi qui ai tant de plaisir à t'écrire, à m'entretenir avec toi, je ne penserai pas que ce qui m'est si doux te soit importun, que ce qui me rend si heureux te soit à charge. Ce serait une preuve que tu ne m'aimes pas, et je ne les accueillerai jamais aisément. J'ai tant besoin d'être ou du moins de me croire aimé ! Pardonne-moi, de grâce, les premières lignes de cette lettre. Songe qu'un doute sur ton affection me tourmente bien plus qu'il ne peut t'affliger. Si tu savais combien la moindre alarme me fait souffrir, tu éviterais, ne fût-ce que par pitié, de m'en donner sujet. Ainsi, pardonnons-nous mutuellement, et embrasse-moi.

Je t'obéis, ma bien-aimée Adèle, je ne travaille plus la nuit, et ce matin je me suis levé de bonne heure pour t'écrire. Jeudi soir, en rentrant, j'étais bien tenté de veiller pour te dire tout ce que j'avais dans le cœur. Tu ne saurais imaginer quel effet indéfinissable ta vue a produit sur moi ; te trouver encore debout et nous attendant, à près de minuit, m'a fait à la fois une vive peine et un vif plaisir. D'un côté, ta vue, qui suffit pour me rendre heureux, m'a surpris d'autant plus délicieusement que je n'ai pu m'empêcher de croire que c'était peut-être un peu pour moi que tu t'étais résignée à veiller si tard. D'un autre côté, l'idée de ma pauvre Adèle s'ennuyant seule, pendant que j'étais censé m'amuser, m'est apparue comme un remords. J'ai pensé que tu étais malade, que tu souffrais de ton côté, que tu avais eu froid... Chère amie ! Je me suis reproché les moments passés au café comme autant d'instants douloureux pour toi. J'aurais voulu racheter cette soirée de dix ans de ma vie, et, quand il a fallu te quitter sitôt sans pouvoir te remercier, m'informer de tes souffrances, sans pouvoir te réchauffer contre ma poitrine, il m'a semblé, mon Adèle, qu'on nous séparait violemment ; j'ai maudit pour la millième fois les obstacles qui m'éloignent de ma femme, de celle qui est à moi. Je suis ton mari, et cependant il a fallu te quitter sans un embrassement, sans presque une parole ; et si je mourais demain, Adèle, un autre obtiendrait tout ce qui m'est refusé, un autre aurait ces droits dont je ne puis jouir, un autre..... Il me semble que cette insupportable idée ferait bouillonner mon sang dans mes veines après ma mort.

Il est probable que cela ne sera pas ; cependant, qui peut lire dans l'avenir ? Qu'est-ce que la santé ? De quoi dépend la vie ? Qu'un homme me marche aujourd'hui sur le pied ou me regarde de travers, et qui sait où je serai demain ? Si je ne considère que moi, je ne puis certes tenir beaucoup à une vie à la fois veuve et orpheline. Mais quand ton souvenir me revient avec l'espérance, Adèle, je conviens que je crains la mort. Il me serait affreux de mourir avant de t'avoir possédée, avant de t'avoir appartenu. Je devrais peut-être te cacher mon peu de courage ; il est de bon air de dédaigner la vie, mais perdre la vie, ce serait te perdre ; et autant il me serait doux de te suivre dans un meilleur monde, autant il me serait horrible de partir sans toi.

Je ne sais ce que j'écris, je suis assailli d'idées sombres sans presque en savoir la cause. Ne t'en étonne pas. Dans une certaine disposition d'esprit, il nous vient parfois des tristesses vagues dont l'âme ne peut se défendre ni se rendre compte. Ce sont des souvenirs de malheurs passés ou des pressentiments de malheurs futurs, c'est le feu qui fume lorsqu'il vient de s'éteindre ou lorsqu'il va s'allumer. Ces souvenirs ou ces pressentiments se placent, comme des nuages, entre nous et nos idées ; ils ont les formes indécises de l'avenir ou du passé ; car, dans l'ordre des choses idéales comme dans l'ordre des choses réelles, tout ce qui est lointain est vague. L'âme alors croit souffrir et souffre en effet ; toutes les images riantes se ternissent, toutes les images tristes s'obscurcissent. Qu'un bonheur lui arrive tout-à-coup, le brouillard se lève, tout reprend sa forme et sa couleur, et l'on s'étonne de s'être affligé.

Voilà ce qui m'arrivera ce soir quand je te verrai ; je ne songerai plus qu'au bonheur d'être auprès de toi et à l'espérance d'être un jour à toi.

Cependant, Adèle, tu t'effraies, dis-tu, *d'épouser un si jeune homme* ; tu crains que *je ne me repente un jour de m'être engagé*, etc., etc. C'est avec peine que je répète ces cruelles expressions. Je ne croyais pas jusqu'ici t'avoir donné le droit de me croire changeant.

Tu dis que tu n'espères pas me rendre tout ce que j'ai perdu. Réfléchis un peu, Adèle, et demande-toi à toi-même si tu n'es pas sûre d'être tout pour moi. Ce que j'ai perdu, il n'y a que toi qui puisses me le rendre ; mais tu me le rendras, et au delà...

Ce dernier mot m'est échappé, je devrais l'effacer peut-être ; mais il est trop vrai que l'amour tel que je l'éprouve est au-dessus de toutes les affections et qu'une épouse est plus qu'une mère.

Hélas ! devrais-je te dire tout cela ? Mais pourquoi te cacherais-je une seule de mes pensées ? Dieu sait que jamais mère n'a été aimée comme j'aimais ma noble mère ; Dieu sait aussi que jamais femme n'a été adorée comme j'adore la mienne.

Je crains quelquefois, mon amie, que tu n'aies pas tout pardonné à la mémoire de ma mère. Je voudrais que tu l'eusses connue, je voudrais qu'elle t'eût connue. Elle m'a rendu bien longtemps malheureux parce qu'elle poussait trop loin le désir de me voir heureux. Son seul tort est de ne pas avoir deviné ta belle âme ; elle était cependant bien digne de la comprendre. Pourquoi l'ai-je, pourquoi l'as-tu perdue ? Aujourd'hui peut-être nous serions unis. Ma longue douleur, ma profonde mélancolie commençait à la vaincre ; elle avait vu tout échouer auprès de moi et ne m'eût certainement pas refusé le seul bonheur que me présentât la vie. Ses répugnances à ce mariage étaient d'ailleurs toutes indépendantes de toi, et elle estimait assez son fils pour estimer beaucoup l'être auquel il avait voué un si profond et si opiniâtre attachement. Aujourd'hui nous serions heureux avec elle, tandis que l'éternelle épreuve dure encore. Je n'en finirais pas là-dessus. J'éprouve une douceur triste à parler de ma mère à ma femme.

J'ai pourtant encore tant de choses à te dire. Ta distraction, en priant Dieu, mon Adèle bien-aimée, ne m'a point *fait rire*, mais elle m'a bien touché, j'en suis heureux et reconnaissant. Quelquefois j'ose me figurer que je suis tout pour toi, et alors tout mon cœur est plein d'une fierté de roi et d'une félicité d'ange. J'éprouve au reste tout ce que tu ressens, et la distraction continuelle qui m'entraîne vers toi me console de tout. Toute ma vie est une longue prière pour toi. Je prie pour le bonheur de celle qui fait tout le mien.

Adieu, mon Adèle adorée, pense à ton mari et songe qu'il me faut une longue réponse; pardonne-moi le commencement de cette lettre en faveur de la fin. Adieu, parle-moi donc en détail de ta santé. Je t'embrasse tendrement.

Ton fidèle Victor.

Vendredi (7 décembre).

Tu vois que je suis fidèle à ma promesse et je n'y ai pas de peine, Adèle; car, depuis quatre jours que je ne t'ai vue, quel plaisir plus grand que de m'occuper de toi! Je ne sais trop ce que je vais t'écrire, je ne suis heureux que lorsque je te vois, et, quand je t'écris, je ne te vois pas. En ton absence, toutes mes idées sont tristes et, pour me débarrasser d'un présent qui me pèse, je suis contraint de me reporter par le souvenir à la dernière fois que je t'ai vue, ou par l'espérance à la première fois que je te verrai. Je me rappelle que tu m'as parlé, que tu m'as souri, et je ne puis me croire à plaindre quand je songe que tu me parleras, que tu me souriras encore.

Cependant, chère amie, tu ne saurais te figurer la multitude d'ennuis qui m'assiègent. Indépendamment de mes chagrins et de mes inquiétudes domestiques, il faut encore me résigner à tous les dégoûts des haines littéraires. Je ne sais quel démon m'a jeté dans une carrière où chaque pas est entravé par quelque inimitié sourde ou quelque basse rivalité! Cela fait pitié et j'en ai honte pour les lettres. Il est insipide de se réveiller chaque matin en butte aux petites attaques d'une tourbe d'ennemis auxquels on n'a jamais rien fait et que, pour la plupart, on n'a jamais vus. Je voudrais t'inspirer de l'estime pour cette grande et noble profession des lettres, mais je suis forcé de convenir qu'on y fait une étrange étude de toutes les bassesses humaines. C'est en quelque sorte un grand marais dans lequel il faut se plonger, si l'on n'a pas des ailes pour se soutenir au-dessus de la fange. Moi, qui n'ai pas les ailes du talent, mais qui me suis isolé par un caractère inflexible et des principes invariables, je suis quelquefois tenté de rire de tous les petits torts qu'on cherche à me faire, mais plus souvent, je l'avoue à la honte de ma philosophie, tenté de me fâcher.

Tu penseras peut-être, chère Adèle, avec une apparence de raison que, dans les intérêts importants qui m'occupent, je devrais être insensible à de telles misères ; mais c'est précisément l'état d'irritabilité où je suis qui me les rend insupportables. Ce qui ne ferait que m'importuner, si j'étais heureux, m'est aujourd'hui odieux ; je souffre quand de misérables moucherons viennent se poser sur mes plaies. N'en parlons plus, c'est avoir trop de bonté ; ils ne valent pas la plume que j'use et le papier que je salis.

Samedi 8.

Il faut que tu me grondes, chère amie, j'ai été presque stupide toute la semaine, préoccupé que j'étais par les souvenirs de cette charmante soirée passée avec toi au bal. Je dis *charmante* et cependant j'ai été bien jaloux et bien tourmenté. Je voudrais que tu ne t'habillasses ainsi que pour moi. Tu vois combien je suis extravagant, mais n'en ris pas, car si tu en ris, ce sera avouer que tu ne m'aimes pas comme je t'aime. Quand je te vois si jolie et si parée pour les autres, ma tête s'en va et je ne saurais te dire quelle infernale émotion j'éprouve. Je suis si peu de chose près de tous ces jeunes gens qui dansent si bien ! — D'un autre côté, il y a tant de noblesse et de simplicité dans ton caractère qu'il me rassure contre la coquetterie que ton miroir pourrait t'inspirer, et l'on est si belle quand on est belle et modeste ! Toi, tu es ravissante de grâce et de candeur. Conserve toujours, mon Adèle adorée, cette angélique vertu, sans laquelle se perd la dignité de l'âme et la chasteté de l'amour. Songe que tu es mon modèle sur la terre, que tu as rempli l'idéal que mon imagination exaltée s'était formé des vertus de la femme et que je retrouve en toi la compagne de ma vie telle que les rêves de mon adolescence me l'avaient fait entrevoir. Ce ne sont point ici de vaines paroles. Songe quelle influence tu as exercée sur moi depuis que je me connais ; pense à ce que j'ai fait, à ce que je fais, à ce que je ferai toujours pour me conserver digne de toi jusqu'au jour si ardemment désiré de notre mariage, et tu verras à quelle hauteur tu es placée dans mon estime et dans mon enthousiasme.

Quand je me reporte, mon Adèle bien-aimée, à ces courts instants où je t'ai tenue si près de mon cœur en revenant de ce bal, je suis enivré. Pourquoi a-t-il fallu me séparer de toi? Qu'importerait au monde entier que toute ta vie s'écoulât ainsi dans mes bras? Quel mal faisions-nous? Adèle, explique-moi, je te prie, à qui j'aurais fait tort en gardant ma femme contre ma poitrine. Pourquoi ces moments-là passent-ils? Et pourquoi un homme qui a deux bras et une volonté se les laisse-t-il ravir? Qui sait s'ils reviendront jamais? et quelle puissance humaine pourrait ramener le bonheur enfui?...

Je vois que je divague; aie pitié de mes folies, toi qui fais tout mon bonheur et toute ma joie. Adieu, adieu, je suis un pauvre insensé. Plains-moi et aime-moi; mon âme, mon cœur, ma vie, tout est à toi.

Tu vois que je t'en écris bien long, plus même que tu n'avais demandé. Si cela te fait plaisir, tu me le prouveras, en m'écrivant aussi de ton côté bien long. Adieu, adieu. Je ne sais si tu pourras me lire.

Jeudi matin (13 décembre).

Je ne sais trop quelle lettre je t'aurais écrite, Adèle, car je t'avouerai que j'étais sorti dimanche soir triste et mécontent de toi; mais hier je t'ai vue et tous mes nuages ont été dissipés. J'étais sombre quand je t'ai rencontrée, cette joie inespérée m'a rendu ma sérénité. Oublions donc tout. Aussi bien, tu ne te rappelles sans doute plus toi-même tout ce qui m'avait si vivement blessé dimanche. Chère Adèle, tu ne t'amuserais pas à me tourmenter dans le peu d'instants que je passe avec toi, si tu réfléchissais que ce n'est qu'en toi que je puis trouver bonheur et repos.

Je ne puis m'empêcher d'admirer le hasard qui m'a conduit hier sur tes pas dans un moment où j'avais tant besoin de ta vue. La fermentation qu'une vie isolée fait naturellement subir à toutes mes idées avait porté mon abattement au comble, je ne sais quelles extravagantes méditations s'étaient emparées de mon cerveau, quand mon bon ange t'a offerte tout-à-coup à moi comme le seul remède à tous mes maux, la seule consolation à toutes mes peines. Mon seul regret, c'est que ma vue n'a certainement pas produit sur toi la même impression, car je devais avoir l'air d'un spectre,

Vendredi, minuit et demi (14 décembre).

Je n'essaierai pas, chère, bien chère Adèle, de te décrire l'effet que ta lettre vient de me produire ; je ne m'attendais pas à être aussi sévèrement jugé par toi et toute ta famille sur quelques mots échappés sans doute à la chaleur d'une discussion où je crois cependant, si ma mémoire est bonne, avoir soutenu les véritables idées d'ordre et de morale, sauf l'exagération permise peut-être à mon âge. J'ai pu dire bien des choses légères, émettre bien des idées peu méditées ; une phrase entre autres t'a frappée, je me rappelle parfaitement avoir prononcé cette phrase violente et m'en être sur-le-champ repenti. Je pense comme toi que ces noms ignobles et hideux d'instruments et d'exécuteurs de supplices ne doivent jamais souiller la bouche d'un homme ; je ne sais même comment je les ai proférés ; il faut que les provocations de mes contradicteurs m'aient poussé à bout et m'aient amené au point de déraisonner ; fâcheux écueil sur lequel les controverses ne nous amènent que trop souvent. Aussi est-ce bien de tout cœur que je déteste la discussion.

Mais ce qui est poignant pour moi, mon Adèle, ce qui m'a bien cruellement pénétré, c'est que l'on ait pu un moment mettre dans les chances de malheur de notre union future les idées qu'une conversation indifférente m'a fait émettre. Ce qui me désole, c'est qu'on ait pu te faire partager ces craintes, car je ne puis croire que tu les aies conçues de toi-même, toi qui ne m'as jamais dit avoir un profond mépris pour moi.

Conçois-tu tout ce qu'il y a d'injurieux pour nous deux à mêler des idées d'*adultère* à notre mariage? Non, tu ne l'as pu penser. Que ne connais-tu mon caractère! Que n'as-tu entendu même les railleries dont j'étais, il y a bien peu de temps, l'objet, parce qu'à des gens qui m'avaient demandé *si je ne tuerais pas ma femme surprise en adultère*, j'avais répondu simplement que *ce serait moi que je tuerais!*

Au reste, pourquoi te dire tout cela? Je n'ai pas besoin, j'en suis sûr, de justification auprès de mon Adèle, et la cruelle lettre que tu m'as écrite n'est pas de toi. O mon Adèle, moi te tourmenter jamais! Voyons, interroge-toi bien, et tu riras d'une telle supposition. Ne sais-tu pas que je suis ton esclave, ta propriété, que je donnerais mille vies pour t'épargner une larme? Adèle, ne me juge pas, je t'en supplie, sur je ne sais quelle parole inconsidérée, mais sur le peu que tu connais de mon âme et de mon caractère. Grand Dieu! est-ce toi qui as écrit cela : *Quel sera mon sort?* JE N'EN SAIS RIEN; *la soirée d'hier m'a laissé une impression qui s'effacera difficilement?* Adèle, ne devais-tu pas penser que ces fatales paroles de doute s'imprimeraient sur mon cœur comme avec un fer ardent? Oh! tu es bien cruelle quelquefois!

Chère amie, je ne dirai pas que j'ai pour toi *presque de l'admiration*, mais une admiration entière, profonde, fondée, mais un culte d'amour, de dévouement et d'enthousiasme. Et c'est toi qui peux dire que tu *trembleras un jour devant moi!* Non, ce ne sont point là des idées qui viennent de toi. Garde-toi, je t'en conjure, ma noble Adèle, des suggestions étrangères; juge-moi avec ton jugement, vois-moi avec tes yeux. Je suis déjà si peu de chose par moi-même que je m'indigne à l'idée de devenir encore moins dans ton estime, grâce aux autres.

Tu me fais un autre reproche sensible, c'est de voir partout la médiocrité chez les autres. D'abord, chère amie, je te supplie de croire que ma prétendue supériorité est nulle à mes yeux; je vois les choses de plus haut. La gloire humaine n'est rien près du bonheur angélique promis à celui qui partagera ton sort, et je ne me soucie au monde que de toi. C'est à toi seule que j'aspire, c'est pour toi seule que je vis. En général, il est vrai de dire que la plupart des hommes sont vulgaires et ternes; je crois que je les méprise en masse; mais, si je rencontre parmi eux quelques êtres dignes du nom d'hommes, je ne les aime et ne les en admire que plus. Je te place, mon Adèle bien-aimée, à la tête de tous ces êtres.

Je fais peu de cas, je l'avoue, de l'esprit de convention, des croyances communes, des convictions traditionnelles. C'est que je crois qu'un homme prudent doit tout examiner avec sa raison, avant de rien accueillir. S'il se trompe, ce ne sera pas sa faute. Au reste, j'ai peut-être tort dans toutes mes idées, mais je crois du moins n'avoir pas celui de déprécier tout le monde. Je passe au contraire pour enthousiaste et exalté. Le fait est que ma vocation est une vie tranquille, douce, obscure, s'il est possible; je n'aime rien tant que la vie de ménage et les soins de famille. Que ne me connais-tu mieux !

Au reste, chère amie, ta modestie est charmante, mais elle me fâche quelquefois; tu prétends avoir de la déférence pour mes opinions; jusqu'ici je ne m'en suis guère aperçu et tu as pu voir souvent au contraire quelle haute confiance m'inspirent tes conseils, avec quelle docilité j'obéis à tes avis. Je te confierais toute la conduite de ma vie, sûr de la noblesse de tes vues et de la grandeur de ton âme.

Adieu, il est bien tard, je t'embrasse tendrement. Quelle délicieuse soirée je viens de passer près de toi ! Elle me fait te pardonner ta lettre.

Adèle, aime-moi, car le ciel sait que jamais on n'a aimé comme je t'aime.

Adieu, tâche de lire mon griffonnage. Oh ! combien je t'aime et combien tu me tourmentes quelquefois !

Ton mari, ton esclave fidèle et dévoué.

Samedi (15 décembre).

Encore quelques mots. J'aurais dû, mon amie, répondre à ta précédente lettre, mais celle que tu m'as remise hier soir a brouillé tout dans ma tête. J'ignore quelles idées rempliront ce papier. La seule qui me reste est celle qui me domine continuellement, celle de mon inexprimable tendresse pour toi.

J'ai souri quand j'ai vu que tu t'imaginais voir autour de toi des êtres *plus dignes que toi* d'être aimés comme je t'aime. Je te conjure à genoux pour la millième fois de ne faire à personne l'honneur de le comparer à toi. Tu dis, Adèle, qu'un jour je m'apercevrai de *ton peu de savoir* et que ce sera un vide pour moi. Sache, chère et charmante amie, que tu as la plus belle et la plus rare des sciences, celle de toutes les vertus. Au reste, les connaissances futiles et purement relatives que tu voudrais posséder ne servent en rien au bonheur. Tout ce qui s'acquiert ne vaut pas la peine de s'acquérir.

Tu m'as déjà dit une fois avec une simplicité charmante que tu n'entendais pas la poésie, c'est comme si tu me disais que tu ne comprenais pas la vertu. Adèle, la poésie, c'est l'âme; le génie, c'est l'âme; ce qu'on appelle *mon talent* n'est autre chose que *mon âme*. Tu n'y es donc nullement étrangère, chère amie; car jusqu'ici, si j'ose t'en croire, nos deux âmes se sont toujours comprises. L'être le plus ignorant peut sentir la poésie, cette poésie rêveuse et pure à laquelle les connaissances positives n'ajoutent rien, qui revêt toutes ses pensées fantastiques d'images vivantes, qui se nourrit d'amour, de dévouement, d'enthousiasme, et révèle aux êtres généreux les mystères les plus secrets de leurs âmes. Cette poésie, Adèle, tu la comprendras toujours parce que tu es bonne, douce, noble et simple. Qu'importe le reste? Que sont, auprès de ces divines inspirations, de ces illuminations idéales, les sciences laborieuses, incertaines et souvent fausses des hommes? Elles dessèchent la vie, et la poésie, cette poésie que je puise dans tes regards, dans ton sourire, la charme et la console. Pardon, je ne sais où je vais, mais parler de poésie, c'est presque encore parler de toi.

Hier, mon Adèle, j'ai passé une ravissante soirée. Laisse-moi t'en reparler. Qu'il est doux de se pardonner quand on s'aime! Adèle, il me reste cependant un remords, tu as pleuré! je t'ai fait pleurer, grand Dieu, chère amie! Oh! pardonne-moi! que ne donnerais-je pas pour racheter les larmes que tu as versées en silence près de moi et à cause de moi! Hélas! devrais-tu pleurer, toi qui es tout mon bonheur? Non, je ne me le pardonnerai pas, et, plus j'y pense, plus je me trouve coupable.

Cependant, si je t'ai blessée, chère et pauvre amie, ce n'est que par excès d'amour. J'avais moi-même si cruellement souffert en croyant que tu ne me suivais que par complaisance et avec déplaisir !... Oh ! dis-moi que tu me pardonnes, et souris pour me consoler de tes larmes !

Adieu, mon Adèle adorée, tu ne diras pas que cette lettre est courte. J'y joins quelques vers que j'ai faits pour ta fête, en des heures de tristesse et d'abattement*. Je ne devrais peut-être pas te les donner, mais ils te prouveront combien je pense à toi.

Adieu, adieu, écris-moi bien long et remplis les lignes jusqu'au bout. Je t'embrasse et te jure que tu ne pleureras plus à cause de moi.

Ton mari.

* A Toi ! — *Odes et Ballades.*

Lundi (17 décembre).

Il faut, mon Adèle bien-aimée, que je me jette à tes pieds pour obtenir mon pardon. Si tu savais combien je me repens de t'avoir désobéi hier. Je suis sorti mécontent de moi, parce que, malgré tes douces et indulgentes paroles, je n'avais pas lu ma grâce sur ta figure. Tu avais raison et grandement raison. Je ne te dirai pas, chère amie, que tu t'es fâchée pour peu de chose, attendu que je ne le pense pas. Ce n'est pas le sujet de la désobéissance, mais la désobéissance en elle-même qui est grave. Je sais qu'à ta place j'aurais été extrêmement mécontent, et je ne me dissimule pas que je n'aurais peut-être pas été aussi bon que toi. Il est dans ta destinée, mon excellente et généreuse Adèle, de me surpasser en tout, excepté dans l'amour que je te porte. Chère amie, je n'ai été coupable que de légèreté, mais cette légèreté qui t'a affligée est bien coupable. Pardonne, oh! pardonne-moi! Je ne pense depuis hier, mon amie, qu'à la peine que je t'ai causée. Je ne comprends pas comment, moi qui ne voudrais pas te faire le moindre chagrin pour tous les intérêts de la terre, j'ai pu t'affliger ainsi sans but et avec tant d'étourderie.

Adieu, adieu. Je t'adore, car tu es un ange, et je t'embrasse, car tu es ma femme.

Vendredi 21 décembre.

Adèle, sais-tu quelle est l'insupportable idée que je veux fuir et qui revient sans cesse m'obséder depuis le dernier jour que je t'ai vue, depuis quatre jours? Grand Dieu! si notre mariage faisait jamais ton malheur!... Adèle, sais-tu quelle est ma jalousie? En as-tu bien pesé, avant de songer à lier ta vie à la mienne, toutes les exigences, toute la susceptibilité? L'autre jour, quand ta mère a dit devant moi que tu avais accepté le bras de je ne sais quel autre homme, je ne saurais te dire ce qui se passa en moi. L'idée qu'un étranger avait obtenu de toi ce bonheur qui est si grand pour moi, que d'autres peut-être partageaient tous les jours mes privilèges auprès de toi, ces privilèges si innocents et qui font pourtant toute ma joie, cette idée s'empara de ma tête et me remplit de trouble. Il me sembla encore que tu trouvais tout simple ce qui m'affligeait si cruellement. Adèle, tout ce tourment, joint à la nécessité de me contraindre, me mit dans un état difficile à peindre. Je sortis, et, depuis, ces idées qui me poursuivent empoisonnent tout pour moi, jusqu'au plaisir de penser à toi.

Je me suis examiné sévèrement, car on a l'habitude de considérer la jalousie comme ridicule, et, sous ce rapport encore, je ne pense pas comme les autres. Je me suis demandé si j'avais tort, et non seulement je n'ai pu blâmer mon ombrageuse jalousie, mais j'ai même reconnu qu'elle était de l'essence de cet amour chaste, exclusif et pur que j'éprouve pour toi et que je tremble de ne t'avoir pas inspiré. Cet amour, chère Adèle, si tu ne le sens pas, tu es du moins faite pour le comprendre. Aussi suis-je sûr que tu ne riras pas de ce qui m'a causé une douleur si vive. Que je serais heureux d'être aimé comme je t'aime !

Il faut que j'aie une bien aveugle confiance en toi pour te dévoiler ainsi les plus intimes secrets de mon âme. Si je parlais à un être ordinaire, je craindrais qu'il ne vît dans ma jalousie une faiblesse. Avec toi, je ne crains rien. Ce qui fait tout mon bonheur n'est pas assurément peu de chose à mes yeux, et tu ne dois pas t'étonner qu'il me soit impossible de le partager avec qui que ce soit.

Communément, la jalousie est un soupçon outrageant pour l'être qui l'inspire et avilissant pour celui qui le conçoit. Je ne te fais pas, chère amie, l'injure de croire que tu confondes avec cette brutalité des esprits vulgaires la délicatesse de l'amour impérieux que tu es si digne de faire naître. Ma jalousie est extrême, mais elle est respectueuse ; je crois qu'elle m'honore, parce qu'elle prouve la pureté de ma tendresse. Si jamais ma femme me rendait jaloux par légèreté, j'en mourrais, mais je ne la soupçonnerais pas un seul instant.

Je t'ai parlé longuement de toutes mes idées là-dessus, parce que cette matière est importante. Ma jalousie, chère Adèle, doit te plaire ; si elle t'effraie, tu ne m'aimes pas. Si tu me rencontrais, moi qui suis un homme, donnant le bras à une jeune fille, à une femme quelconque, cela te serait-il indifférent? Réfléchis, car si cela t'est indifférent, je suis perdu, tu ne m'aimes pas. Voilà mes sentiments invariables. L'amour n'est ni vrai, ni pur, s'il n'est jaloux. Crois que ceux qui aiment toutes les femmes ne sont jaloux d'aucune. Chère et bien-aimée Adèle, tu m'as dit que tu m'aimais, et jusqu'à ce que tu me dises le contraire, je veux le croire; je veux m'attacher à cette délicieuse conviction comme à la seule croyance qui m'enchaîne encore à la vie.

Adieu, il faut bien t'aimer pour avoir écrit les deux pages que j'achève. A demain.

Samedi (22 décembre).

Je viens de relire ces deux pages. Je tremble qu'elles ne te semblent singulières, car cela me prouverait que tu ne me connais ni ne m'aimes. Adèle, chère amie! ah non! je veux croire que nos âmes s'entendent, n'est-il pas vrai? Et alors, mon Adèle adorée, quel bonheur nous est réservé! Va, ne soyons pas comme les autres hommes qui craignent de sentir ou d'exprimer ce qu'ils sentent. Soyons candides, nous qui sommes innocents et purs. Ne nous cachons mutuellement aucune de nos impressions, disons-nous toujours toutes nos pensées, afin de nous garantir l'un et l'autre des fausses interprétations qui détruisent si souvent la confiance et même l'affection.

Je t'ai vue quelquefois avec douleur, Adèle, reculer devant plusieurs de mes opinions, c'est que tu ne pénétrais pas ma pensée ou que tu t'exagérais le sens de mes paroles. J'ignore si tu m'estimes plus ou moins que je ne vaux, mais, de grâce, sois indulgente. J'entends au fond de moi je ne sais quelle voix qui me dit que je ne perdrais pas à être connu de toi tel que je suis. Ce témoignage de ma conscience m'est cher ; c'est, avec le peu d'affection que tu peux avoir pour moi, la seule consolation qui me reste. Il n'y a rien de dégradant dans mes défauts, tout nombreux qu'ils sont, et, si je sais que je suis plein d'imperfections, je sais aussi que tu es pleine de bonté.

Je balance depuis quelques instants à te faire une confession, et j'ai tort de balancer, car ce que j'ai fait me pèsera sur le cœur tant que tu ne me l'auras pas remis. Adèle, pardonne-moi, car j'ai encore enfreint la promesse que je t'avais faite et réitérée. J'ai travaillé cette semaine plusieurs nuits consécutives, mais il le fallait et tu te rappelles que je me suis réservé quelques *cas extraordinaires*. Je t'ai donc désobéi en me promettant de m'en accuser près de toi. C'est pour toi, Adèle, que je travaille. Ce n'est qu'à force de fatigues et de veilles que je puis espérer de t'obtenir. Ne me condamne donc pas et sois sûre que je ne me résigne pas à manquer à tes ordres sans une nécessité absolue et impérieuse. Il s'agissait d'une chose très importante et très pressée. — J'ai tort de parler de tes *ordres*, tes moindres désirs, tes dernières prières en sont pour moi et suffisent pour me tracer une voie dont je ne m'écarte jamais que bien à regret.

Je m'aperçois que le temps et le papier vont bientôt me manquer, et cependant que de choses j'ai encore à te dire ! Je te parle si rarement, je te vois si peu ! Chère amie, combien je suis à plaindre et qu'ils sont heureux ceux qui peuvent à toute heure jouir de ta vue, de ton sourire, de tes paroles ! Moi, je suis comme un exilé. Quand je vais chez toi, tout me gêne, tout m'observe. Il faut me contraindre, me dissimuler, et nul être ne porte plus difficilement que moi un masque ou une entrave.

Oh ! quand tout cela sera-t-il fini? Quand pourrai-je atteindre à l'unique et immense bonheur que me promet l'avenir? Pardonne à cette lettre écrite si rapidement, au désordre de mes idées, à celui de mon écriture.

Chère et charmante amie, je te verrai donc ce soir ! Oh ! que j'en ai besoin ! Que les semaines sont longues et quel fardeau de tristesse et d'abattement je soulèverai ce soir en entrant chez toi. Adieu. Je t'embrasse bien tendrement.

Soigne ta précieuse santé. Parle-m'en bien au long. Tu dois tous ces détails à ton Victor, à ton mari. Adieu, adieu.

Écris-moi une longue, bien longue lettre.

Lundi (24 décembre).

Je ne t'aurais pas promis, chère Adèle, de ne point travailler hier soir que cela m'eût été impossible. Comment, encore tout enivré de cette charmante soirée passée à tes côtés, livrer ma tête et mes idées à un travail qui me serait insipide si je ne pensais que ce n'est qu'en travaillant que je puis me créer une existence digne de t'être offerte. Je suis rentré transporté. Quel bonheur sera le mien! Je me suis couché parce que j'ai pensé que tu te couchais en ce même moment. Longtemps j'ai repassé dans mon esprit les moindres circonstances de ces instants si tranquilles, si courts et si regrettés, passés près de mon Adèle adorée; longtemps ton souvenir bien-aimé m'a empêché de dormir, et, quand le sommeil est enfin venu, mille rêves de félicité m'ont encore rapporté ton image rayonnante de charme et de douceur.

Chère amie, que ne peux-tu voir mon cœur à nu pour y retrouver ta pensée qui domine sans cesse toutes mes autres pensées. Oh! combien je t'aime et en quelles expressions de feu te l'exprimer! Je veux te dire mille fois que je t'aime, je veux que tu me le dises mille fois. Voilà tout mon bonheur.

Quelle langue de génie et d'amour me donnera des mots pour rendre tout ce que je sens pour toi ! Tu es si bonne, si noble, si généreuse ! Toutes tes vertus sont si doucement empreintes sur ton visage que je m'étonne que tous les hommes qui te voient ne soient pas fous de toi. Mais ils ont la vue si basse, le jugement si faible, l'esprit si commun ! Oui, mon Adèle, chacune des grâces de ta figure révèle une des perfections de ton âme. Tu es pour ton Victor un ange, une fée, une muse, un être qui n'a d'humain que ce qu'il en faut pour rester à la portée d'un être terrestre et matériel tel que celui dont tu daignes partager le sort et la vie.

Ne souris pas, chère amie, de ces paroles d'enthousiasme. Quelle créature au monde est plus digne que toi de l'exciter ? Oh ! que ne te vois-tu telle que tu es, telle que te voit celui dont tu seras éternellement la compagne adorée ! L'immortalité de mon âme ne me semblerait qu'un grand et triste désert, si je ne devais le traverser entre tes bras. Oui, mon Adèle, c'est dans tes bras que je vivrai, dans tes bras que je mourrai, dans tes bras que je parcourrai l'éternité. Je m'arrête. Laisse-moi me reposer sur ces idées de bonheur. Un autre jour, je penserai au travail et à la gloire.

Jeudi (27 décembre).

J'ai encore, Adèle, passé mardi une journée bien heureuse, empoisonnée seulement le soir par l'idée que l'on te gronderait peut-être de mon assiduité près de toi. Chère amie, l'idée que tu puisses endurer pour moi le moindre chagrin est l'un de mes chagrins les plus vifs. Je ne comprends pourtant point qu'il puisse y avoir le moindre mal à ce qui me rend si heureux. Quoi qu'il en soit, je sacrifierai tout, mon Adèle bien-aimée, plutôt que de te voir tourmentée à cause de moi. Quand toutes ces contraintes s'évanouiront-elles ? Quand pourrai-je me glorifier à la face du monde de t'aimer, toi dont je suis si fier, toi dans qui j'ai mis toute ma gloire et tout mon orgueil ! Que ton Victor, chère Adèle, que ton mari sera heureux le jour où il pourra porter publiquement ce titre, le plus beau de tous à ses yeux ! Va, nous serons bien heureux un jour !

Mais nous sommes, ou (pour parler sans présomption) je suis bien à plaindre aujourd'hui. Ne passer sur tant de jours que si peu d'heures auprès de toi, et les voir encore troublées par une gêne perpétuelle, en vérité toutes mes autres peines, qui sembleraient peut-être plus douloureuses à un cœur froid, ne sont rien près de celle-là. Tous mes amis, qui me demandent si souvent d'où vient que je parais triste et soucieux, sont loin d'attribuer cette tristesse à sa véritable cause.

Mais, Adèle, tu m'aimes, et mon imagination ne conçoit pas d'effroyable malheur dont cette seule idée ne me console. Elle suffit pour me faire brusquement passer de l'abattement à l'exaltation. Tant que je sentirai que j'ai une vie à donner pour toi, je ne me plaindrai pas de mon partage. Ton esclave, mon amie adorée, n'a-t-il pas deux bras pour construire ton bonheur? Oh! je t'en supplie, aime-moi, et ne doutons pas de l'avenir. Marchons-y avec un cœur fidèle et un front serein. Enseigne-moi, toi qui es la plus noble des créatures semblables à Dieu, enseigne-moi tes angéliques vertus, car je ne vaux rien que par toi. Si je peux jusqu'ici dérouler toute ma vie sans rougir, n'est-ce pas à toi, Adèle, que je le dois? Si, aujourd'hui, je ne trouve aucun remords parmi tous mes chagrins, ne le dois-je pas à l'influence protectrice de ton être sur le mien? Combien je dois t'aimer, toi qui m'as préservé de tout, qui me conduiras à tout! Combien je t'aime, toi à qui je dois de pouvoir t'aimer d'une manière digne de toi! Que tu m'aimes aussi un peu, et le malheur n'est rien!

Vendredi 28 décembre 1821.

Il y a juste aujourd'hui deux ans, mon Adèle bien-aimée, que je passai une soirée bien enivrante et dont le souvenir restera toujours entre mes plus doux souvenirs. Nous allâmes ensemble pour la première fois au spectacle.

C'était aux Français, te le rappelles-tu? On donnait *Hamlet*. Dis-moi, chère amie, as-tu conservé quelque idée de cette charmante soirée? Te rappelles-tu que nous attendîmes bien longtemps ton frère dans la rue voisine du théâtre et que tu me disais que les *femmes étaient plus aimantes que les hommes?* Te rappelles-tu que, durant toute la représentation, ton bras resta appuyé sur le mien? que je t'entretins de malheurs imminents et qui, en effet, ne tardèrent pas à nous frapper? que je te répétai bien des fois qu'une soirée aussi heureuse ne se représenterait pas de longtemps?...

O mon Adèle, quand je songe que deux ans se sont écoulés depuis ces délicieux moments et que les moindres circonstances en sont encore dans mon cœur comme des événements d'hier, je me demande s'il en est de même pour toi, si ta mémoire a été aussi fidèle, et je me le demande en tremblant, car il y aurait de la présomption à le croire, et cependant si tu as oublié tout cela, tu ne m'aimes pas. O dis-moi que tu ne l'as pas oublié; dis-moi, je t'en supplie, que tu as quelquefois, durant ma longue absence, pensé avec regret à ces instants sitôt passés...

Chère Adèle! combien de fois j'y ai songé, moi, avec désespoir! Mais qu'importe aujourd'hui cette pénible épreuve, puisque tu m'appartiens enfin, du moins en espérance et en avenir! Qui osera, maintenant que je te tiens, t'arracher de mes bras! Hélas! il y a deux ans, j'étais tranquille et serein auprès de toi, et, quatre mois plus tard, je devais me courber sous le plus affreux des malheurs, je devais être séparé de toi! Aujourd'hui, si je te vois avec plus de gêne et moins de facilité qu'alors, c'est du moins avec plus de sécurité. Car il faudrait que l'enfer tout entier fût dans mon avenir, pour que tu ne fusses pas à moi tôt ou tard.

Mon sort est bien simplifié; je n'ai plus que deux perspectives, toi ou la mort. Rien ne peut m'enlever à mon Adèle. Famille, parents, tout cela, sans toi, serait tout pour moi; près de toi, ce n'est rien. Je suis une chose qui est à toi.

Samedi (29 décembre).

Je relis bien souvent tes charmantes lettres. Elles me rendent quelque chose de ta présence. Je m'étonne, chère amie, que cette correspondance si douce pour moi te laisse encore quelques scrupules ; car la manière même dont tu t'accuses de n'en pas avoir me prouve qu'il t'en reste encore. Ne te souviens-tu donc jamais que je suis ton mari, que je dois être le confident unique et le dépositaire légitime de toutes tes pensées ; que cette communication mutuelle et intime, qui ne nous est permise que par lettres, est un de mes droits comme un de tes devoirs. O mon Adèle, ne me parle plus, je t'en conjure, de ta crainte d'être mésestimée de moi! faut-il te répéter sans cesse que tu me causes un violent chagrin? Sois sûre de ton Victor, je t'en prie, aie confiance en celui qui vit tout en toi et pour toi. Ne me force pas, comme tu le dis toi-même avec tant de grâce, à défendre *ma femme contre ma femme*.

Oui, je suis fier de mon épouse adorée, de ma charmante et bonne Adèle, et ce n'est pas de la *vanité*, c'est de l'orgueil et de l'orgueil le plus pur. Tes vertus sont mon trésor, tes perfections sont mon bien, et je les défendrai contre tes propres attaques avec la jalousie d'une mère et la fierté d'un époux.

Quand je t'ai dit que ton âme comprenait la poésie, je n'ai fait que te révéler une de ses célestes facultés. *Les vers ne sont donc pas de la poésie?* demandes-tu. Les vers *seuls* n'en sont pas. La poésie est dans les idées, les idées viennent de l'âme. Les vers ne sont qu'un vêtement élégant sur un beau corps. La poésie peut s'exprimer en prose, elle est seulement plus parfaite sous la grâce et la majesté du vers. C'est la poésie de l'âme qui inspire les nobles sentiments et les nobles actions comme les nobles écrits. Un poëte malhonnête homme est un être dégradé, plus bas et plus coupable qu'un malhonnête homme qui n'est pas poëte.

C'en est assez sur toutes ces choses indifférentes et que tu sens d'ailleurs plus que je ne peux le dire. Je voudrais seulement que tu pusses savoir combien ton âme est belle, grande et poétique. Quand nous serons unis, chère amie, ce sera toi qui m'inspireras, toi que je consulterai sur tout ce que je ferai, et c'est ainsi qu'après t'avoir dû mon bonheur, je te devrai encore ma gloire si j'y suis appelé.

Sois donc satisfaite de toi sans cesser d'être modeste. La modestie te va si bien! Mais distingue la modestie qui consiste à ignorer ses avantages, de celle qui se borne à les rapporter à d'autres qu'à soi, à faire hommage à Dieu des dons de la nature et à ses parents de ceux de l'éducation. Cette dernière est la seule vraie, la seule durable. Elle sauve du faux orgueil et mène à la juste fierté.

Je t'ennuie, ma chère et noble Adèle, car tu sais

tout cela mieux que moi. Pardonne-moi et ne t'en prends qu'à toi, car c'est toi qui, par tes scrupules et tes craintes, me conduis à ces tristes et insipides dissertations. Elles sont cependant utiles en ce qu'elles te prouvent que mon estime pour toi n'est pas moins fondée que ma tendresse.

Adieu ! j'ignore si tu pourras lire ce griffonnage. A tous les mots qui t'échapperont substitue *je t'aime*, tu en auras toujours la pensée.

III

JANVIER — MARS 1822

Après la longue et douloureuse séparation, on a vu Victor reprendre les douces habitudes de son amour retrouvé. Il a pu revoir Adèle, fréquemment chez elle en présence de ses parents, et quelquefois seule dehors; il l'a accompagnée avec sa mère au théâtre ou en promenade; enfin il lui a écrit et elle lui a répondu; joies précieuses en comparaison de la triste année solitaire! mais il s'y mêlait pour Victor une inquiétude, une inquiétude mortelle.

Plus de six mois s'étaient écoulés depuis la mort de Mme Hugo, la nouvelle année 1822 allait s'ouvrir, et rien n'était changé dans la situation matérielle de Victor. Son père n'avait pas donné le consentement nécessaire, et même ignorait entièrement son amour. Quant à la place ou pension promise, elle semblait reculer sans cesse. Combien de temps cela durerait-il encore?

M. Foucher, bonhomme, aurait peut-être pris patience; mais, autour de lui, l'oncle Asseline et sa femme, Victor Foucher, le frère aîné, les amis, surtout les bonnes amies, s'étonnaient des retards, s'effrayaient des assiduités de l'amoureux, parlaient de la réputation d'Adèle compromise. On s'en prenait à la pauvre Adèle elle-même, qui s'en plaignait à Victor; cruelle anxiété pour l'âme susceptible du poëte.

Il avait beau reculer l'instant suprême où son sort se déciderait, il fallait mettre fin à ces tracasseries, prendre une résolution, agir. Il ne se préoccupait qu'à demi de la pension ; il travaillait à son roman, il travaillait à un drame, il sentait déjà sa puissance ; l'argent, il le trouverait. Sa grande perplexité, c'était le consentement à obtenir de son père.

Cette perplexité, qui l'avait tant déchiré déjà pour sa mère, combien elle était aujourd'hui plus grave ! Si le général Hugo refusait son consentement, il faudrait, pour s'en passer légalement, attendre la grande majorité de Victor, attendre cinq ans ! Victor ne pouvait même penser à demander à la famille Foucher une si longue patience. Lui-même supporterait-il la souffrance de la solitude et de la séparation sans espérance ? Alors Adèle n'existerait plus pour lui ? alors ?... Quand on songe à la force qu'avait prise en lui son amour et aussi à la gravité mélancolique et même sombre de cette âme ardente, on ne peut s'empêcher de croire que la question qu'il poserait à son père serait une question de vie ou de mort.

LETTRES A LA FIANCÉE

1822

JANVIER — MARS

Vendredi soir, 4 janvier (1822).

J'aurais bien fait de te quitter avant-hier soir à la porte de chez toi, je n'aurais pas eu cette discussion qui aurait dû t'être indifférente au moins, et qui m'a pourtant valu un si froid adieu. Car je ne puis l'attribuer, cet adieu glacé, qu'à la conversation qui venait de s'engager. Nous étions si bien d'accord une heure auparavant ! Que ne t'ai-je quittée alors ! Je serais rentré le cœur content, et maintenant encore mille pensées amères ne se mêleraient pas au plaisir de t'écrire. Il me semble que je n'ai rien dit dans cette discussion qui ait pu te mécontenter. Mes paroles n'étaient certainement pas des paroles de médisance ou d'envie, et je ne comprends pas comment je t'ai déplu en prenant la défense du seul homme en France qui mérite l'enthousiasme*. Si jamais j'étais

---

* Il s'agit de Chateaubriand, pour lequel Victor professait la plus ardente admiration.

destiné à parcourir une carrière illustre, après ton approbation, ma bien-aimée Adèle, l'admiration des esprits neufs et des âmes jeunes serait, ce me semble, ma plus belle récompense. Laissons cela.

Il est pourtant vrai de dire que j'ai rarement le bonheur de te voir de mon avis. Quelque opinion que j'avance, si je trouve devant toi des contradicteurs (et il est bizarre que cela ne m'arrive guère que devant toi), tu es bien plus prompte à te ranger de leur côté que du mien. Il semble qu'il suffit qu'une vérité passe par ma bouche pour être une erreur à tes yeux. Je n'adopte jamais une opinion qu'après m'être demandé si elle est noble et généreuse, c'est-à-dire digne d'un homme qui t'aime. Eh bien, que j'émette cette opinion, qu'elle blesse les idées de quelque autre personne présente, qu'elle soit combattue, je cherche alors naturellement à m'assurer de ton approbation, la seule que j'ambitionne et qui me satisfasse. C'est en vain ! tes regards deviennent mécontents, ton front soucieux, tes paroles brèves. Quelquefois même tu m'imposes silence. Alors il faut me taire comme un éventé qui recule devant ses propres discours, ou, si je continue, me retirer découragé de t'avoir déplu en soutenant des idées que je croyais dignes de toi et qui cependant, selon toutes les apparences, se sont trouvées contraires aux tiennes.

Je crois, mon amie, que tout ce que je te dis ici est simple et naturel. Eh bien, rien ne me répond que tu n'y verras pas de l'orgueil. Et d'abord, j'aurais de l'orgueil que ce serait ta faute. Ne m'as-tu pas permis de me croire aimé de toi ? Cependant, chère amie, un orgueil étroit et mesquin n'entrera jamais dans une âme qui a l'audace de t'aimer. Mes prétentions sont bien plus hautes que les prétentions de l'orgueil. Mes prétentions sont de te rendre heureuse, pleinement heureuse, d'associer mon esprit terrestre et ténébreux à ton esprit céleste et lumineux, mon âme à ton âme, mon sort à ton sort, mon immortalité à ton immortalité; et prends tout cela pour de la poésie si tu veux, car la poésie, c'est l'amour. Et qu'y a-t-il de réel au monde, si ce n'est la poésie ?

Ce langage te semble peut-être bizarre; mais rappelle-toi, mon Adèle, que *poésie* et *vertu* sont synonymes dans ma tête, et il te semblera tout simple.

Va, quand l'amour remplit tout un être, l'orgueil n'y trouve pas aisément place. Je ne t'ai pas toujours, il est vrai, montré une très profonde estime pour le commun des hommes. Ma conscience ne me dit point que je suis plus qu'eux, mais que je ne suis pas comme eux, et cela lui suffit.

Ne conclus pas, mon Adèle adorée, de tout ce que je viens de t'écrire que j'attache une extrême importance à mes opinions. Remarque, au contraire, que ce n'est pas aux miennes, mais aux tiennes que je mets un très haut prix. Ce qui m'afflige, c'est de contrarier tes idées, qui sont certainement bien plus justes que les miennes. Quand nous serons unis, chère amie, je m'éclairerai toujours de tes avis, je n'agirai jamais sans t'avoir soumis mes actions, car tu as l'instinct de tout ce qui est noble. Je regrette seulement en ce moment que tous mes efforts pour penser d'une façon digne de toi ne te satisfassent pas. Tu n'éprouves jamais cela, toi, car autrement tu me plaindrais.

J'ignore encore si tu seras contente de ma lettre à Mme Delon*; tu as désiré la voir et je t'en remets ci-jointe une copie que j'ai faite pour toi avant de l'envoyer. Tiens-la bien secrète, tu en sens l'importance. Tu la trouveras peut-être un peu laconique, mais il m'a semblé qu'une proposition simple devait être faite en termes simples. Que ma lettre soit approuvée de toi, je ne désirerai plus rien, sinon que mon offre soit acceptée.

Je relis ces deux pages. Elles se ressentent beaucoup du désordre de mes idées. Sais-tu, mon Adèle, que ton adieu glacial m'a si péniblement préoccupé ces deux jours-ci que je n'ai pu rien faire? C'est ainsi qu'à la crainte de t'avoir déplu se joint le remords d'avoir perdu mon temps. Les jours sont pourtant bien précieux, quand ils doivent être tous consacrés à travailler pour toi.

Il me vient souvent une idée qu'il faut que je te communique; c'est que toutes les protestations de services des hommes puissants ne me seront pas aussi utiles qu'on pourrait le croire. Je ne compte que sur moi, car je ne suis sûr que de moi. J'aime bien mieux, chère amie, travailler quinze nuits de

---

* Victor, dans cette lettre, offrait un asile chez lui à son ancien camarade Édouard Delon, condamné à mort pour sa participation à la conspiration de Saumur. « Je suis trop royaliste, écrivait-il à Mme Delon, pour qu'on vienne le chercher dans ma chambre. »

suite que solliciter une heure. Ne penses-tu pas de même ? J'en suis sûr, tu penses de même. Et que je serai fier, quand je pourrai t'offrir une aisance que je ne devrai qu'à moi ! quand je pourrai dire : nul autre que moi n'a concouru au bonheur de mon Adèle !

Quand, ô quand toutes ces charmantes espérances seront-elles réalisées ! Je ne me plains pas si je n'ai pas encore joui des félicités de la vie, je garde toute ma faculté de sentir le bonheur pour cette époque. Chère amie, le matin où je t'épouserai aux yeux des hommes, tous ceux qui m'aiment pour moi devront être bien joyeux, car jamais bonheur n'aura aussi profondément enivré une créature humaine que le mien m'enivrera. Le mariage me révèlera une existence nouvelle ; ce sera en quelque sorte pour moi une seconde naissance. Qu'il est doux, après s'être si longtemps aimés d'un amour ardent et virginal, de lui voir succéder, au sein de délices jusqu'alors inconnues, un amour chaste, sain et satisfait, quoique toujours aussi brûlant !

O mon Adèle, pardonne-moi, je ne sais où mon imagination s'égare ; mais quelquefois, quand je songe que nul excepté moi n'a de droits sur toi, que tu m'es réservée tout entière, je m'étonne de mon néant et je me demande comment j'ai pu mériter un tel bonheur. Alors, chère amie, si tu voyais avec quelles prières convulsives je supplie Dieu d'avoir pitié de ma solitude et de m'accorder l'ange qui m'est promis, tu concevrais quelle peut être la puissance d'un amour immortel sur un être mortel. Cet amour, Adèle, m'a complètement subjugué. Tempérament brûlant, esprit fier, âme ambitieuse, il a tout dompté en moi, tout concentré sur toi seule, tout changé en un seul désir, en un seul sentiment, en une seule pensée, et ce désir, ce sentiment, cette pensée, qui constituent toute ma vie, sont pour toi.

A présent, je vis imparfait. Tu me manques, c'est-à-dire, tout me manque. Nos rares et courtes entrevues me soulagent, mais ne me satisfont pas entièrement. J'ai besoin de te voir souvent, j'ai besoin de te voir toujours. Ce sentiment est si profondément incorporé à mon être, qu'il est devenu un instinct. L'invincible désir de te voir m'entraîne toujours dans tous les lieux où je puis en avoir la moindre espérance. Aussi suis-je souvent bien près de toi sans que tu t'en doutes. Je voudrais être déguisé ou invisible pour être à tous moments à côté de ma femme, suivre tous ses pas, m'attacher à tous ses mouvements. Je ne respire bien que dans ton atmosphère.

Chère amie, oh! quand m'appartiendras-tu! J'en suis bien indigne, moi, mon Adèle, qui ai pu te soupçonner avant-hier de m'avoir trompé; ne me méprise pas, je t'en conjure, pour avoir conçu un moment une aussi injurieuse idée. Toi mentir! toi, me tromper! Je croirais plutôt que le soleil et l'éternité mentent.

Adieu, ma bonne, ma noble Adèle, aime ton Victor, tout imparfait qu'il est, car il apprécie du moins toute la perfection de son Adèle.

Mardi 8 (janvier).

Adèle, tout ce que me dit ta lettre d'hier est parfaitement juste. Je te remercie, chère amie, de l'avoir écrite, tu as bien fait, et pourtant elle m'a réveillé comme d'un songe. C'est un de tes droits de me parler de mes affaires, car mes affaires sont les tiennes. C'est un devoir pour moi, je dis plus, c'est un de mes droits les plus chers que celui de te demander conseil sur tout ce qui me concerne, et ma confiance en toi, ma profonde estime pour ma femme, me parlent là-dessus tout autrement que ta modestie. Il y a longtemps que je désirerais exercer ce droit, si je pouvais t'entretenir autrement que par écrit et si je n'avais craint de glacer ces lettres, ma seule joie, par des détails fastidieux pour toi et pour moi. Cette raison tombe pourtant d'elle-même du moment où ton désir répond au mien.

Une autre plus puissante m'a encore arrêté. En te rendant compte de tout ce que je fais et de tout ce qui m'arrive, j'aurais appréhendé de paraître chercher à te faire moi-même indirectement ou directement mon éloge, et c'est sous ce rapport seulement, mon Adèle bien-aimée, que la franchise que tu me demandes, comme si cette demande était nécessaire, me sera difficile. Mais, si j'étais contraint d'entrer malgré moi dans quelque développement en apparence peu modeste, j'espère, chère amie, que tu te rappelleras que ce n'est pas moi qui ai provoqué une occasion de t'occuper de moi, et que ces détails, dont je serai d'ailleurs aussi sobre que possible, sont nécessaires pour te mettre à même d'apprécier d'après ma position présente quelle peut être ma situation future.

Que nous faut-il pour être heureux, chère amie? Quelques mille francs de revenu et le consentement de mon père. Voilà tout. De quoi donc peut-on s'alarmer? Pour moi, ce qui me tourmente, ce n'est pas de douter, mais d'attendre. Je suis sûr de me créer des moyens d'existence pour toi et moi ; j'espère que mon père, après avoir fait le malheur de ma mère, ne voudra pas le mien. Je compte d'ailleurs pouvoir, une fois ma majorité atteinte, lui rendre quelque service qui l'oblige en quelque sorte à approuver notre union. Mais ce qui me désole, c'est que la patience n'a jamais été ma vertu, et que j'ignore, en vérité, quand tout ce bonheur m'arrivera, quoique je sache qu'il doit m'arriver, à moins que la mort ne vienne.

Ne me demande pas, mon Adèle, comment je suis sûr de me créer une existence indépendante, car c'est alors que tu m'obliges à te parler d'un *Victor Hugo* que tu ne connais pas, et avec lequel ton Victor ne se soucie nullement de te faire faire connaissance. C'est le Victor Hugo qui a des amis et des ennemis, auquel le rang militaire de son père donne le droit de se présenter partout comme l'égal de tout le monde, qui doit à quelques essais bien faibles les avantages et les inconvénients d'une renommée précoce, et que tous les salons, où il ne montre que bien rarement un visage triste et froid, croient occupé de quelque grave conception, lorsqu'il ne rêve qu'à une jeune fille douce, charmante, vertueuse et, heureusement pour elle, ignorée des salons. Ce Victor Hugo-là, mon Adèle, est un fort insipide personnage; je pourrais, je devrais peut-être t'en parler plus longuement, afin de te faire comprendre, par une foule de détails, que son avenir présente bien quelques espérances; mais, je te supplie de vouloir bien là-dessus m'en croire un peu sur parole, car ces dix lignes ont déjà bien coûté à ton Victor, que ce M. Victor Hugo ennuie beaucoup. Je suis tout confus, ma bonne amie, d'avoir été ainsi amené à parler de moi, mais c'est ta faute. J'aurais même dû, je te le répète, t'en parler plus longuement, car si tu me demandes ce que j'espère, il faut bien que je te dise sur quoi est basé ce que j'espère.

On t'a inspiré, je le sais, une prévention, peu fondée, contre la carrière des lettres. Cependant, chère amie, c'est à elle que je dois d'être dans la position où je suis. J'ignore où je parviendrai, mais j'ignore aussi s'il est beaucoup de jeunes gens de mon âge qui, sans fortune personnelle, t'offriraient en eux-mêmes les mêmes garanties pour l'avenir. Qu'ai-je fait pour être condamné à te dire tout cela? Que n'assistes-tu à ma vie actuelle? Tu me comprendrais sans peine et peut-être même tes espérances iraient-elles au delà des miennes. Il faut encore en revenir à ma formule éternelle, et te prier de ne pas me faire l'injure de voir dans tout ceci le langage de l'amour-propre. Chère amie, si jamais je désire que tu croies à ma franchise, c'est lorsque je te dis que je ne puis être orgueilleux que d'une chose, c'est d'être aimé de toi. Je voudrais que tu visses comme les éloges et même l'enthousiasme vrai ou faux des indifférents passent sur moi, et, en même temps, mon Adèle, quelle impression profonde me laisse la moindre de tes louanges. Sois certaine que la vanité, l'amour-propre, la fausse gloire ne peuvent approcher d'une créature dont tu es le modèle et l'idole.

On m'a répété bien souvent, on me disait encore tout à l'heure beaucoup trop crûment, que j'étais appelé à je ne sais quelle *éclatante illustration* (je répète l'hyperbole en propres termes); pour moi, je ne me crois fait que pour le bonheur domestique. Si pourtant il fallait passer par la gloire avant d'y arriver, je ne considérerais cette gloire que comme un moyen, et non comme un but. Je vivrais hors de ma gloire, tout en ayant pour elle le respect que l'on doit toujours à de la gloire. Si elle m'arrive, comme on le prédit, je ne l'aurai ni espérée, ni désirée, car je n'ai ni espérance, ni désir à donner à d'autre qu'à toi.

Tu es, toi Adèle, mon but unique, et tous les chemins pour y atteindre me sont bons, pourvu qu'on y puisse marcher droit et ferme, sans ramper sur le ventre et sans courber la tête. C'était là ma pensée quand je te disais que j'aimais beaucoup mieux me créer moi-même en travaillant mes moyens d'existence que les attendre de la hautaine bienveillance des hommes puissants. Il est bien des manières de faire fortune, et je l'aurais certainement déjà faite par eux si j'avais voulu acheter des faveurs par des flatteries. Ce n'est pas ma manière. Je me suis borné à demander l'accomplissement d'un droit, j'ai obtenu une promesse, et j'attends.

Au reste, chère amie, tu es instruite de tout cela comme moi. M'aurais-tu, dis-moi, conseillé autre chose que ce que j'ai fait? Aurait-il été bien digne de toi que ton Victor allât chaque jour fatiguer de ses instances depuis le ministre jusqu'au dernier commis? J'ignore encore si ma réclamation simple et juste a réussi ; mais, certes, ni toi, ni moi, n'aurions voulu qu'elle réussît à ce prix. On voit encore des hommes tout obtenir au moyen des femmes, intrigues de corruption et de vanité que le mépris du monde ne flétrit pourtant pas. Je me hâte de te dire en quatre mots que je le pourrais aussi, mais il est sans doute inutile d'ajouter que ton mari rejette ces turpitudes avec horreur et dégoût.

Que reste-t-il donc à un jeune homme qui dédaigne de s'avancer par les deux voies les plus faciles? Rien que la conscience de sa force et l'estime de lui-même. Pour moi, Adèle, la conscience de ton affection fait toute ma force. Il faut frayer sa carrière noblement et franchement, y marcher aussi v qu'on le peut sans froisser ni renverser personne, et se reposer du reste sur la justice de Dieu.

Ne conclus pas de là cependant, mon amie, que je me contente de me livrer dans ma retraite à des travaux de mon choix, et peut-être infructueux, en fermant nonchalamment les yeux sur tout autre moyen de parvenir. Grand Dieu, Adèle, ton avenir n'est-il pas lié au mien? Va, qu'il se présente demain une demande juste à faire à un homme juste et rien ne m'empêchera de l'exposer avec confiance et de la soutenir avec vigueur. Fallût-il pour t'obtenir trois mois plus tôt, abandonner les projets et les rêves de toute ma vie, suivre un état nouveau, entreprendre des études nouvelles, ce serait, mon Adèle, avec bien de la joie. Tu serais à moi, aurais-je quelque chose à regretter? Je remercierai le ciel de toutes les épines dont il sèmera ma route, pourvu que cette route conduise à toi. Oh! dis-moi, mon Adèle adorée, par quelles peines, par quels travaux t'obtenir? Pourvu que ce ne soient pas des bassesses, tout me semblera doux et beau.

Je crains quelquefois que l'on ne t'ait mis dans la tête les idées les plus étranges. Je crains que tu ne t'imagines que la carrière des lettres est l'objet de ma vie, tandis que je ne me suis attaché à cette carrière que parce qu'elle m'offrait les moyens les plus aisés et les plus nobles de t'assurer un sort indépendant. J'aimerais, je l'avoue, à voir le nom que tu porteras chargé d'une grande gloire littéraire, car cela assignerait à ma femme un rang digne d'elle, un rang au-dessus de tous les rangs sociaux. Eh bien! que demain on me donne mon Adèle avec la condition de ne plus faire un vers de ma vie, pourvu que j'aie un autre moyen d'assurer ton existence, je le dis comme je le dirais à Dieu, je ne m'apercevrai pas que le bonheur de te posséder m'ait rien coûté; car, près de ce bonheur, tout le reste à mes yeux n'est rien.

Je ne puis, ma bien-aimée Adèle, rien te dire de plus ni de moins. Le jour où je t'ai dit que je t'aimais, je t'ai dit tout cela. L'amour est le seul sentiment qui ne puisse être exagéré. Tu m'ordonnerais demain, pour t'amuser, de mourir, que je devrais t'obéir à l'instant, ou autrement je ne t'aimerais pas. Aimer, ce n'est plus vivre en soi, c'est vivre dans un autre. On devient étranger à sa propre existence pour ne s'intéresser qu'à celle de l'être aimé. Aussi tous les sacrifices, tous les dévouements de ton Victor pour toi n'auront-ils jamais aucun mérite; ils seront les conséquences nécessaires d'un sentiment développé par des circonstances indépendantes de ma volonté. Tu dois me comprendre si tu m'aimes. En t'aimant je dois tout rapporter à toi, alors je ne suis plus rien à mes propres yeux et, si quelque chose de moi peut t'être utile, il est tout simple que je te le livre à l'instant, fût-ce ma vie.

Il faut me résumer, chère amie, tu te perdrais dans cette immense lettre. Je puis le dire, car ce n'est pas à moi, mais au hasard tout pur que je le dois, mon avenir présente beaucoup d'espérances. Des espérances pourtant ne sont pas des certitudes ; mais où trouver une certitude dans les destinées humaines ? (Remarque, mon Adèle, que je pèse ici toutes mes paroles, et que je m'exprime avec candeur, sûr que tu ne chercheras pas à les mal interpréter.) Il est de plus probable qu'un jour j'aurai quelque bien de mon père ; car, quoique les troubles de notre famille tiennent encore bien des secrets cachés (je te confie moi-même ici un grand secret), on peut présumer qu'il n'a pas exercé durant quatre ans en Espagne de hautes fonctions vice-royales, sans qu'il lui en soit rien resté. D'ailleurs, c'est ce que, depuis, il a en partie avoué presque malgré lui. Quant à son consentement, je ne lui fais pas l'injure d'en douter.

Maintenant, mon Adèle, si tes parents veulent quelque chose de plus, je leur offrirai un cœur plein de courage et d'amour pour toi. Je ne puis pas leur promettre de réussir, mais de faire tout ce qui sera humainement possible. Si toutes ces garanties ne les satisfont pas... alors je vais te dire ce par quoi j'aurais commencé cette lettre si j'avais écouté le premier mouvement de l'impression causée par la tienne. J'irai chez tes parents, et je leur dirai : « Vous m'avez rendu bien heureux, en me permettant de voir votre Adèle. Lorsque vous m'avez accordé de vous-mêmes ce bonheur, je m'étais résigné à y renoncer pour un temps. Je ne sais pas si j'aurais vécu longtemps sans la voir, mais j'aurais essayé et, avec l'espoir de la posséder un jour, j'y serais peut-être parvenu. Aujourd'hui, vous paraissez douter de mon avenir. Adieu, vous ne me reverrez qu'avec un sort indépendant et le consentement de mon père, ou vous ne me reverrez plus. »

C'est ce que je suis décidé à faire, Adèle, le lendemain du jour où tes parents m'auront montré la crainte de compromettre ton avenir en l'unissant au mien. Peut-être même aurais-je déjà dû les prévenir. La félicité de te voir m'a fait jusqu'ici fermer les yeux ; cependant je sens qu'il faut bien peu de chose pour réveiller toute la susceptibilité de mon caractère. Qui sait ? je me flatte peut-être. J'ai tant souffert jusqu'ici que je me suis cru le droit d'espérer enfin un peu de bonheur. Tout cela n'est peut-être qu'illusion et, si je suis destiné au malheur, de quel droit te le ferais-je partager ? Adèle, tes parents ont raison de ne vouloir de moi qu'autant que je prospérerai. Autrement, ils font bien de m'abandonner.

Tu es heureuse, toi ; tu as un père, une mère qui sacrifieraient tout à ton bonheur. Moi, nul ne s'intéresse à mon avenir, je suis orphelin. De quelque côté que je tourne les yeux, je me vois seul. Toi, tu es généreuse de m'aimer ; mais tu ne dépends pas de toi et, d'ailleurs, tu m'auras bientôt oublié quand je ne serai plus là. C'est dans la nature humaine. Pourquoi croirais-je à une exception en ma faveur ? Oui, j'y comptais, parce que l'amour que j'ai pour toi est un amour d'exception. Adèle, tu verras que d'ici à peu de temps nous nous dirons encore *adieu* ; mais, si nous en venons là, cet adieu-là, Adèle, tu verras qu'il sera le dernier. Tu es bonne, tu es douce comme un ange; celui auquel tu appartiendras sera bien heureux!

Adieu, chère amie, ne verse jamais des larmes aussi amères que celles qui me sont échappées en achevant cette lettre. J'étais bien ému en t'écrivant tous ces froids détails, mais cette émotion n'a pu se comprimer jusqu'à la fin. Il y a dans ces quatre pages bien des mots qui ne te frapperont pas et qui m'ont pourtant été bien douloureux à tracer.

Adieu, adieu, mon Adèle bien-aimée; je ne t'ai jamais plus aimée qu'en ce moment où il me semble qu'une nouvelle séparation se prépare. Adieu, j'avais mille choses à te dire, mais il y a un nuage entre mes idées et moi. Je suis encore ton mari, n'est-ce pas? Te dire que je le serai toute ma vie, ce n'est pas dire que je le serai longtemps!

Adieu. Permets-moi de t'embrasser tandis que tu es encore à moi.

Dimanche matin (13 janvier).

Maintenant je n'ai plus qu'à cacher ma tête dans mes mains et attendre le coup. Ta lettre, Adèle, est bien amère et bien généreuse ; elle est bien généreuse, car elle est remplie d'un désintéressement d'autant plus admirable qu'elle n'est pas remplie d'amour. Au reste, tu l'as déjà dit une fois, *la passion est de trop*. Ma dernière lettre m'avait bien coûté, tu es certainement le seul être au monde pour qui j'aurais écrit tout cela ; j'y ai poussé la franchise aussi loin qu'elle peut aller, peut-être jusqu'à l'immodestie. Tu triomphes à présent du sacrifice que tu as obtenu. Comme il te plaira ! Que pouvais-je te dire de plus dans une lettre ? Je l'ignore, car je ne sais si j'aurais pu te donner plus de détails dans un entretien. A mes épanchements tu réponds par des réticences. *Si j'étais à ta place*, me dis-tu... et tu t'arrêtes. Pourtant, Adèle, que te demandé-je autre chose que tes conseils ? Je les ai implorés avec instance, j'aurais tout fait pour que tu m'en crusses digne. Mais que t'importe ! Toutes mes actions ont été jusqu'ici dirigées vers un but, celui de t'obtenir et de t'obtenir dignement. Je n'étais pas sûr du succès, mais je me croyais sûr d'une récompense, bien douce pour moi, du bonheur d'être approuvé par toi. Je m'étais encore trompé dans cette espérance.

C'est dans le moment même où je te donne la plus haute preuve de confiance et d'estime que tu me fermes ta confiance et me refuses ton estime.

Eh bien! puisque mon sort n'est rien à tes yeux, laisse-moi donc dans mes ténèbres; ôte-moi la main qui me soutenait, le regard qui m'encourageait, la voix qui pouvait me sauver dans mon aveuglement. Je n'aurai pas droit de me plaindre, car je suis un insensé et un malheureux, et tu as, toi, trop de raison pour ne pas être heureuse.

Ce n'est pas moi néanmoins qui reculerai le premier; je resterai jusqu'au dernier moment tel que tu m'as toujours vu, prêt à donner ma vie en souriant si elle peut te faire la moindre joie. Puisque tu me prives de tes avis, je ferai tout ce que tes parents voudront. Il n'y a qu'une créature au monde pour qui je puisse subir sans murmure des humiliations; j'en subirai encore sans espoir de nouvelles, s'il le faut, pourvu qu'elles s'arrêtent au point où des humiliations deviennent des indignités. Cette phrase que tu reproches à *mon amour-propre froissé*, je ne la prononcerai pas. Je prendrai tout sur moi et, s'il arrive quelque malheur, ce sera ma faute, à moi seul. Oui, je le répète, tout ce que les parents d'Adèle voudront, je le ferai. Je ne veux plus rien que lui donner des preuves nouvelles d'un amour qui n'a plus pourtant besoin d'être prouvé. Trop de précipitation près de mon père perdra tout peut-être, je le crains; mais je souscrirai à un désir qui est une loi pour moi.

Qu'est-ce d'ailleurs que mon bonheur? C'est le

tien, Adèle, qu'il faut arracher de mon déplorable avenir, à quelque prix que ce soit. Moi, d'ailleurs, je ne serai point à plaindre. Ma vie aura été couronnée par un beau rêve dont je ne sortirai que pour entrer dans un sommeil où l'on ne rêve plus. Non, je ne serai point à plaindre. Quand tout finira pour moi, tout recommencera pour toi. J'aurai traversé ta vie sans y laisser de vestige. Mon âme se résigne volontiers à un veuvage éternel, si elle peut acheter à ce prix pour la tienne quelque félicité sur la terre. Sois heureuse.

Tu vas peut-être te récrier, me demander d'après quoi je puis croire à ton oubli. Oui, Adèle, j'y crois, et à ton *prompt* oubli. Cette nuit, je t'avais écrit dans ma pensée une lettre de vingt pages, je t'y racontais bien des preuves d'amour que je t'ai données durant notre séparation et que tu ignores, je les comparais aux marques de froideur que j'ai reçues de toi alors. Je n'ai pas eu le courage d'écrire ces détails désolants, d'écrire moi-même ma condamnation. D'ailleurs, à quoi bon ? C'eût été te prouver que tu t'abusais quand tu croyais m'aimer ; il vaut mieux laisser faire le temps.

Si l'on fût venu me dire, il y a huit jours, que tu ne serais pas à moi, j'aurais donné un démenti au démon lui-même. Aujourd'hui, je doute plus que toi, car tu ne crains que des *difficultés immenses*. L'origine de mon malheur n'est pas dans mon projet de *laisser venir les événements*, comme tu dis, elle est dans le peu de confiance que tes parents m'accordent, dans la défiance complète que je t'inspire.

Je serai plus généreux que vous tous, car je détruirai inutilement mon avenir pour me montrer docile à vos volontés. Je remplirai toutes vos intentions et je les remplirai avec la sérénité sur le front, quoique je sois sûr de ne réussir à rien qu'à faire évanouir mes espérances.

Je ne sais ce que je dis : *Mon avenir, mes espérances!* Ai-je un avenir ? Ai-je des espérances ? Cependant cette rupture me blessera cruellement, car elle te causera peut-être un instant quelque contrariété, et j'aurais voulu ne jamais te faire la moindre peine. Tu me répéteras encore ici avec candeur (car tu le crois dans le moment) que tu seras toujours à moi, que nulle puissance ne nous séparera, que tu braveras tout. Adèle, j'ai des lettres de toi, de *mars 1820*, où tu me dis la même chose, et cependant, depuis, tu as été dix-huit mois riante et joyeuse, heureuse sans moi ; depuis, un mariage, je ne sais quel mariage, t'a été proposé, a été proposé à ton père, et a même acquis assez de consistance pour qu'il en fût parlé à une étrangère. Si tu avais pensé à moi alors, aurais-tu souffert qu'une pareille offre fût répétée deux fois ?

Au reste, comment puis-je daigner parler de cela ? Un autre réussira ; peut-être te rendra-t-il plus heureuse que moi. Je t'aime trop, je suis jaloux, extravagant ; il est très incommode, n'est-ce pas, d'être adorée de son mari ? Quelque jour, Adèle, tu te lèveras la femme d'un autre. Alors tu prendras toutes mes lettres et tu les brûleras, afin qu'il ne reste aucune trace du passage de mon âme sur la terre; alors, si ton regard froid tombe par hasard sur les endroits où je te prédis que tu m'oublieras, tu ne pourras t'empêcher de convenir en toi-même que ce Victor avait vu juste au moins une fois dans sa vie. Qu'importe, pourvu que tu sois heureuse !

Hélas ! et moi, j'aurais donné avec joie toutes mes espérances d'une vie meilleure et immortelle pour passer à tes pieds cette existence sombre et bornée. N'en parlons plus. Tout va se rompre de soi-même. Je ferai, je te promets que je ferai, Adèle, tout ce qui est dans les intentions de ta famille. Je suis plus impatient que qui que ce soit d'arriver au terme où je me reposerai, quoique ma course n'ait pas encore été bien longue. Rappelle-toi seulement que tu m'as refusé tes conseils, que je les ai invoqués à genoux et que tu as cru devoir te *taire*.

Peut-être as-tu bien fait, tu dois le savoir; car, Adèle, je te dois ce témoignage encore une fois, que l'âme d'un ange n'est pas plus belle et plus pure que la tienne. Je suis un fou et un orgueilleux d'avoir aspiré à partager ta vie. Je le dis dans la sincérité de mon cœur, je ne vaux rien près d'un autre, et que puis-je valoir près de toi ?

La fin de ta lettre m'a attendri, parce que quelques mots tendres de mon Adèle bien-aimée me bouleversent au moment où elle va cesser d'être mon Adèle. Au reste, ce ne sont, en effet, que des mots. Que je tombe malade demain, je ne me dissimule pas que mon lit de souffrance restera aussi seul que celui d'un réprouvé. Peut-être demanderas-tu assez assidûment pendant trois ou quatre jours de mes nouvelles à la personne qui sera chargée de s'en informer ; après quoi je pourrai mourir si je veux, à la garde de Dieu, et il en sera comme si je n'avais jamais vécu. Je n'ai pas de mère, moi, personne n'est forcé de m'aimer.

Au reste, tout cela est bien, car la plupart de mes idées sont fausses et absurdes. Je suis un insensé. O Adèle, c'est toi qui ne sauras jamais à quel point tu es aimée. Comment le saurais-tu ? tu fermes les yeux et les oreilles. Je te déclare que c'est un de mes droits de te consulter sur mes affaires et tu me réponds que jamais tu ne m'en parleras, que tu te dois un peu à ta dignité et que je te fais souvenir que tu es fille. Adèle, voilà ta confiance !

Au reste, je te le répète, je n'aurai pas la douleur de prévenir moi-même une rupture nouvelle. Elle se fera par mon père, dont j'aurais eu le consentement dans un an et dont j'aurai le refus dans trois mois. Cependant tes parents ont raison et ton sort ne peut rester plus longtemps compromis. Il faut savoir où l'on va. Il faut que tu puisses songer à un nouvel établissement, te préparer un autre bonheur.

Moi, je vais me retirer lentement. Ne t'étonne pas, Adèle, si tu me vois désormais ne plus rechercher les occasions de te voir. J'irai chez toi quand j'y serai invité, mais je manquerais à mon devoir en provoquant ces invitations. Heureusement, je n'aurai pas beaucoup de journées amères. Et quand mon arrêt sera prononcé, je quitterai Paris. Afin de ménager ta réputation, qu'est-ce que je ne quitterais pas?

Mais non, je ne veux pas t'occuper de ma mort, ce sont des idées graves et tu m'estimerais peut-être bien moins encore si tu savais combien je serai faible devant le malheur. Au reste, qu'est-ce que tout cela te fait?

Adèle, réponds-moi encore une fois, je t'en supplie, une fois encore et le plus tôt possible. Ensuite, je ne t'importunerai plus. Maintenant, mon Adèle adorée, tu vas m'écrire sans doute comme à un étranger; car, puisque ma dernière lettre t'a déplu, celle-ci...

Oui, tu vas me traiter comme un étranger, et Dieu m'est témoin pourtant que jamais le cœur de celui qui a été ton mari ne fut plus gonflé de larmes, plus brûlant d'amour pour toi. Adieu.

Samedi (19 janvier).

Comment te dire, mon Adèle adorée, ce qui se passe chez moi depuis deux jours? La nuit de jeudi ne sortira jamais de mes plus douloureux et de mes plus tendres souvenirs. Enfin, je viens de te voir debout, rose et riante, et me voilà tranquille, me voilà délivré de la plus vive de mes peines, de la plus cruelle de mes inquiétudes. Tout ira bien et dans peu sans doute tu seras rétablie.

Qui eût cru que cette nuit, dont je me promettais tant de bonheur, m'apporterait tant de tristesse! D'abord le chagrin de partir sans toi, chagrin d'autant plus vif que je m'étais attendu tout le jour à t'accompagner et que je te croyais la cause de ces nouvelles dispositions, puis la douleur de te voir souffrante, et si souffrante! Cette Adèle, mon Adèle bien-aimée, la voir parée, charmante, rayonnante de grâce, et étendue péniblement sur un lit de douleur, tandis que tous ces hommes et toutes ces femmes dansaient, jouaient, riaient, comme s'il n'y avait pas eu près d'eux un cœur brisé et un ange souffrant! Chère amie, non, jamais cela ne sortira de ma mémoire. Et moi, ivre de désespoir, au milieu de cette foule joyeuse, obligé de sourire et ne pouvant pleurer, gêné par tous et repoussé par toi, tu ne peux concevoir tout ce que j'ai senti. J'ai vécu dans ce peu d'heures dix années de malheur. Mon Adèle, j'avais le cœur plein de pitié et nul n'avait compassion de moi. O que j'ai souffert! bien plus que toi-même!

Cependant cette douleur n'était pas sans quelque charme, car elle me révélait toute l'étendue, toute la profondeur de mon amour pour toi. Seulement j'aurais voulu être à ta place, et alors je n'aurais certainement pas senti ma souffrance si tu avais été près de moi. Et quand nous sommes revenus ensemble, que j'ai tenu mon Adèle adorée et malade dans mes bras, que j'ai senti son cœur battre sous ma main et son visage s'appuyer sur le mien, alors, oui alors, j'aurais béni Dieu de mourir ainsi. Que j'aurais été heureux sans l'expression douloureuse de tes traits! Que suis-je, grand Dieu! Moi, ton protecteur, ton mari, je ne puis empêcher mon Adèle de souffrir entre mes bras!... Chère aimée!

Adieu, ange, adieu, mon Adèle adorée. Permets à ton pauvre mari de t'embrasser mille et mille fois.

Je t'écrirai certainement demain.

Dimanche (20 janvier).

C'est encore à ce bal que je reviens, chère amie, car depuis trois jours je n'ai pas d'autre pensée. C'est l'une des plus fortes émotions que j'aie éprouvées dans ma vie. Ce bal fera époque dans ma mémoire, avec un autre bal...

Adèle, je ne t'ai jamais parlé de cet autre bal, et maintenant j'éprouve le besoin de t'entretenir de ces souvenirs que réveillent cruellement ceux de jeudi dernier.

C'était le vendredi 29 juin, il y avait deux jours que je n'avais plus de mère, je revenais à dix heures du soir du cimetière de Vaugirard. Je marchais comme oppressé d'une léthargie, quand le hasard de mon chemin me conduisit devant ta porte. Elle était ouverte, des lumières brillaient dans la cour et aux fenêtres. Je m'arrêtai devant ce seuil que depuis si longtemps je n'avais franchi, je m'arrêtai machinalement. En ce moment, deux ou trois hommes me poussèrent brusquement et entrèrent en riant aux éclats. Je tressaillis, car je me rappelai qu'il y avait là une fête. Je voulus continuer ma route, car cette idée me faisait sentir plus profondément encore mon isolement éternel. Il me fut impossible de faire un pas, quelque chose me retint. Je restai un instant debout, immobile et sans idées. Peu à peu la connaissance me revint et je résolus avec une résolution infernale de décider mon sort d'un seul coup. Je voulus voir si j'étais abandonné de ma femme comme de ma mère, pour n'avoir plus qu'à mourir. Adèle, que te dirai-je? Le désespoir me rendit insensé. J'avais une arme chez moi, j'étais affaibli par les veilles et les inquiétudes, je voulais voir si tu m'avais oublié ; un crime (et le suicide en pareil cas est-il vraiment un crime?) un crime ne pèse guère quand on est au fond du malheur. Enfin, je ne sais plus à quelles démences mon esprit était livré, j'en ai honte aujourd'hui, mais tout cela te fera voir à quel point je t'aime.

Je m'élançai dans la cour, je montai rapidement le grand escalier, j'entrai dans les premières salles qui étaient désertes. Là, aux lumières de la fête, je vis le crêpe de mon chapeau. Cette vue me rappela à moi, je m'enfuis précipitamment et je m'enfonçai dans le corridor noir où nous avions tant de fois joué autrefois. A l'extrémité de ce corridor, j'entendis au-dessus de ma tête les pas de la danse et le bruit éloigné des instruments. Je ne sais quel démon m'inspira de monter un escalier qui communique aux salles du premier Conseil. Là, les bruits devinrent plus distincts. Je montai encore et au second étage était un carreau qui donnait sur le bal. Je ne sais si je vivais, si je pensais en ce moment. J'appuyai ma tête brûlante sur la vitre glacée et mes yeux te cherchèrent. Je te vis.

Quelle langue dirait ce qui se passa en moi? Je me borne à raconter, car il me vint en ce moment des pensées inouïes et indicibles. Longtemps muet et immobile, ton Victor vêtu de deuil contempla son Adèle en parure de bal. Le son de ta voix n'arrivait pas jusqu'à moi, mais je voyais sourire ta bouche et cela me brisait. Chère amie, j'étais bien près de toi et bien loin sans doute de ta pensée. J'attendais, il y avait encore dans mon âme désespérée de la puissance pour l'amour et la jalousie. Si tu avais valsé, j'étais perdu, car c'eût été une preuve d'oubli complet et je n'y aurais pas survécu. Tu ne valsas pas, il me sembla qu'une voix me disait d'espérer encore. Je restai là longtemps, assistant à cette fête comme une ombre assiste à un rêve. Plus de fête, plus de joie pour moi, et mon Adèle dans une fête et dans la joie!

C'était trop pour moi. Il vint un moment où mon cœur fut gonflé et où je serais mort si j'étais demeuré un instant de plus. En ce moment, je me réveillai de ma folie, et je descendis lentement de cet escalier où j'étais monté sans savoir si j'en descendrais. Puis, je rentrai dans ma maison en deuil et, pendant que tu dansais, je me mis à prier pour toi près du lit de ma pauvre mère morte. — Depuis j'ai su que j'avais été vu. Cependant il a fallu nier, car ma présence là était singulière et bien peu de cœurs auraient compris ce que je viens de t'écrire.

O Adèle, tu ne sauras jamais à quel point je t'aime. Mon amour pour toi me ferait faire toutes les extravagances possibles et impossibles. Je suis un fou, mais je t'aime tant qu'en vérité je ne conçois pas que Dieu lui-même puisse me condamner.

Adieu. Je t'aime comme on aime Dieu et les anges.

Lundi 21 (janvier).

Tu m'as pardonné, toi, Adèle ; mais moi, me pardonnerai-je jamais ? C'est à deux genoux que j'aurais voulu te demander grâce, c'est avec mes lèvres que j'aurais voulu recueillir tes larmes d'ange, avec mon sang que j'aurais voulu les racheter. Je suis bien coupable, mon Adèle adorée, et bien malheureux d'être aussi coupable. Tu me pardonnes ; mais, je me le redis amèrement, jamais je ne me pardonnerai. Je croyais ne pouvoir éprouver d'affliction plus grande que celle de jeudi, celle de voir souffrir mon Adèle bien-aimée. Eh bien ! cette douleur n'est rien près de ce que j'ai ressenti aujourd'hui, en te voyant souffrir et pleurer par ma faute. Je me déteste, je m'exècre. Plus tu es douce, bonne, admirable, plus je suis odieux. Avoir troublé le repos de mon Adèle malade est un crime dont je ne serai jamais assez puni et dont ton inépuisable indulgence me fait sentir plus encore l'énormité.

Chère amie, cependant, je t'en supplie, crois qu'au fond je ne suis pas réellement méchant. Je suis bien indigne de toi, mais dans ma nature imparfaite peut-être ma conduite est-elle excusable. C'était la première fois que tu me manifestais le désir de me voir absent. L'idée que je t'étais importun, et que par conséquent tu ne m'aimais plus, fermenta dans ma tête. Tu voulus me rappeler, mais le coup était porté. Te dirai-je tout? Quand je fus sorti, je balançai si je rentrerais de la soirée. Il me semblait prouvé que ma présence t'était à charge. Dis-moi, chère amie, t'aurais-je aimée si j'avais pu supporter une telle pensée avec indifférence? Maintenant je ne sais plus ce que j'ai fait. Songe seulement que je ne pouvais croire t'affliger aussi vivement. Oui, mon Adèle, je suis bien coupable, mais réfléchis, et, si tu connais l'âme de ton pauvre Victor, tu verras que l'origine de ma faute même n'est autre chose qu'un excès d'amour. Si tu savais aussi quelle nuit j'ai passée de mon côté... Je ne te parle pas de cela, qu'importe ce que j'ai souffert! Puissé-je avoir souffert cent fois plus, s'il est possible, et t'avoir épargné une minute de douleur!

Ne pense pas que je cherche en rien à me justifier. Toute justification est insuffisante puisque je t'ai fait pleurer. Peut-être as-tu eu la première un léger tort. Dis-moi, mon Adèle, veux-tu avoir eu un léger tort? Si tu penses que non, toi qui ne peux te tromper, je prendrai toute la faute sur moi et je te demanderai encore pardon d'avoir osé t'y donner quelque part.

Va, tes larmes m'ont bien profondément ému, la douceur angélique avec laquelle tu m'as pardonné ne sortira jamais de mon cœur. Adèle, tu n'aimes pas un ingrat. Plus je te vois, plus je t'approche, et plus je t'admire. Tu me fais chaque jour sentir intérieurement combien je suis peu de chose, et cette comparaison où je perds sans cesse, a des charmes pour moi, parce qu'elle me démontre ta perfection et ta supériorité et que je ne suis fier au monde que de mon Adèle.

Quand seras-tu à moi ? Quand pourrai-je te presser à chaque instant du jour sur ma poitrine en bénissant le ciel de m'avoir donné pour compagne cet être d'innocence, de générosité et de vertu ? Ce sera bientôt. Oui, Adèle, tous les moyens pour arriver à ce but, je les saisirai avec joie. A quelques dures conditions qu'il faille t'obtenir, pourvu qu'elles soient convenables, elles me paraîtront douces. Je ne vais rien négliger pour assurer au plus vite mon indépendance et la tienne, puis j'aurai le consentement de mon père, ou je lui rendrai la vie qu'il m'a donnée. Mais j'aurai son consentement et tu seras à moi !

Adieu, mon Adèle angélique, compte sur mon zèle comme sur mon amour. Puisque tu m'as pardonné, permets-moi de t'embrasser avec le respect d'un esclave et la tendresse d'un mari.

Victor.

J'espère que je vais avoir une longue lettre demain et qu'elle ne sera pas de nature à m'affliger. Tu m'as pardonné ! Adieu, soigne ta santé, cette santé qui m'est plus chère que la vie et que.... Mais, c'est oublié, n'est-ce pas ?

Jeudi 24 (janvier).

Ton Victor ne s'occupera ce soir que de toi. Chère amie, il y a juste une semaine, à cette heure, que nous allions, chacun de notre côté, à ce bal où ton mari devait tant souffrir de ne pas porter ce titre aux yeux de tous. Si tu avais été à moi, Adèle, je t'aurais emportée dans mes bras loin de tous ces importuns, j'aurais veillé pendant que tu aurais dormi sur ma poitrine, cette triste nuit aurait été moins douloureuse pour toi, mes soins et mes caresses auraient calmé tes douleurs. Le lendemain, tu te serais éveillée à mes côtés, tout le jour tu m'aurais vu à tes pieds, prêt à prévenir tes moindres désirs, et à chaque nouvelle souffrance j'aurais opposé un nouveau soin. Au lieu de tout ce bonheur, ma bien-aimée Adèle, que de gênes! que de contraintes!

Cependant cette torture n'a pas été sans quelque enchantement. Lorsque, après avoir longtemps épié un moment de solitude et de liberté, je pouvais entrer sur la pointe du pied dans ta chambre et m'approcher de ce lit où tu reposais si jolie et si touchante, va, j'étais bien récompensé de l'ennui du bal et de l'insipidité de tout ce monde d'étourdis et de folles. Il ne m'eût été permis que de baiser tes pieds que c'eût été pour moi un bien grand bonheur. Et si, après m'avoir longtemps repoussé, tu m'adressais enfin une parole douce et émue, si je pouvais lire dans ton regard charmant et demi-voilé un peu d'amour pour moi au milieu de tant de souffrances, Adèle, alors je ne sais quel mélange de tristesse et de joie s'emparait tumultueusement de tout mon être, et je n'aurais pas donné cette sensation déchirante et délicieuse pour toute la félicité des anges.

L'idée que tu étais ma femme, et que cependant c'était d'autres que moi qui avaient le droit de t'approcher, me désolait. Oh! il faut que ces contraintes soient bientôt brisées, il faut que ma femme soit ma femme et que notre mariage devienne enfin notre union. On dit que la solitude rend fou, et quelle solitude pire que le célibat? Tu ne saurais croire, chère amie, à quels inconcevables mouvements je suis livré; la nuit, dans mes insomnies, j'embrasse mon lit avec des convulsions d'amour en pensant à toi; dans mes rêves, je t'appelle, je te vois, je t'embrasse, je prononce ton nom, je voudrais me traîner dans la poussière de tes pieds, être une fois à toi, et mourir.

Adèle, mon amour pour toi est pur et virginal comme ton souffle, mais sa chasteté même le rend plus brûlant; il me dévore comme une flamme concentrée. Mais c'est un feu sacré qui ne s'est allumé que pour toi et que toi seule as le droit de nourrir. Pour tout le reste de ton sexe je suis aveugle et insensible. J'ignore si telle femme est belle, si telle autre est spirituelle, je l'ignore comme la glace de cristal devant laquelle elles passent pour s'admirer. Je sais seulement qu'il y a parmi toutes les femmes une Adèle qui est le génie heureux de ma vie et dans laquelle je dois placer toutes mes vertus comme toutes mes jouissances. Chère amie!... Et notre bonheur dépend de si peu de chose!...

Ce que tu me dis dans ta dernière lettre sur la nuit du 17 m'a bien touché. Va, si mes soins peuvent te guérir, sois tranquille, bientôt j'aurai le droit de te les prodiguer, ou ma volonté et ma vie seront brisées comme un verre. Songe que ton Victor est un homme et que cet homme est ton mari.

Est-il vrai, mon Adèle, que, dans cette fatale nuit du 29 juin, tu serais accourue dans mes bras si tu avais été libre? Oh! combien cette idée m'eût consolé dans ce moment de désespoir, et combien elle est douce pour moi aujourd'hui même que les premiers instants sont passés et que les témoignages de ta tendresse généreuse ont cicatrisé cette cruelle plaie! Que ne peux-tu pas sur moi et que n'es-tu pas pour moi! Peine et joie, pour moi tout vient de toi, tout descend de mon Adèle. Avec toi le malheur est doux, sans toi la prospérité est odieuse. Pour que je consente à marcher dans la vie, il faut que tu daignes être ma compagne. Oui, mon Adèle adorée, tu peux tout sur moi avec un sourire ou une larme.

J'ai une grande faculté dans l'âme, celle d'aimer, et tu la remplis tout entière; car, auprès de ce que j'éprouve pour toi, l'affection que je porte à mes amis, à mes parents, que je portais à mon admirable et malheureuse mère, cette affection n'est rien. Non que je les aime moins qu'on ne doit aimer des amis, des parents et une mère, mais c'est que je t'aime plus que femme au monde n'a jamais été aimée, et cela parce que jamais nulle ne l'a mérité comme toi.

Adieu pour ce soir. Je vais me coucher tranquille (car on m'a dit que tu te portes bien) à la même heure où je tremblais d'inquiétude et de pitié, il y a huit jours. Adieu, mon Adèle bien-aimée, je t'embrasse. Je vais baiser ces cheveux adorés que tu m'as donnés et dont je ne t'ai pas remerciée, parce qu'il n'y a pas de paroles pour exprimer ma reconnaissance d'un don aussi précieux. A des gages d'amour aussi touchants, je ne puis répondre qu'en m'agenouillant devant toi et en te priant comme mon ange gardien pour cette vie et ma sœur pour l'éternité. Adieu ! adieu ! Mille et mille baisers.

Vendredi 25 (janvier).

Je t'écris, bien-aimée Adèle, pour me reposer d'écrire. Cependant il faut que tu me grondes. Je n'ai pas travaillé cette semaine autant que je l'aurais voulu; nos chagrins de lundi, mes démarches de mardi et une correspondance interminable ont absorbé à peu près tous mes instants. Voici pourtant la troisième soirée que je passe chez moi. Le monde avec ses entraves importunes, ses devoirs insipides, ses fatigantes bienséances, le monde m'est odieux. D'ailleurs, tu n'y es pas et cela suffirait pour que je ne puisse m'y plaire.

Mes démarches auprès du ministère ne m'ont encore produit que des promesses; il est vrai que ces promesses ont un caractère positif. J'espère et j'attends. Au reste, je te conterai tout cela en détail, ainsi qu'à tes parents. Il serait très possible, chère amie, que d'ici à peu de mois j'obtinsse pour deux ou trois mille francs de places. Alors, avec ce que la littérature me rapporterait, ne pourrions-nous pas vivre ensemble doucement et paisiblement, sûrs de voir notre revenu s'accroître à mesure que notre famille s'accroîtrait? Quand je pense, mon Adèle, qu'un tel bonheur n'a rien que de très probable et peut-être de très prochain, je suis ivre de joie.

Tu vas m'objecter le consentement de mon père.

Mais, dis-moi, pourquoi mon père, quand il me verra indépendant, se refuserait-il à me rendre heureux ? Pourquoi ne chercherait-il pas plutôt à réparer ses torts d'un seul mot et à s'acquérir si aisément des droits à mon éternelle reconnaissance? Il me semble, en vérité, que ces considérations l'emportent sur toutes les difficultés. Mon père est un homme faible, mais réellement bon. En lui témoignant beaucoup d'attachement, ses fils pourront beaucoup sur lui. Il voulait aussi, lui, à toute force, me voir attaché à l'ambassade de Londres*; cette idée qui me désolait flattait son amour-propre et son ambition. Eh bien ! je lui ai écrit hier une lettre avec laquelle je suis sûr de le dissuader.

Je ne t'ai pas dit, Adèle, tout ce que j'ai essuyé de combats de toutes parts, même du côté de ton père, à l'occasion de cette maudite ambassade. Bien des gens n'ont pas compris mon refus, parce que je ne pouvais leur en dire le véritable motif. Chère amie, il aurait fallu te quitter et j'aurais autant aimé mourir. Aller si loin de toi mener une vie brillante et dissipée eût été impossible pour moi. Je ne suis bon qu'à vivre aux genoux de mon Adèle. Je ne supporte les jours où je ne te vois pas que dans l'attente du jour où je te verrai. Quand il n'y a plus que des heures, je compte les minutes. C'est ce que je ferai demain toute la journée.

Hélas ! il y a pourtant trois longs jours que je ne

* Chateaubriand, alors ministre des Affaires étrangères, avait proposé à Victor Hugo de l'attacher à l'ambassade de Londres.

t'ai vue ! C'est à d'ennuyeuses convenances qu'il faut sacrifier le seul bonheur dont je jouisse maintenant. Et demain, quand je serai avec toi, il faudra observer tous mes mouvements, craindre de t'adresser une parole, un regard, moi pour qui tes paroles et tes regards sont tout.

Un jour, Adèle, nous demeurerons sous le même toit, dans la même chambre, tu dormiras dans mes bras, il me sera permis de ne vivre que pour toi, et nul n'aura le droit de jeter un œil jaloux et sévère sur notre félicité. Nos plaisirs seront nos devoirs et nos droits. Notre vie coulera doucement avec peu d'amis et beaucoup d'amour. Tous nos jours se ressembleront, c'est-à-dire seront heureux ; et s'il nous survient des soucis et des contrariétés, nous les supporterons ensemble et tout sera léger. Cet avenir te sourit-il, mon Adèle adorée? Pour moi, si je n'en avais l'espérance, je ne sais quel serait l'aliment de mon existence.

Adieu, écris-moi bien long. Oh ! que je t'aime !
Je t'embrasse avec tendresse et respect.

Jeudi (31 janvier).

Je veux t'écrire quelques mots aujourd'hui, afin que je ne me sois pas occupé inutilement de toi depuis ce matin, et que quelques-unes des pensées de toute cette journée où je ne t'ai point vue aillent du moins jusqu'à celle qui est ma seule pensée.

Que fais-tu, où es-tu dans ce moment, mon Adèle adorée? Y a-t-il un souvenir pour moi dans les idées qui t'occupent? S'il est vrai, comme tu me l'as dit, que tu penses sans cesse à moi, c'est un de mes plus grands bonheurs que cette douce et intime correspondance qui unit continuellement nos deux âmes, même quand nous sommes séparés. A quelque instant que ce soit, nous sommes présents l'un à l'autre. Ton image est ma compagne fidèle, mes yeux sont toujours levés vers elle, et les siens toujours ouverts sur moi. C'est à ce témoin invisible que je soumets toutes mes actions, toutes mes pensées. Je ne fais rien que mon Adèle ne puisse voir, et mon amour pour toi est devenu chez moi comme une seconde conscience.

Chère et noble amie, c'est ainsi que je tâche de me conserver digne de toi; car si je n'avais fait de mon Adèle absente mon juge et ma consolation, qui sait ce que je deviendrais, abandonné à moi-même comme je suis? Mais, si je n'ai plus de mère, j'ai une femme qui me restera toujours, et je suis sûr de ne pas manquer d'un modèle dans ma vie.

Seulement ce qui m'afflige, c'est d'avoir tant de défauts; car, outre ceux que je vois, il y en a sans doute encore beaucoup que je ne vois pas. Je voudrais, Adèle, que tu me les signalasses toi-même, et j'essaierais de les corriger afin de ne pas te les faire supporter un jour. Il te faudrait, à toi qui es parfaite, un mari parfait. Tu ne trouveras dans ton Victor qu'un mari qui a au moins fait tout son possible pour l'être. C'est t... u te promettre, mais c'est tout ce que je puis.

Ainsi, ma bonne et charmante Adèle, aie de l'indulgence pour mes fautes, car elles ne viennent jamais de mon cœur, mais sois sévère pour mes défauts, parce qu'ils pourraient un jour nuire à ta tranquillité. Préserve-moi d'un tel malheur par tes conseils, mais aime-moi toujours malgré toutes mes imperfections. Aime-moi, si tu veux que je vive.

Vendredi (1ᵉʳ février).

Mme Delon a mal agi en montrant ma lettre* ; j'en suis fâché pour elle. Je suis fâché également de la manière singulière dont ton père m'a parlé de cette affaire. Ta mère l'a vue, ce me semble, plus généreusement. Je te confie ici tout ce que je pense. Cette proposition était naturelle de ma part, elle n'avait rien de louable ni de blâmable, et en admettant que ce fût une étourderie, il me semble qu'elle ne méritait pas le ton grave dont ton père m'en a entretenu. Je pouvais me compromettre, dit-il; je l'ignore ; mais, avant de faire une chose juste, doit-on jamais chercher si elle est utile ou nuisible? Chère amie, décide, je m'en rapporte aveuglément à toi. Dans la position de Delon, j'aurais été heureux qu'il fît pour moi ce que j'ai fait pour lui. Cela suffisait.

Mme Delon interprète, dit-on, indignement ma lettre : ma lettre a été ouverte à la poste. Je ne crois rien de tout cela, parce que je ne me résigne à mépriser les gens que sur de fortes preuves.

J'aime à penser que ton père a cédé à un premier mouvement sans approfondir la chose. Il y aurait

---

* La lettre où Victor avait offert un asile chez lui à son ami Édouard Delon condamné à mort.

vu peut-être matière à des avis, mais non à des reproches. C'est ainsi qu'a jugé ta mère, parce que les femmes valent mieux que les hommes, et que ta mère est excellente.

Permets-moi, mon Adèle, de t'ouvrir mon cœur tout entier. Ton père n'est pas toujours avec moi ce qu'il devrait être ; il n'est ni cordial, ni affectueux avec moi qui voudrais tant l'aimer puisqu'il est ton père. A ma confiance illimitée il répond par une froideur décourageante. Sa conduite envers moi prouve qu'il connaît peu mon caractère ; il saurait qu'auprès de moi une marche franche réussira toujours mieux qu'une marche calculée. C'est ce qu'un instinct de bonté a révélé à ta mère ; elle est pour moi simple et ouverte ; aussi peut-elle compter sur mon profond et sincère attachement.

Ne crois pas, chère amie, que je veuille ici blâmer en rien ton père ; ses torts sont bien légers et n'ont même rien de réel puisqu'il fait tout pour ton bonheur. Seulement je crois qu'il se trompe dans la manière dont il agit envers moi. Beaucoup d'esprit égare quelquefois. Mais je ne lui en voudrai jamais, car je ne doute pas qu'il ne soit plein de tendresse paternelle pour toi, et peut-être même a-t-il quelque affection pour moi. J'ai voulu uniquement me soulager d'un poids qui m'importunait, et dois-je d'ailleurs avoir rien de caché pour mon Adèle bien-aimée ?

Vendredi (8 février).

Chère amie, ma femme, mon Adèle, de grâce, ne me tourmente plus comme tu l'as fait hier soir après m'avoir rendu si heureux. Je ne sais plus que te dire, tu doutes encore de mon estime! et il faut pour cela que tu oublies bien vite mes paroles ou que tu n'y croies pas. Et qui donc pourrais-je estimer, qui pourrais-je admirer sur la terre si je n'estimais, si je n'admirais pas mon Adèle?

Si je ne craignais d'effrayer ta modestie, je te retracerais tous les titres auxquels tu peux prétendre, non seulement à l'estime et à l'enthousiasme de ton mari, mais encore à l'estime et à l'enthousiasme de tous ceux qui t'approchent et ont des yeux, des oreilles et une âme pour t'apprécier. Je te parlerais d'une jeune fille douée de l'âme la plus noble, la plus tendre et la plus candide, charmante sans coquetterie, plus belle encore par sa pudeur que par ses grâces, pleine d'esprit et de simplicité, aussi vierge par ses pensées que par ses actions, constamment douce et généreuse, n'estimant les plaisirs que ce qu'ils valent, soumise à ses devoirs, toujours prête à pardonner dans les autres les défauts et les fautes qui ne sont pas dans sa nature, et n'ayant elle-même d'autre défaut qu'une modestie excessive qui lui fait méconnaître ses avantages; modestie dont les autres abusent, et qui l'empêchera peut-être même de se reconnaître dans ce portrait. Te voilà cependant, Adèle, telle que tu es dans le cœur de ton Victor, de celui qui te connaît le mieux au monde.

Samedi (9 février).

Me voici seul dans cette triste chambre, comptant toutes les heures qui séparent le matin du soir; elles sont bien longues. Que vais-je t'écrire? J'ai le cœur plein et la tête vide. Je voudrais ne te parler que de toi, de notre amour, de nos espérances ou de nos craintes, et alors je n'aurais pas assez de paroles pour mes idées ; mais il faut t'entretenir de choses insipides, de ces caquets importuns qui t'affligent et me sont par conséquent odieux ; il faut te démontrer que ces causeries sont aussi insignifiantes que les oisifs qu'elles occupent, te rassurer, te consoler sur des choses qui ne devraient te causer ni alarmes, ni chagrins.

Que peut-on dire, en effet, mon Adèle? Que je vais t'épouser? Eh bien! en rougis-tu ou en doutes-tu? Tu crains peut-être qu'on n'ajoute que tu m'aimes. Si tu crains cela, c'est que tu ne m'aimes pas ; quand on aime, on est fier d'aimer.

Ne te méprends pas, chère amie, au sens de ces mots; je ne prétends pas dire par là que tu doives être fière de celui que tu aimes, c'est un bonheur dont je suis loin d'être digne ; mais tu dois être fière d'avoir une âme capable de sentir l'amour, cette passion grande, noble, chaste, et la seule éternelle de toutes les passions qui tourmentent l'homme dans la vie. L'amour, dans son acception divine et véritable, suppose dans l'être qui l'éprouve toutes les vertus, comme chez toi, ou le désir de les avoir toutes, comme chez moi. Un amour pareil à celui que j'ai pour toi, mon Adèle, élève tous les sentiments au-dessus de la misérable sphère humaine. On est lié à un ange qui nous soulève sans cesse vers le ciel. Ce langage paraîtrait bizarre à une femme ordinaire; toi, tu es faite pour le comprendre, puisque tu l'inspires.

Nous voici loin en apparence des commérages ridicules dont je voulais t'entretenir. Si nous n'étions pas destinés l'un à l'autre, Adèle, je les ferais cesser en disparaissant. C'est le seul moyen de fermer les bouches, et encore ne réussit-il pas toujours. Aujourd'hui c'est à toi de voir si cela est nécessaire; si tu le juges ainsi, je t'obéirai, je viendrai moins souvent, ou je ne viendrai plus, jusqu'à ce que mon sort soit fixé. Si les choses te semblent mieux ainsi, ce sera pour moi une preuve que j'en souffrirai seul, et alors je me résignerai à souffrir, en attendant le temps où cette souffrance cessera. Je te l'ai déjà dit, il n'y a que deux grands événements dans mon avenir : l'un est le bonheur, l'autre n'est ni le bonheur, ni le malheur. Dans les deux cas, je ne souffrirai plus.

Ce sont des idées graves et solennelles sur lesquelles je médite souvent et dont je ne t'entretiens qu'avec répugnance, parce que ce ne sont encore que des idées, et des idées non exécutées ne sont qu'un assemblage de mots plus ou moins sonores. Un jour, soit que la belle et dernière espérance qui me reste, celle d'être à toi, s'évanouisse ou s'accomplisse, tu reliras ces lignes et tu verras si j'avais dit vrai ou faux. C'est dans cette confiance que je les trace.

Je m'aperçois que je m'écarte à chaque instant de l'objet de cette lettre. Je te remercie, mon Adèle, de m'avoir communiqué le chagrin que te causent les propos qu'on t'a répétés avec autant de sottise que de malice. Si tu penses que je puisse continuer à te voir, ils me démontrent plus encore la nécessité de hâter de tout mon pouvoir l'instant si désiré de notre mariage. Cette nécessité ne serait pas là que mon impatience y suppléerait, certes, et bien au delà. Hélas! qui peut souhaiter une telle félicité plus ardemment que moi?

Si, pour en accélérer l'époque, je ne fais rien de contraire à mon caractère, ce sera une forte preuve en ma faveur. Il y a des instants, Adèle, où je me sentirais capable de descendre à tout pour arriver plus vite à ce but tant souhaité ; et puis, je me réveille, révolté contre moi-même, et me demandant si ce serait, en effet, y arriver qu'y arriver indigne de toi. Chère amie, c'est une cruelle position que celle d'un jeune homme indépendant par ses principes, ses affections et ses désirs, et dépendant par son âge et par sa fortune. Oui, si je sors de cette épreuve pur comme j'y suis entré, je me croirai en droit d'avoir quelque estime pour moi-même.

J'ai bien des soucis à fouler sous mes pieds, car il faut travailler malgré tant d'agitations. Qu'ils se trompent, ceux qui pensent que, parmi tous mes vœux, il y a quelque chose pour la gloire, l'illustration et toutes les grandes petitesses dont on ne peut remplir sa vie qu'au pis-aller et lorsqu'elle est vide d'amour. J'ai consacré mon existence à un dévouement, comme d'autres la sacrifient à une ambition.

Pèse toutes ces paroles, tu y trouveras, Adèle, un amour profond, et si tu m'aimes aussi, tu en seras joyeuse. Je t'envie quelquefois d'être aimée comme je t'aime. Toi, tu m'aimes *beaucoup*, et voilà tout !

En quoi tes parents peuvent-ils être contrariés qu'on désigne leur fille comme devant être ma femme? Je sens qu'ils voudraient l'aveu de mon père; ils ont raison sous beaucoup de rapports, et je ferai là-dessus tout ce qui leur plaira. Ce ne sera, certes, jamais moi, le plus impatient des jeunes hommes, qui parlerai de patience. A Dreux, toute ma vie s'est décidée. Je te conterai, quelque jour, ce voyage de Dreux. Tu verras combien je t'ai toujours aimée, même quand je pouvais me croire oublié.

Victor.

Cette lettre est bien grave, ma bien-aimée Adèle, j'ajoute cette ligne pour te dire et te redire combien *je t'aime.*

Samedi, 9 heures du soir (9 février).

Tes doutes, mon Adèle, ne seraient-ils pas mieux placés dans mon âme, quand je te vois me témoigner si peu de foi dans mes paroles? Est-ce m'estimer que de penser que mon amour puisse être fondé sur une autre base que l'admiration la plus vive et le respect le plus profond?

Chère amie, si j'ai pris du fond de l'âme la résolution de marcher noblement et sans fléchir dans cette vie où les prospérités ne s'achètent que trop souvent par des bassesses, sois-en convaincue, mon Adèle bien-aimée, c'est à ma passion enthousiaste pour toi que je le dois. Si je ne t'avais pas connue, toi le plus pur et le plus adorable de tous les êtres, qui sait ce que j'aurais été? O Adèle, c'est ton image gravée dans mon cœur qui y a développé le germe du peu de vertus que je puis avoir. Dieu me garde d'enlever à ma vénérable mère ce que je lui dois; mais il est incontestable que, si j'ai eu la force de pratiquer dans toute leur vigueur les principes sévères dont elle m'a nourri, c'est parce que j'aimais une angélique jeune fille dont je voulais ne pas être trop indigne...

Dieu! pourquoi les expressions me manquent-elles? tu verrais, ange, quel temple l'amour le plus ardent t'a élevé dans l'âme de ton Victor ! A présent, ne m'accuse pas de folie; songe que le sentiment que tu inspires doit être aussi au-dessus des passions ordinaires que tu es toi-même supérieure aux créatures vulgaires.

A demain. Mille caresses et mille baisers pour te punir de me reprocher mon défaut d'estime.

Dimanche (10 février 1822).

Mes dernières paroles hier ont été : *Dors bien;* les tiennes : *Adieu, monsieur Victor.* Et cependant aujourd'hui je t'écris, aujourd'hui je suis prêt à me mettre à tes pieds, à m'accuser de tout, à te demander grâce de tous les torts dont je me suis sans doute rendu coupable à mon insu. Tu ne trouveras dans cette lettre, mon Adèle adorée, rien qui ressemble à un reproche, à une récrimination. Tu étais souffrante hier soir, certainement j'ai tort et seul tort. Cette nuit, je voulais t'écrire une lettre où je t'aurais raconté quelques preuves d'attachement que je t'ai données et que tu ignores, afin de te montrer que si l'un de nous a donné à l'autre, lorsqu'il était malheureux, des marques d'indifférence, ce n'est pas moi.

Hier cependant tu m'as fait un peu légèrement peut-être un reproche bien grave. *Je riais pendant que tu pleurais !* Non, Adèle, je ne te donnerai point d'explications amères, j'imposerai silence à tout ce qui se révolte chez moi à une pareille accusation. Puisque tu étais malade, je consentirai à ce que tu me punisses d'un tort involontaire comme d'une faute préméditée. Chère amie, je me borne à t'assurer que je ne t'ai point vue pleurer, que j'ignorais ton chagrin, n'en comprenant pas encore à présent tout-à-fait la cause.

Mon Adèle, je veux te répéter combien je t'aime, dans le moment même où je souffre pour toi et par toi. J'espère te voir aujourd'hui à la messe, tu me trouveras toujours le même, comme si tu m'avais dit hier un adieu tendre et consolant. Pardonne, pardonne-moi, car tu es douce, bonne et généreuse, et moi je ne vaux rien. Mon Adèle adorée, puis-je t'embrasser sur le papier ?

Ton mari fidèle et toujours reconnaissant.

Chère amie, je ne te demande rien, ni de m'embrasser, ni de me sourire, ni de me regarder, mais seulement de ne plus souffrir et de ne plus être irritée contre ton Victor.

Samedi soir (16 février).

Adèle, je ne lirai pas ta lettre avant de m'être déchargé de ce qui me pèse. Hélas! je ne suis pas capable, en ce moment, de sentir un bonheur. Oui, je te quitte le cœur gonflé. Il est des instants où je conçois qu'on veuille mourir!

Tu as douté de moi ce soir, Adèle, et tu as exprimé ces doutes désolants d'une manière bien cruelle; tu m'as dit à moi, Adèle, à moi qui t'adore, dont la vie est dans ta vie, dont l'âme est dans ton âme, tu m'as dit ce que seul j'aurais peut-être eu le droit douloureux de te dire, ces quatre mots impitoyables : *Tu ne m'aimes pas.* Ces paroles dans ta bouche me déchirent comme l'ironie la plus amère, et j'ajouterais la plus froide ingratitude, s'il était possible que tu fusses jamais ingrate envers moi.

Adèle, je ferais pour toi mille fois plus que le peu que j'ai eu le bonheur de faire, je ferais tout ce que je voudrais pouvoir trouver l'occasion de faire, je donnerais mon avenir, mon sang, ma vie, mon âme, je mourrais pour te causer un instant de joie dans les plus horribles souffrances, que tu ne me devrais rien, pas une larme, pas un soupir, pas un regret; et que, si tu daignais penser un moment, entre deux plaisirs, à ce Victor mort pour toi, ce serait lui donner une récompense à laquelle il n'eût jamais eu la présomption de prétendre. Ne crois pas que je te dise ici rien qui ne soit profondément gravé dans mon cœur. Non, Adèle, tu ne me dois, tu ne me devras jamais, quoi que je fasse pour toi, la moindre reconnaissance. Le dévouement absolu avec lequel je sacrifierais mon être entier au tien est le premier de mes devoirs, et je n'aurais aucun mérite à l'accomplir, et, je te le répète, tu ne serais nullement ingrate en m'oubliant un moment après mon sacrifice. J'aurais rempli ma destinée et voilà tout.

Je suis donc bien loin de te reprocher ici de n'avoir gardé nul souvenir du peu de preuves d'amour que j'ai pu te donner jusqu'ici. Je mourrais demain pour toi, et tu ne t'en apercevrais seulement pas, que la chose serait toute simple. Ce que je te demande, Adèle, ce n'est pas de la reconnaissance, mais de la pitié; c'est la générosité de ton caractère d'ange que j'invoque, pour qu'à l'avenir tu ne m'accuses plus *de ne pas t'aimer*.

Je sais bien que je n'ai aucun droit à ta pitié, ni à ta générosité; mais, Adèle, je ne veux de toi autre chose que de m'épargner une douleur insupportable, celle de te voir douter de moi, je te demande cela comme une grâce. Si mes paroles sont vaines devant toi, si tu ne te donnes pas la peine de croire à mon amour, du moins, je t'en supplie, ne me montre pas ce dédain à découvert; laisse-moi penser que tant de paroles, tant d'actions d'amour depuis si longtemps n'ont pas été perdues;

que je ne suis pas sans t'avoir inspiré quelque confiance. Ou, si c'était me tromper que me laisser croire cela, alors dis-le-moi une seule fois froidement et sans pitié, dis-moi que tu ne crois à aucune de mes paroles, que peu t'importe mon amour, et laisse-moi mourir.

Tu m'as rappelé ce soir, Adèle, tout ce que tu as fait, tout ce que tu daignerais faire pour moi. Hélas! le jour où tu as laissé tomber ton regard sur moi, tu as plus fait que je ne ferais en te donnant ma vie. Tu avais bien raison de me demander ce soir ce que signifierait ma mort. Elle ne serait autre chose qu'un témoignage du plus grand amour qui ait jamais été inspiré par une créature humaine, la plus angélique des créatures à la vérité.

Adieu. Quand je songe que je ne puis t'offrir que ma mort en échange d'un de tes regards ou d'une de tes paroles, je suis effrayé de mon néant.

Adieu, mon Adèle, permets-moi de dire mon Adèle adorée, quoique tu ne me croies pas. Je souffre beaucoup. Il n'aurait tenu qu'à toi de me guérir ce soir. Tu ne l'as pas voulu, que ta volonté soit faite!

Adieu, ange, je vais lire ta lettre bien-aimée, et la baiser, ainsi que tes cheveux et tout ce qui m'appartient vraiment de toi. Adieu.

Samedi..

Loin de me fâcher, chère amie, ta lettre m'a fait bien plaisir, comme toutes celles que tu m'écris avec un accent de tendresse et de vérité. Comment peux-tu croire que je te voie avec répugnance me montrer tout ton cœur à découvert, moi qui ne désire rien sinon d'être le confident de tes pensées ? Sois donc bien convaincue que tu peux, je dis plus, que tu dois tout me dire. Il serait peu généreux de ma part d'exiger que tu me parlasses toujours de ton affection et jamais de tes inquiétudes ; tes inquiétudes, d'ailleurs, naissent de ton affection. Comment pourraient-elles me déplaire ? En me demandant comment j'emploie mon temps, tu fais, mon Adèle, ce que je ferais à ta place, ce que j'aurais même fait plus tôt. Ne me fais donc pas, je t'en supplie, l'injure d'employer tant de précautions pour en venir à une question si simple et qui même est douce pour moi, parce qu'elle me prouve que tu prends quelque intérêt à mes actions. N'as-tu pas droit à toute ma confiance, comme moi à toute la tienne ? Je voudrais que tu me demandasses tous les soirs ce que j'ai fait dans la journée, afin d'avoir un éloge de toi quand je l'aurais bien employée et un reproche quand je l'aurais perdue. Je suis sûr que j'en perdrais bien peu.

Chère amie, je suis charmé de voir que tu n'es

pas indifférente à ce qui m'occupe ; je l'avais craint jusqu'ici, et c'est le seul motif qui ait pu me faire garder le silence avec toi sur ce sujet. Comment ! de simples amis sauraient de quels travaux se remplissent mes journées, et toi, mon Adèle, ma femme, mon génie inspirateur, toi qui es tout pour moi, tu ne le saurais pas ! Pourquoi ne m'en as-tu pas parlé plus tôt ? Pourquoi m'as-tu laissé croire si longtemps que l'emploi de mon temps et la nature de mes occupations ne t'intéressaient en rien ?

Certes ce sera avec joie que j'entretiendrai ton père de tout cela, puisque cette marque de confiance te sera agréable. Si je ne l'ai point fait jusqu'à présent, Adèle, c'est que je ne suis point habitué à parler le premier de mes travaux littéraires ; je ne suis point accoutumé à solliciter des autres de l'attention pour ce que je fais. C'est une pudeur que tu ne peux manquer de comprendre. Quand tu vivras avec moi, que tu auras pris ta place dans la sphère où je suis, tu seras étonnée, chère amie, de trouver en moi encore un autre Victor que tu ne connaissais pas, celui dont je t'ai parlé une fois avec répugnance parce que j'aime bien mieux n'être pour toi que ton Victor, ton esclave et ton mari. Sois toujours sûre, mon Adèle, que jamais l'un ne nuira à l'autre ; ce n'est qu'avec cette certitude que je puis consentir à tolérer en moi l'existence de ce second individu que tu ignores.

Je ne m'exprime pas plus clairement ; car, si je dois dépouiller tout amour-propre, certes, c'est avec toi. Cependant, pour tout te dire, je n'étais pas sans avoir remarqué que, de toutes les maisons où je vais, la tienne était la seule où l'on me témoignât sur mes occupations une complète indifférence. Tu m'apprends aujourd'hui que c'était discrétion de la part de tes parents ; je le comprends parfaitement et je leur en sais gré. Tu me fais observer, mon amie, *que six mois sont écoulés*, et tu ajoutes que ces six mois *auraient sans doute pu être mieux employés qu'ils ne l'ont été.* Je ne puis croire que ce soit là l'idée que tu as voulu rendre, car je te sais trop juste pour me condamner ainsi sans connaissance de cause.

Encore un mot avant d'en venir au détail de ce qui a rempli ces six mois. Je vais t'entretenir, mon Adèle, d'ouvrages commencés, de compositions ébauchées, d'entreprises, en un mot, que le succès n'a point encore couronnées. Je puis t'en parler avec candeur, à toi qui es pleine d'indulgence et qui ne m'aimerais pas moins, j'en suis sûr, après un revers qu'après un triomphe ; mais tu sens qu'il aurait été présomptueux de donner à tes parents des espérances sur des ouvrages encore dans l'enfantement. Cette considération, jointe à celle que je t'ai indiquée plus haut, t'expliquera mon silence. Maintenant je viens au fait.

Au mois de mai dernier, le besoin d'épancher certaines idées qui me pesaient, et que notre vers français ne reçoit pas, me fit entreprendre une espèce de roman en prose. J'avais une âme pleine d'amour, de douleur et de jeunesse ; je ne t'avais plus, je n'osais en confier les secrets à aucune créature vivante : je choisis un confident muet, le papier. Je savais de plus que cet ouvrage pourrait me rapporter quelque chose ; mais cette considération n'était que secondaire quand j'entrepris mon livre *.

Je cherchais à déposer quelque part les agitations tumultueuses de mon cœur neuf et brûlant, l'amertume de mes regrets, l'incertitude de mes espérances. Je voulais peindre une jeune fille qui réalisât l'idéal de toutes les imaginations fraîches et poétiques, une jeune fille telle que mon enfance l'avait rêvée, telle que mon adolescence l'avait rencontrée, pure, fière, angélique ; c'est toi, mon Adèle bien-aimée, que je voulais peindre, afin de me consoler tristement en traçant l'image de celle que j'avais perdue et qui n'apparaissait plus à ma vie que dans un avenir bien lointain. Je voulais placer près de cette jeune fille un jeune homme, non tel que je suis, mais tel que je voudrais être. Ces deux créatures dominaient le développement d'un événement, moitié d'histoire, moitié d'invention, qui faisait lui-même ressortir une grande conclusion morale, base de la composition. Autour des deux acteurs principaux, je rangeais plusieurs autres personnages, destinés à varier les scènes et à faire mouvoir les rouages de la machine. Ces personnages étaient groupés sur les divers plans suivant leur degré d'importance.

Ce roman était un long drame dont les scènes étaient des tableaux, dans lesquels les descriptions

---

* *Han d'Islande.*

suppléaient aux décorations, et aux costumes. Du reste, tous les personnages se peignaient par eux-mêmes. C'était une idée que les compositions de Walter Scott m'avaient inspirée, et que je voulais tenter, dans l'intérêt de notre littérature.

Je passai beaucoup de temps à amasser pour ce roman des matériaux historiques et géographiques, et plus de temps encore à en mûrir la conception, à en disposer les masses, à en combiner les détails. J'employai à cette composition tout mon peu de facultés ; en sorte que, lorsque j'écrivis la première ligne, je savais déjà la dernière.

Je la commençais à peine, quand un affreux malheur vint disperser toutes mes idées et anéantir tous mes projets. J'oubliai cet ouvrage, jusqu'à Dreux, où j'eus occasion d'en parler à ton père, non comme d'une grande tentative littéraire, mais comme d'une bonne spéculation lucrative. C'était tout ce que ton père voulait.

De retour à Paris, je m'arrachai à ma longue apathie ; l'espoir d'être à toi m'était revenu. Je travaillai assidûment à mon ouvrage jusqu'au mois d'octobre dernier où j'achevai le quinzième chapitre.

A cette époque, un grand sujet tragique s'offrit subitement à mon esprit ; j'en parlai à Soumet qui me conseilla d'y rêver sur-le-champ. Je commençais ce travail, quand je fus chargé d'un Rapport académique*, dont je t'ai parlé dans le temps, et qui m'oc-

* Le Rapport sur *Gil Blas*, demandé à Victor par François de Neufchâteau.

cupa jusqu'à la fin de novembre. En décembre dernier, j'ai fait une ode sur la peste, que l'Académie des Jeux Floraux m'a demandée pour l'une de ses séances publiques. Et enfin, au 1ᵉʳ janvier, je voulais me remettre à ma tragédie, quand le même ami dont je t'ai parlé plus haut est venu me proposer de tirer une comédie de l'admirable roman de *Kenilworth*, que tu as lu. Cet ouvrage pouvant rapporter plusieurs milliers de francs, j'ai accepté d'y coopérer, et, au moment où je te parle, j'en ai terminé les deux premiers actes. Si Soumet était moins occupé qu'il ne l'est par sa tragédie de *Clytemnestre*, notre comédie, dont je fais trois actes et lui deux, pourrait être finie dans un mois et jouée dans six. Mais elle resterait anonyme. Je n'ai consenti à faire cet ouvrage, mon amie, que pour toi, et afin de prouver à tes parents que les lettres sont bonnes à quelque chose.

Adieu, je suis bien pressé ; désormais, mon Adèle adorée, attends de ton mari une confiance entière ; je te montrerai mes ouvrages si cela t'intéresse, je te dirai mes projets, je te parlerai même des chagrins que me donnent mes frères. L'égoïsme et l'ingratitude sont deux tristes choses. Adieu, ne crains jamais d'être indiscrète, tes questions me feront toujours plaisir. Je t'aime plus qu'on n'a jamais aimé. Daigne me permettre de t'embrasser.

Si tu ne peux lire ce griffonnage, songe que je suis bien pressé. Il est sept heures et quart, et je ne suis pas encore habillé. Adieu. Adieu.

Mercredi (20 février).

Aujourd'hui j'ai travaillé presque toute la journée, chère amie, et je ne crois pas avoir rien fait de bon, ainsi triste et abandonné. Pourtant je suis absent, mais je ne suis pas oublié, n'est-ce pas, mon Adèle ?

Ce sera avec joie que je te montrerai tout ce que je fais et tout ce que je ferai, bannis toute incertitude à ce sujet. J'aimerais, pour tout te dire, qu'il n'y eût que toi qui visses tout cela; mais je sens que c'est à peu près impossible. Je te demande seulement que tu juges ces ouvrages sans consulter personne, car c'est ton jugement seul que je suis empressé de recueillir et qui est d'une extrême importance pour moi. Ensuite, condamne ou approuve selon ton goût, je t'écouterai religieusement, comme on écoute un être d'une nature angélique et supérieure. Quand je te saurai guidée uniquement par ton âme et par ton cœur, comment n'aurais-je pas un profond respect pour les impressions dont tu me rendras compte ? J'ai toujours pensé qu'un homme de lettres ne devait avoir qu'un seul conseiller, ou une femme telle que toi, ou un homme de génie. Pour moi, je pourrais choisir, mais c'est par mon Adèle que j'aime à être jugé sans appel.

Jeudi (21 février).

Je relis ce que j'ai écrit hier, et, pour n'y plus revenir, je te supplie de me rendre raison, avec une entière sincérité, de l'effet bon ou mauvais que t'auront produit les essais que je te communiquerai. Ils renferment, j'en suis sûr, une foule de défauts, que l'indulgence de mes amis n'a point vus ou point voulu voir et que tu me signaleras, mon Adèle, dès qu'ils te frapperont. Songe seulement à ne prendre conseil que de toi. Tu aurais découragé l'auteur des *Martyrs* en lui parlant de son livre comme tu m'en parlais l'autre jour, certainement d'après des opinions étrangères. Autant je me confie à toi, autant je me défie des autres. Sois donc mon conseil. Tu peux tout pour moi, fais que je te doive tout.

Rappelle-toi que si je t'occupe de moi, c'est pour remplir un vœu que tu m'as exprimé. J'espère que tu ne me crois plus tant d'amour-propre, à présent que je montre à cette Adèle, dont l'estime est tout pour moi, les ébauches de quelques méchants ouvrages. Je voudrais que tu pusses savoir combien je désire de bonne foi que tu m'en dises franchement ton avis, quoique j'en tremble d'avance.

J'étais bien heureux jeudi dernier à pareille heure. Tu étais près, bien près de moi, je sentais tous les mouvements de ton corps, je respirais presque ton haleine, je recueillais toutes tes paroles et toutes n'étaient que pour moi. Quand ma vie entière se passera-t-elle ainsi? Les moments de bonheur qui s'écoulent à tes côtés sont des moments d'un bonheur bien pur, et bien profondément senti, je t'assure. A peine enfuis, je les regrette comme s'ils ne devaient jamais revenir ; et, quand j'en pressens le retour, je les désire comme si je ne les avais jamais éprouvés. Je sens, quand je suis avec toi, une joie toujours aussi grande et toujours aussi nouvelle. Ce sont là les signes d'un impérissable amour. Le moindre mot de toi me bouleverse, soit qu'il m'afflige, soit qu'il m'enchante.

Adèle, ce sont des esprits bien faibles et des cœurs bien étroits que ceux qui doutent de l'éternité de l'amour. Il y a au fond de l'âme qui aime véritablement une voix qui lui dit qu'elle aimera toujours. En effet, l'amour est la vie de l'âme ; pour qui médite un peu, c'est une preuve puissante de notre immortalité immatérielle. Ne prends pas ceci, chère amie, pour de vaines paroles. Ce sont les plus grandes vérités qu'il y ait au delà de la vie que je t'expose ici, et il doit y avoir chez toi comme chez moi quelque chose qui te les révèle. Ce sont ces vastes et magnifiques espérances qui font du mariage le ciel anticipé. Pour moi, quand je pense que c'est toi qui m'es donnée, je me tais, car il n'y a pas de mots humains pour rendre grâces d'un tel bienfait.

Samedi (23 février).

Tu me disais l'autre jour quelque chose qui m'a frappé singulièrement. C'est pourquoi il faut que je t'en parle. Tu me disais que tu *n'étais pas sûre que je fusse sage*. Je commence par te prévenir, mon amie, que si je pensais que ces paroles fussent sérieuses, je n'y répondrais pas. C'est parce que je suis convaincu qu'elles sont une plaisanterie que je te donne quelques explications sur ma manière de voir à ce sujet.

Je ne considérerais que comme une femme ordinaire (c'est-à-dire *assez peu de chose*) une jeune fille qui épouserait un homme sans être moralement certaine, par les principes et le caractère connu de cet homme, non seulement qu'il est *sage*, mais encore, et j'emploie exprès le mot propre dans toute sa plénitude, qu'il est *vierge*, aussi vierge qu'elle-même. Mon opinion là-dessus ne fléchit que dans un cas unique, c'est celui où le jeune homme, ayant commis une faute, l'avouerait, avec un violent repentir et un profond mépris de lui-même, à sa fiancée. Ce jeune homme serait un traître odieux et méprisable s'il ne l'avouait pas ; alors, la jeune fille pourrait ne pas pardonner ou pardonner, sans être, selon moi, moins estimable.

Je n'ignore pas, en te communiquant ces idées, qu'elles ne sont ni de ce monde, ni de ce siècle ;

mais qu'importe ! J'en ai bien d'autres de ce genre que je suis satisfait d'avoir. Je pense également que la pudeur la plus sévère n'est pas moins une vertu d'obligation pour l'homme que pour la femme ; je ne comprends pas comment un sexe pourrait répudier cet instinct, le plus sacré de tous ceux qui séparent l'homme des animaux.

Tu m'as reproché quelquefois, chère amie, d'être bien rigide envers ton sexe ; tu vois que je le suis peut-être plus encore pour le mien, puisque je lui refuse des licences qu'on ne lui accorde que trop généralement. Te dire que l'observation de ces devoirs rigoureux que je me suis imposés ne m'ait jamais coûté, ce serait, certes, mentir. Bien souvent, je ne te le cache pas, j'ai senti les émotions extraordinaires de la jeunesse et de l'imagination ; alors j'étais faible, les saintes leçons de ma mère s'effaçaient de mon esprit ; mais ton souvenir accourait et j'étais sauvé.

Jeudi, j'ai passé ma soirée avec quelques hommes de génie et plusieurs hommes de talent. Si je n'avais eu des amis dans tout cela, je me serais fort ennuyé. En sortant, ces messieurs, qui vivent dans les salons et dans les cercles, s'écriaient qu'ils *n'avaient jamais des soirées aussi heureuses que celle-là.* Moi, j'ai pensé à mon Adèle bien-aimée. Je me suis dit : Je n'ai point de génie, je n'ai point de talent, mais j'ai plus de bonheur que tous ces hommes. Cette soirée, si heureuse pour eux, me semblait bien triste près d'une de mes soirées heureuses.

En vérité, Adèle, quoique ma vie ait été et soit encore souvent bien amère, je ne voudrais changer de sort avec personne. Je serais à la fois souffrant et mourant qu'il y aurait encore pour moi dans le seul bonheur d'être aimé de toi plus de félicité qu'aucune autre destinée humaine ne peut en contenir. Et quand je te posséderai, que sera-ce donc?

Adèle, tu m'as promis ton portrait. Est-ce que tu l'as oublié? Je suis bien malheureux s'il faut que je te le rappelle. Ton portrait, de ta main, voilà ce que tu m'as promis. As-tu pu oublier que tu m'avais promis cela? As-tu oublié, en effet, mon Adèle, l'une des plus grandes joies que tu puisses me causer? Est-ce que tu n'as aucun souci de mon bonheur? Je ne veux pas croire cela, jusqu'à ce que tu m'aies répondu. J'aime mieux penser que le temps et la solitude t'auront manqué, et non le désir de remplir une promesse qui est si douce pour moi et doit être si sacrée pour toi. J'attendrai alors sans murmurer.

Dimanche matin (24 février).

Tu m'as mis à la torture pour découvrir ce qui avait pu te sembler *si extraordinaire* dans ma lettre d'hier soir. Mes idées se sont enfin arrêtées sur celles dont une jeune fille ne doit pas, j'en conviens, entretenir un jeune homme. Seulement je croyais être ton mari, et avoir par conséquent quelques privilèges de plus qu'un autre. Il me semble en outre qu'il n'y a rien dans des réflexions chastes et intimes qui ait pu te choquer ; je te donnais une preuve de haute confiance et d'estime profonde en te dévoilant des secrets de mon âme et de ma vie que nulle autre femme que toi n'a droit de connaître. D'où vient donc ton mécontentement? Que te disais-je qui pût te sembler indigne d'être écouté par l'oreille la plus pure et la plus virginale?

Je te montrais combien est grande ta puissance sur moi, puisque ta seule image est plus forte que toute l'effervescence de mon âge ; je te disais que l'être qui serait assez imprudent pour s'unir, lui impur et souillé, à un être pur et sans tache, ne serait digne que de mépris et d'indignation, à moins qu'il n'eût fait d'abord l'aveu de sa faute, au risque même d'être repoussé pour jamais. Que pouvait-il y avoir dans des principes aussi sévères qui provoquât ta sévérité ? En vérité, j'étais loin de m'y attendre. Si j'étais femme et que l'homme qui me serait destiné me dît : Tu es la femme qui m'a servi de rempart contre toutes les autres femmes, tu es la première que j'aie pressée dans mes bras, la seule que j'y presserai jamais; autant je t'y attire avec délices, autant j'en repousserais avec horreur et dégoût toute autre que toi ; il me semble, Adèle, que si j'étais femme, de pareilles confidences de la part de celui que j'aimerais seraient bien loin de me déplaire. Serait-ce que tu ne m'aimes pas ?..

Chère amie, je voulais encore te parler de ma conduite d'hier soir, que tu as attribuée à la *vanité et à l'amour-propre*, ce qui m'a bien affligé, dans un moment où je croyais agir d'une manière fière, estimable et digne de toi; je voulais te parler de tout cela, mais il ne me reste que le temps de te dire de ne pas te fâcher du ton grave de cette lettre, de te répéter combien je t'aime, même quand tu es injuste, et avec quelle joie je vois s'ouvrir cette journée que je passerai avec toi.

Adieu, je t'adore, je te respecte et t'embrasse bien tendrement.

Ton mari fidèle.

(1ᵉʳ mars.)

Je te remercie, mon Adèle, de t'être indignée et affligée de ces paroles qui ressemblent si peu à mes sentiments; cette indignation et cette affliction me prouvent que je suis aimé comme je veux l'être, comme je t'aime. C'est toujours pour ton Victor une vive joie quand il découvre en toi quelque nouvelle générosité qu'une occasion inattendue développe.

Oui, je serais méprisable si j'avais jamais pu penser un seul instant dans ma vie à une autre que toi, si tu n'étais pas pour moi toutes les femmes et certes bien plus que toutes les femmes; le jour où je cesserais de penser ainsi, jour qui ne sera jamais, je serais vil et méprisable à tes yeux et aux miens. Non, mon Adèle, non, je ne suis pas indigne de toi, même dans la moindre, dans la plus irréfléchie de mes pensées. S'il s'éveille chez moi un désir, il se tourne vers celle qui purifie et tempère tout, même le désir; toute autre femme se compose à mes yeux d'une robe et d'un chapeau; je n'en demande pas davantage. Pardonne-moi, toi qui es si douce et si indulgente, de te répéter encore ce que je t'ai déjà tant répété, mais quand je te parle de mon amour et de mon respect, puis-je tarir?

Samedi, 3 heures de l'après-midi (2 mars).

Adèle, ne nous le dissimulons pas, nous venons de nous quitter peu satisfaits l'un de l'autre, après avoir fait pourtant tout notre possible pour nous satisfaire mutuellement. Du moins puis-je, moi, me rendre ce témoignage. Tu conviendras, chère amie, que tu m'as traité avec quelque sévérité et pendant et après notre conversation. Je suis revenu ici triste, quoique j'aie eu le sourire sur les lèvres jusqu'au dernier moment.

Tu me redis souvent, Adèle, et tu m'as redit dans cet entretien, que *je te laissais mon rôle à faire*, ainsi qu'à tes parents. Chère amie, si j'avais vingt-cinq ans et dix mille francs de rente, tu n'aurais pas un moment à m'adresser ce reproche, je ne laisserais mon rôle à personne, il me serait si doux à remplir. J'ignore si dans ma situation je pourrais agir autrement que je fais ; lorsqu'une partie de mon avenir ne dépend pas de moi, je crois qu'il y aurait peu de générosité à promettre plus que je ne serais sûr de tenir. Ce serait un lâche et misérable abus de confiance. Je montre à tes parents mes affaires telles qu'elles sont, je les dirige comme ils le désirent, je marche dans le sentier qu'ils me tracent, même quand je pencherais à suivre une autre route. En cela je ne fais que mon devoir, mais du moins je le fais et je le fais avec joie. Comment donc peux-tu dire que je te laisse remplir mon rôle ?

Tu m'as fait entendre un jour que je paraissais *peu désirer* notre mariage. Adèle, Dieu m'est témoin que tu m'as dit cela un jour! J'aime à croire que tu avais proféré sans y penser ces paroles incroyables. Je suis convaincu, moi, maintenant, et je n'ai que depuis une heure cette amère conviction, que ce mariage n'est vraiment désiré que de moi seul. C'est un désir bien tiède, Adèle, que celui auquel il serait indifférent d'attendre *quelques années*, si le monde ne parlait pas. Car, tu l'as répété toi-même tout à l'heure, c'est uniquement pour faire cesser les propos que tu désires m'épouser. J'avais admiré le désintéressement avec lequel dans une de tes dernières lettres tu disais mépriser ces caquets ; cette générosité de ta part ne m'étonnait pas. Je m'étais trompé. Pardonne-moi ma présomption.

Tu as raison, je ne mérite pas que tu supportes le moindre ennui pour moi et, du moment où ces propos t'affectent, tu dois m'en vouloir.

Toi seule es digne d'un sacrifice, digne de tous ; cette vérité me vient du fond de l'âme ; aussi es-tu la seule femme pour qui j'agirais comme je fais, bien que tous mes efforts soient méconnus de toi. Je suis fier et timide, et je sollicite ; je voudrais ennoblir les lettres, et je travaille pour gagner de l'argent; j'aime et je respecte la mémoire de ma mère, et je l'oublie, cette mère, en écrivant à mon père. Adèle, qu'importe mes efforts, c'est le succès seul que tu me demandes, et j'y arriverai ou je tomberai à la peine.

Cependant je ne suis pas tel que tu voudrais. Tu

me disais, il n'y a qu'un instant : *J'aimerais un homme qui...* Tu n'as pas achevé, me laissant sans doute la tâche de terminer ta pensée. Je suis donc sorti avec la conviction de ne pas être celui que tu *aimerais* et avec la résolution de tout faire pour que tu n'aies plus à te plaindre de moi, même injustement.

Si cette lettre te semble triste, tu me diras peut-être que tu attribues cela à ce que tu m'as parlé de mes affaires, mais que tu ne m'en entretiendras plus, etc. Je te préviens que cette amère ironie ne ferait que m'affliger davantage. Tu dois savoir que c'est un plaisir et un bonheur pour moi que de recevoir et de suivre tes conseils; ils me seront toujours précieux et chers. Ce qui me désole, c'est de savoir que ton affection pour moi n'est pas à l'épreuve d'un sot propos, c'est de savoir que sans cela tu pourrais attendre encore notre union *quelques années*, c'est de savoir que tu *aimerais un homme qui...*

Oui, Adèle, tu as raison, il serait digne d'être aimé de toi celui qui n'oublierait jamais la fierté de son caractère, qui n'aurait aucune condescendance, ne ferait aucune concession, et ne sortirait jamais de sa place, pas même pour toi. J'avoue que je n'ai pas su être tel et que demain, si tu crois que j'ai tort, je serai encore prêt à te demander pardon.

Adieu, permets-moi de te forcer encore de m'embrasser, car jusqu'à ce que tu en décides autrement, je serai ton mari.

Lundi, 10 heures 1/4 du soir (4 mars).

Chère amie, je viens d'être cruellement trompé dans une douce espérance. Je m'étais arrangé de manière à être libre ce soir à sept heures et demie, afin de te voir encore une fois, ne fût-ce que monter en voiture, avant que la journée fût finie. A huit heures un quart, j'étais rue du Temple, pensant que vous ne sortiriez pas avant huit heures et demie. Neuf heures ont sonné, j'étais encore à la même place et dans la même attente. Enfin, ce n'est que bien après neuf heures que j'ai perdu tout espoir, ne supposant pas que vous rentrassiez si tard. Alors, au lieu de revenir content, en suivant de loin la voiture où tu serais montée; au lieu de ce bonheur sur lequel je comptais, il m'a fallu reprendre tristement le chemin de ma triste maison, sans avoir mon Adèle devant mes yeux pour m'alléger l'ennui de la route. Me voici maintenant à t'écrire, afin que cette journée se termine par un peu de bonheur et que tu me plaignes de n'avoir pu venir plus tôt.

Cette longue soirée d'attente inutile m'a reporté aux jours de notre séparation. Que d'extravagances de ce genre j'ai faites alors, que tu verrais plutôt avec pitié qu'avec reconnaissance, si elles ne devaient t'être toujours cachées ! Seulement, Adèle, quand tu me dis que je ne t'aime pas, réfléchis à deux fois, parce que, quelque idée que tu puisses te faire de mon dévouement pour toi, tu ne le connais pas encore tel qu'il est.

J'ai, ma bien chère Adèle, à te dire une chose qui m'embarrasse. Je ne puis ne pas te la dire et je ne sais comment te la dire. Enfin je me recommande à ton indulgence, ne vois que l'intention. Si tu la vois telle qu'elle est dans mon cœur, tu en seras reconnaissante et c'est ce qui m'enhardit. Je voudrais, Adèle, que tu craignisses moins de crotter ta robe quand tu marches dans la rue. Ce n'est que d'hier que j'ai remarqué et avec peine les précautions que tu prends... Je n'ignore pas que tu ne fais en cela que suivre les opiniâtres recommandations de ta mère, recommandations au moins singulières, car il me semble que la pudeur est plus précieuse qu'une robe, bien que beaucoup de femmes pensent différemment. Je ne saurais te dire, chère amie, quel supplice j'ai éprouvé hier et aujourd'hui encore dans la rue des Saints-Pères, en voyant les passants détourner la tête et en pensant que celle que je respecte comme Dieu même était, à son insu et sous mes yeux, l'objet de coups d'œil impudents. J'aurais voulu t'avertir, mon Adèle, mais je n'osais, car je ne savais quels termes employer pour te rendre ce service. Ce n'est pas que ta pudeur doive être sérieusement alarmée ; il faut si peu de chose pour qu'une femme excite l'attention des hommes dans la rue !

Toutefois, je te supplie désormais, bien-aimée Adèle, de prendre garde à ce que je te dis ici, si tu ne veux m'exposer à donner un soufflet au premier insolent dont le regard osera se tourner vers toi ; tentation que j'ai eu bien de la peine à réprimer hier et aujourd'hui et dont je ne serais plus sûr d'être maître une autre fois. C'est bien certainement à cette impatience et à cette torture que tu dois attribuer en grande partie l'air chagrin dont tu m'as fait des reproches *.

* « ...Marius suivait Cosette du regard... Tout à coup un souffle de vent, plus en gaîté que les autres, et probablement chargé de faire les affaires du printemps, s'envola de la pépinière, s'abattit sur l'allée, enveloppa la jeune fille dans un ravissant frisson digne des nymphes de Virgile et des faunes de Théocrite, et souleva sa robe, cette robe plus sacrée que celle d'Isis, presque jusqu'à la hauteur de la jarretière. Une jambe d'une forme exquise apparut. Marius la vit. Il fut exaspéré et furieux. La jeune fille avait rapidement baissé sa robe d'un mouvement divinement effarouché, mais il n'en fut pas moins indigné. — Comprend-on une chose pareille ? C'est horrible ce qu'elle vient de faire là !

« ...Quelqu'un traversa l'allée. C'était un invalide tout courbé, tout ridé et tout blanc, en uniforme Louis XV, ayant sur le torse la petite plaque ovale de drap rouge aux épées croisées, croix de Saint-Louis du soldat, et orné en outre d'une manche d'habit sans bras dedans, d'un menton d'argent et d'une jambe de bois. Marius crut distinguer que cet être avait l'air extrêmement satisfait. Il lui sembla même que le vieux cynique, tout en clopinant près de lui, lui avait adressé un clignement d'œil très fraternel et très joyeux comme si un hasard quelconque avait fait qu'ils pussent être d'intelligence et qu'ils eussent savouré en commun quelque bonne aubaine. Qu'avait-il donc à être si content, ce débris de Mars ? Que s'était-il donc passé entre cette jambe de bois et l'autre ? Marius arriva au paroxysme de la jalousie. — Il a peut-être vu ! se dit-il. — Et il eut envie d'exterminer l'invalide. »

Les Misérables. Marius. T. III. Liv. VI.

J'ai longtemps balancé, mon amie, avant de te parler de cette matière peut-être un peu délicate. Mais j'ai pensé que c'était à ton mari, à ton meilleur ami, qu'il appartenait de t'avertir, et que ce n'était pas moins mon devoir de te protéger contre un regard insolent que contre toute autre insulte. Je ne doute pas qu'il ne suffise d'avoir appelé là-dessus ton attention, et que tu n'agissais ainsi que par distraction ou par une obéissance trop aveugle aux volontés de ta mère. Tu ne verras dans ce que je te dis ici qu'une preuve de plus de ce respect qui va jusqu'au culte et qui n'a cependant plus besoin d'être prouvé. Je suis le premier, mon Adèle bien-aimée, à rendre hommage à la bonté et aux excellentes qualités de ta mère, mais je crois qu'elle est trop peu sévère pour certaines convenances, tandis qu'elle s'en crée en revanche bien d'autres fort inutiles.

Est-il, par exemple, de maxime plus malsonnante que celle dont tu me parlais, *qu'on doit être plus réservée avec l'homme qu'on doit épouser qu'avec tout autre ?* J'avoue qu'elle suffirait pour me faire fuir une jeune fille qui la mettrait en pratique. Toi, mon Adèle, tu as en toi un instinct exquis qui te révèle toutes les bienséances ; il y a dans ton organisation morale quelque chose de merveilleux que j'admire quand je considère combien ton âme est sortie grande et pure de toutes les fausses idées dont elle a été entourée dès l'enfance.

Adieu, toi qui es un ange et que j'ose aimer.

Lundi dernier à pareille heure, j'étais bien heureux. Adieu. Adieu. Dors bien. Demain matin, je tâcherai de te voir.

Je t'embrasse tendrement.

Ton mari.

Écris-moi bien long, et songe à ce portrait qui, après toi, sera pour ton Victor la chose la plus précieuse qu'il y ait au monde.

Vendredi soir (8 mars).

C'est ce matin 8 mars qu'est partie cette lettre qui peut entraîner tant de conséquences*. Soyons attentifs tous deux, nous touchons peut-être, mon Adèle, à l'une des époques les plus importantes de notre vie. Pardonne-moi de dire *notre* vie et de te confondre ainsi avec moi dans une communauté de sort que je ferai pourtant cesser moi-même, sois-en sûre, tout le premier, du moment où je craindrai qu'elle n'amène pas ton bonheur.

Maintenant que cette lettre est partie, Adèle, maintenant que j'ai rempli mon devoir en obéissant à l'un de tes désirs, je puis te dire tout ce que je n'ai point dit auparavant, de peur de paraître hésiter entre mon dévouement à tes moindres volontés et un danger, ce danger dût-il même entraîner le malheur de toute ma vie. Je sens, au contraire, combien il était naturel que tu désirasses à tout prix sortir de l'incertitude où tu es. Je le sens tellement qu'il y a deux mois je voulais moi-même prévenir ta juste impatience, en provoquant de tes parents l'autorisation de faire la même ouverture à mon père, en allant même plus loin, en lui demandant son consentement. Ils ont pensé autrement et j'ai dû me rendre. Quand cette

---

* La lettre où Victor demandait au général Hugo son consentement à leur mariage.

idée vous est revenue, je l'ai trouvée simple et même convenable de votre part. Aussi me suis-je bien gardé d'en présenter le résultat sous un jour défavorable et d'en faire ressortir les inconvénients.

Attendons tous deux avec calme et bonne conscience. M'as-tu vu, dis-moi, moins riant et moins serein, depuis que j'ai peut-être anéanti moi-même tout ce que j'espérais? Non, chère amie, la satisfaction de t'avoir obéi est au-dessus d'une crainte purement personnelle. Dans quelques jours tout sera décidé, et, quoi qu'il arrive, je ne regretterai pas ce que j'ai fait puisque je t'aurai délivrée de l'incertitude dont tu es si tourmentée.

Si ce que je prévois arrive, j'aurai la consolation de penser que j'avais tout prévu et que je m'étais résigné à tout sans te parler de rien, uniquement pour te donner une preuve de soumission et d'amour. Alors, si tu conserves encore quelque temps mon souvenir, peut-être ne sera-ce pas avec l'idée que ce Victor t'avait peu aimée, comme tu le lui reproches quelquefois. Toute mon ambition, mon Adèle adorée, est de te prouver mon dévouement; c'est à cela que sera consacrée toute ma vie, qu'elle dure soixante ans ou qu'elle dure deux mois.

Je t'en conjure donc encore, ne t'inquiète pas; les choses suivront maintenant leur ordre naturel. Je viens de donner aux événements une impulsion dont je ne suis maintenant pas plus le maître que toi.

D'ailleurs, dans toutes les chances, il s'en trouve certainement une de bonheur. J'ai dû ne te présenter que celle-là ; les autres ne peuvent retomber que sur moi. Il eût été lâche de t'en parler. Tu désirais, c'est la seule chose que j'aie considérée et je n'ai aucun mérite à avoir fait ce qui était strictement mon devoir. A présent, si tous mes rêves s'évanouissent, je n'aurai plus qu'à les suivre ; et il te restera à toi une grande réalité, c'est d'avoir inspiré un amour véritable, un amour profond et dévoué.

Maintenant, ma bien-aimée Adèle, je puis parler ainsi d'une voix ferme et sérieuse, parce que l'heure est peut-être bien voisine où je confirmerai par les actions ce que tu n'as peut-être jusqu'ici considéré que comme des mots. Ce sera ma dernière joie.

Cependant tout peut encore tourner à bien. Ce ne serait pas la première fois, depuis que je t'aime, que mon bonheur aurait passé mes espérances. Enfin, cela est peu probable, mais n'est pas impossible...

Chère amie, mon Adèle, pardonne-moi de reculer ainsi devant ce malheur après t'avoir pourtant osé dire que j'étais résigné ; c'est que mes espérances étaient si belles et si douces !

Attendons.

Adieu, à demain. Je t'aime au delà de ce que tu peux supposer.

Samedi, 4 h. 1/2 du soir (9 mars).

Imagine-toi, chère amie, que depuis ce matin, je n'ai pas un moment de liberté. Je voulais passer toute cette journée à travailler et à t'écrire et j'ai été contraint de subir des visites. Plains-moi et ne m'accuse pas. J'avais tant de choses à te dire; je voulais te rendre compte de ma semaine...

Mon Adèle, s'il y a quelque chose de triste dans ma lettre d'hier, songe qu'il n'y a rien de froid. Bien loin de là, jamais je ne t'ai plus aimée ou je n'ai plus senti combien je t'aime qu'à présent, quand le sacrifice s'approche peut-être inévitablement.

Adieu, adieu, mon adorée Adèle, je t'idolâtre, je t'embrasse et suis jusqu'au dernier instant ton fidèle mari.

Ne t'alarme pas pourtant. Tout se dénouera peut-être heureusement.

Dimanche, 10 h. 1/2 du matin (10 mars).

Puisque je ne puis te voir, ma douce et généreuse Adèle, du moins vais-je t'écrire. Je rentre, le cœur gonflé de reconnaissance pour toi et d'un sentiment que je ne qualifierai pas, de peur de t'affliger, contre ceux qui te font ainsi pleurer. Pendant que j'étais près de toi debout et en apparence calme et froid, mon Adèle, je bouillais d'impatience et d'indignation, laisse-moi dire le mot. Te voir tourmenter de la sorte, sans but, toi la plus tendre et la meilleure des filles, non, je ne sais comment je me suis contenu. J'aurais voulu élever hautement la voix, te protéger, te défendre de toute ma force et de toute ma colère. Oh! que cela m'eût soulagé! Je ne serais pas ici maintenant oppressé, car toutes les larmes que je n'ai pu verser avec les tiennes, toutes les paroles que je n'ai pu dire pour toi me sont retombées sur le cœur et m'étouffent.

Adèle, cependant ta mère est bonne, mais elle ne voit ni de haut, ni de loin, elle n'est jamais à ton élévation, en cela elle ressemble à toutes les femmes; c'est ce que je lui pardonnerai toujours de grand cœur, excepté quand cette médiocrité d'esprit la conduira, comme aujourd'hui, à tourmenter mon Adèle, ma noble, mon excellente, ma bien-aimée Adèle, celle au delà de laquelle il n'est pour moi ni bonheur, ni vertu dans la vie ; car je suis attaché à toi, ange, par tous les points de mon âme, et chez moi tout ce qui aime la vertu comme tout ce qui veut le bonheur est à mon Adèle, mon Adèle adorée. Aussi les liens qui m'unissent à toi sur la terre ne se briseront que lorsque tous les autres liens de la vie se rompront, et alors mon âme libre sera encore et plus que jamais à toi.

Qu'il m'eût été doux de te défendre, de te venger aujourd'hui! Mais je n'osais pas plus lever la tête pour te défendre que tomber à tes pieds pour te consoler. J'aurais craint d'accroître la colère de ta mère et de voir se tourner sur toi ce qu'elle aurait peut-être hésité à diriger vers moi. Pourtant, chère amie, c'est avec bien de la joie que j'aurais fait le sacrifice de toute fierté, si, à ce prix, j'avais pu racheter le chagrin que tu souffrais; j'aurais volontiers subi moi-même toute cette colère, pour la détourner de toi. Mais la crainte de tout gâter en m'en mêlant m'a retenu. Du moins, chère amie, si ma reconnaissance et ma profonde approbation peuvent te consoler de quelque chose, tu les as dans toute leur plénitude.

Adieu, je vais sortir afin de te voir de loin à l'église. Tu ne me verras pas, mais je serai là; c'est ce qui m'arrive bien souvent. Adieu; à mon retour, Adèle, je continuerai. Je me sens moins triste en pensant que je vais jouir de ta vue.

Deux heures et demie.

Ton petit frère vient de me tourmenter pour aller avec lui à cette exposition de tableaux ; mais je t'imite et je reste.

La scène si triste de ce matin m'a rappelé, chère amie, les contestations que j'avais à soutenir l'hiver dernier avec ma mère pour des choses de ce genre. Cependant cette noble mère savait s'arrêter au point où ma résistance fût devenue une douleur.

Mon Adèle, pardonne-moi de t'avoir parlé peut-être un peu durement ce matin de ta mère dans ma lettre ; il m'est impossible de te voir maltraiter ainsi et de conserver mon sang-froid ; mais la crainte de t'affliger aurait peut-être dû m'arrêter ; c'est à quoi je n'ai pas réfléchi dans le premier moment. Pardonne-moi.

Notre entretien d'hier soir m'a vivement ému, et en rentrant, ta lettre, cette lettre si tendre et si touchante, a prolongé cette émotion jusqu'au moment où je me suis doucement endormi en rêvant de toi.

C'est dans cet instant même, ma chère et trop bonne Adèle, que notre bonheur ou notre malheur se décident loin de nous. Oui, je compte sur ta tendresse, je vois et j'admire ton courage, ton dévouement me pénètre ; mais, je t'en supplie, ne compromets jamais pour moi ton repos. Dans quelques jours peut-être, je ne serai plus qu'un malheureux qu'on te dira d'oublier, et, si cet oubli me semble pouvoir assurer ta tranquillité, je te le dirai moi-même; mais ce sera les dernières paroles que ma bouche prononcera.

Pourtant, mon Adèle adorée, j'aurais été bien heureux dans mon malheur d'inspirer un dévouement pareil à celui que tu me promettais hier. Hélas! à quels rêves ne faut-il pas renoncer dans la vie? J'aurai passé en t'aimant. T'aimer aura été l'histoire de toute ma vie... Je ne plains certes pas mon sort.

Adieu, adieu, ma bien-aimée Adèle; je t'embrasse comme je t'aime. Reçois autant de baisers de ton mari que tu as versé de larmes pour lui.

Lundi (11 mars).

Toutes mes idées sont confuses et en désordre dans ma tête; la soirée d'hier, le dévouement, les paroles tendres de mon Adèle bien-aimée me jettent dans une douce et triste rêverie, dont je voudrais pouvoir fixer sur ce papier la vague émotion, afin de te montrer en quel état je suis loin de toi.

Ton image ne m'apporterait que de la joie si, avec les souvenirs de notre passé, elle ne ramenait les pressentiments de notre avenir.

Je viens de prendre tes cheveux; car, dans le grand et fatal doute qui m'obsède depuis trois jours, j'avais besoin d'une réalité qui vînt de toi, d'un gage palpable de cet amour angélique auquel tu m'as permis de croire. Seul un instant, j'ai couvert tes cheveux de baisers; il me semblait en les pressant sur mes lèvres que tu étais moins absente, il me semblait que je ne sais quelle communication mystérieuse s'établissait peut-être, au moyen de ces cheveux bien-aimés, entre nos deux âmes séparées.

Ne souris pas, Adèle, du délire où je m'égare. Hélas! si peu d'heures dans ma vie se passent près de toi, chère amie, que je suis contraint souvent de chercher, soit en baisant tes cheveux, soit en relisant tes lettres, un moyen d'apaiser cet immense besoin de toi qui me dévore. C'est par ces moyens artificiels que je vivais pendant notre longue séparation, et puis l'espérance restait toujours devant mes yeux.

L'espérance !... Dans huit jours, dans trois jours, qui sait s'il m'en restera quelque chose ? Pourquoi la destinée change-t-elle, quand le cœur ne peut changer ?

Enfin, quelque sort qui se présente, Adèle, je l'attends de pied ferme. Je me souviendrai que tu as daigné m'aimer, et que n'affronterais-je pas avec cette pensée ?

On a d'ailleurs toujours une porte ouverte pour sortir du malheur, et, du jour où la dernière espérance me sera enlevée, je fuirai par là. J'irai commencer quelque autre vie, qui, tout amère qu'elle soit, ne le sera pas certainement autant que celle-ci sans toi.

Adieu pour aujourd'hui. Oh ! que j'ai soif de te voir !

Mercredi, 3 heures et demie (13 mars).

Adèle, mon Adèle! je suis ivre de joie. Ma première émotion doit être pour toi. J'avais passé huit jours à me préparer à un grand malheur, c'est le bonheur qui vient! — Il n'y a qu'un nuage.

Adieu pour quelques heures; je te porterai dès ce soir cette lettre, ma bien-aimée et trop généreuse Adèle.

La réponse du général Hugo est enfin arrivée : il donne son consentement ! Il est même heureux d'avoir à le donner ; car il a, lui-même, à se faire pardonner par ses fils une chose grave : trois semaines après la mort de leur mère, il a épousé la femme pour laquelle il a quitté sa famille, et il n'en a seulement pas informé ses enfants. C'est là « le nuage. » N'importe, même avec ce nuage, c'était le ciel qui s'ouvrait pour Victor, au moment où il n'osait plus l'espérer.

IV

MARS — OCTOBRE 1822

Après le consentement obtenu du père, la première lettre qu'écrit Victor sera un grand cri de joie. Il est doublement heureux : l'obstacle sérieux à son mariage est levé, et son Adèle vient de lui donner la preuve la plus irrécusable d'amour qu'il pût souhaiter. La petite bourgeoise si timorée d'autrefois s'est élevée, ou, mieux, a été élevée par lui à la passion la plus magnanime. Elle a vu la sombre résolution avec laquelle Victor attend l'arrêt de son père; si la réponse est négative, il mourra! Et elle ne veut pas qu'il meure! Alors elle lui a fait part de la détermination qu'elle a prise : elle sera au désespoir d'affliger ses parents qu'elle aime, mais ils ont d'autres enfants, et lui, Victor, il n'a qu'elle au monde; si le consentement paternel lui est refusé, qu'il l'emmène, qu'il l'enlève, elle est toute prête à le suivre.

Mais le consentement est donné et le généreux sacrifice est inutile. Il n'y a plus à attendre pour arrêter le jour du mariage que cette malheureuse pension royale qui doit fournir un fonds un peu fixe à l'établissement du jeune ménage. Mais cette pension va être encore bien lente à venir, elle n'arrivera qu'au bout de quatre longs mois. On ne sait s'il n'y aura pas là un peu de la faute du pensionné; ce n'était guère son humeur de faire des démarches et de « courir les ministères ». On en veut néanmoins à ces éternels « bureaux » d'avoir fait languir ainsi ces pauvres enfants amoureux.

En attendant, voilà Victor officiellement reconnu

enfin pour le fiancé d'Adèle. Même, sur ses instances, on lui fera sa place dans la villégiature annuelle de Mme Foucher. On loue un appartement à Gentilly et, dans le jardin qui en dépend, il y a un ancien colombier en forme de tourelle où s'installera Victor. Il pourra prendre ses repas avec la bien-aimée, la voir à tous les instants du jour...

Ils n'en continuent pas moins à s'écrire. Il semble que maintenant l'intérêt va un peu manquer à ces lettres : au contraire, le bonheur et l'attente du bonheur inspireront à l'amant poète ses effusions les plus éloquentes et les plus passionnées, de moins en moins spiritualistes, il faut le dire, à mesure que s'approche l'heure où va se réaliser le long rêve. D'ailleurs il restera encore, pour l'exciter et l'enflammer, bien assez d'empêchements et de gênes. Par exemple, Mme Foucher exigera qu'habitant sous le même toit, Adèle et Victor ne soient jamais seuls. Ce qu'il ne peut lui dire, il est donc forcé de le lui écrire, et cela nous vaut la lettre lyrique du 23 mars. Et puis, à défaut de chagrins venus du dehors, est-ce qu'il n'y a pas les querelles des amoureux entre eux, les brouilles pour un oui, pour un non, pour un oubli, pour un regard, parce qu'elle a été gaie, parce qu'elle ne s'est pas aperçue qu'il boudait. N'ayant plus de raisons pour pleurer, ils se font pleurer l'un l'autre. Il semble que les amants, lorsque rien ne devrait troubler leur bonheur, éprouvent le besoin de faire eux-mêmes souffrir leur amour, peut-être afin de le mieux sentir.

LETTRES A LA FIANCÉE

1822

MARS-OCTOBRE

Vendredi soir (15 mars).

Après les deux ravissantes soirées d'hier et d'avant-hier, je ne sortirai certainement pas ce soir ; je vais t'écrire. Aussi bien, mon Adèle, mon adorable et adorée Adèle, que n'ai-je pas à te dire ! O Dieu ! depuis deux jours, je me demande à chaque instant si tant de bonheur n'est pas un rêve ; il me semble que ce que j'éprouve n'est plus de la terre, je ne comprends pas le ciel plus beau.

Tu ne sais pas, Adèle, à quoi je m'étais résigné. Hélas ! le sais-je moi-même ? Parce que j'étais faible, je me croyais calme ; parce que je me préparais à toutes les démences du désespoir, je me croyais aguerri et résigné. Va, laisse-moi m'humilier à tes pieds, toi qui es si grande, si tendre et si forte ! J'aurais pensé atteindre aux bornes du dévouement en te sacrifiant ma vie ; toi, ma généreuse amie, tu étais prête à me sacrifier ton repos !

Adèle, à quelles folies, à quels délires ton Victor ne s'est-il pas livré durant ces huit éternels jours ! Tantôt j'acceptais l'offre de ton admirable amour ; poussé aux dernières extrémités par une lettre de mon père, je réalisais quelque argent, puis je t'enlevais, toi ma fiancée, ma compagne, ma femme, à tout ce qui aurait voulu nous désunir ; je traversais la France avec le nom de ton mari pour aller dans quelque terre étrangère en chercher les droits ; le jour nous voyagions dans la même voiture, la nuit nous reposions sous le même toit. Mais ne crois pas, ma noble Adèle, que j'eusse abusé de tant de bonheur ; n'est-il pas vrai que tu ne me fais pas l'affront de le croire ? Tu aurais été plus respectable et plus respectée que jamais de ton Victor ; tu aurais pu coucher dans la même chambre que lui sans avoir à craindre un attouchement, ni même un regard. Seulement, j'aurais dormi ou veillé sur une chaise ou à terre près de ton lit, comme le gardien de ton repos, le protecteur de ton sommeil. Le droit de te défendre et de te protéger eût été de tous les droits de ton mari le seul que ton esclave eût réclamé, jusqu'à ce qu'un prêtre lui eût donné tous les autres.

Adèle, en m'abandonnant à ce songe charmant au milieu de tant de malheurs, j'oubliais tout... Puis le réveil arrivait, et avec lui le remords d'avoir conçu un moment de pareils projets. Je me rappelais tes parents, ta tranquillité, tes intérêts, je me reprochais d'avoir assez peu de dévouement pour en accepter tant, d'être assez peu généreux pour consentir à tant de générosité, moi qui ne m'étais jamais rêvé que faisant ton bonheur ou t'immolant le mien. Alors je me maudissais comme le démon de ta vie, je me souvenais de toutes les souffrances qui te sont venues de moi, et je prenais cette folle résolution pour laquelle tu versais hier soir ces larmes que je suis si coupable d'avoir fait couler, j'allais trouver quelque ami malheureux comme moi, qui eût perdu comme moi le dernier espoir et n'eût plus comme moi qu'à demander à la vie sa dernière douleur.

Adèle, oh! ne me hais pas, ne me méprise pas pour avoir été si faible et si abattu quand tu étais si forte et si sublime. Songe à mon abandon, à mon isolement, à ce que j'attendais de mon père; songe que depuis huit jours j'avais la perspective de te perdre, et ne t'étonne pas de l'excès de mon désespoir. Toi, jeune fille, tu es admirable, et en vérité je crois que ce serait flatter un ange que de te le comparer. Tu as tout reçu de ta nature privilégiée, tu as de l'énergie et des larmes. O Adèle, ne prends pas ces paroles pour de l'enthousiasme aveugle; cet enthousiasme a déjà duré toute ma vie et n'a fait que s'accroître de jour en jour. Toute mon âme est à toi. Si toute mon existence n'avait pas été à toi, l'harmonie intime de mon être aurait été rompue, et je serais mort, oui, mort nécessairement.

Telles étaient mes méditations, Adèle, quand la lettre qui contenait mon avenir est arrivée. Si tu m'aimes, tu sais quelle a été ma joie, je ne te peins pas ce que tu dois avoir senti.

Mon Adèle, pourquoi cela ne s'appelle-t-il que de la joie? Est-ce qu'il n'y a pas de mots dans la langue humaine pour exprimer tant de bonheur?

Ce passage subit d'une résignation morne à une félicité immense a ébranlé mon âme pour longtemps. J'en suis encore tout étourdi, et parfois je tremble d'être brusquement réveillé de ce beau songe divin. Oh! tu es donc à moi! tu es donc à moi! Bientôt, dans quelques mois peut-être, cet ange dormira dans mes bras, s'éveillera, vivra dans mes bras. Toutes ses pensées, tous ses instants, tous ses regards seront à moi! toutes mes pensées, tous mes instants, tous mes regards seront à elle! Mon Adèle!...

Ah! je puis donc enfin quelque chose sur mon avenir! Avec tant d'espérance, quel courage n'aurai-je pas? Avec tant de courage, quel succès n'obtiendrai-je pas? De quel fardeau je suis soulagé! Comment! ce n'est que d'avant-hier! Il me semble qu'il y a déjà longtemps que mon bonheur est à moi. J'ai tant senti dans ces deux jours!

Et ta lettre de mercredi soir! Comment t'en remercier, mon Adèle? Je ne croyais pas qu'en un pareil moment rien pût ajouter à mon bonheur, ta lettre m'a fait éprouver que cette émotion de l'amour et de la joie n'a pas de bornes dans le cœur humain. Quelle épouse noble, tendre et dévouée m'est destinée! Comment te mériterai-je jamais, Adèle! Je ne suis que néant près de toi. Autant je relève la tête devant tout autre, autant je m'abaisse avec respect devant toi.

Ainsi donc tu m'appartiendras! Ainsi je suis appelé sur la terre à une félicité céleste! Je te vois jeune épouse, puis jeune mère, et toujours la même, toujours mon Adèle, aussi tendre, aussi adorée dans la chasteté du mariage qu'elle l'aura été dans la virginité du premier amour. Chère amie, dis-moi, réponds-moi, conçois-tu ce bonheur, un amour immortel dans une union éternelle! Eh bien, ce sera le nôtre.

Ce matin, j'ai répondu à mon père. Il n'y a dans sa lettre que deux mots affligeants, ceux qui annoncent ses nouveaux liens. Ma mère a pu lire ce que je lui ai écrit ce matin, mon enivrement ne m'a point fait oublier mon deuil; tu ne peux m'en blâmer, ma noble amie. D'ailleurs, j'espère avoir tout concilié. Je suis son fils et ton mari. Tout mon devoir est là.

Je n'oublie pas que tu m'as dit que le compte de ma semaine ne serait pas sans intérêt pour toi. Je t'avouerai que jusqu'à mercredi, j'ai essayé inutilement de travailler. Les heures s'écoulaient à lutter contre l'extrême agitation de mon esprit. J'étais plein de celle que je craignais de perdre et toutes mes idées s'arrêtaient là. Hier, j'ai pu travailler. Aujourd'hui, j'ai passé tout le jour à courir les ministères, métier que je dois recommencer demain, après avoir donné toute la matinée au travail. La soirée sera bien heureuse.

Mon Adèle, c'est maintenant qu'aucun obstacle ne me rebutera, ni dans mes travaux, ni dans mes demandes. Chaque pas que je ferai dans ces deux routes me rapprochera de toi. Comment me sembleraient-elles pénibles? ne me fais pas l'injure de penser cela, je t'en supplie. Qu'est-ce qu'un peu de peine pour conquérir tant de bonheur? N'ai-je pas mille fois offert au ciel de l'acheter de mon sang? Oh! que je suis, que je serai heureux !

Adieu, mon angélique et bien-aimée Adèle, adieu! je vais baiser tes cheveux et me coucher, encore loin de toi, mais en rêvant à toi. Bientôt peut-être, ce sera à tes côtés. Adieu, pardonne tant de délire à ton mari qui t'embrasse et t'adore pour les deux vies.

Ton portrait?

Jeudi neuf heures et demie du soir (21 mars).

Si tu savais comment s'est écoulée ma soirée jusqu'à cette heure, tu te rirais peut-être de moi. Mais non, car je ne doute pas que tu ne sois digne d'être aimée ainsi. Pendant que tu penses à tout autre chose à cette soirée, je vais t'écrire ; et certainement, quelque bonheur que tu puisses trouver là, le mien sera plus grand que le tien.

Je ne te parle pas, Adèle, de cette soirée ; tu y es allée, il suffit. Sois tranquille, chère amie. Jamais tu n'auras à craindre cette tyrannie dont tu parlais aujourd'hui ; jamais, sous prétexte qu'il ne sera pas partagé par moi, je ne te priverai d'un amusement. Je ne pourrai même avoir un instant cette pensée ; car, du jour où tu te seras créé des plaisirs hors de notre bonheur, tout sera fini pour moi, tu ne m'aimeras plus, et à cela qu'aurais-je à dire ? Pour moi, quand je m'abstiens d'un bal ou d'une fête où je ne te trouverais pas, je t'avoue que je n'y ai aucun mérite ; je fais précisément tout le contraire d'un sacrifice. Il me serait insupportable d'aller dans un lieu de joie où celle qui fait ma seule joie ne serait pas, où je n'éprouverais que l'ennui de ton absence ; alors, en restant chez moi, j'obéis à un égoïsme qui est tout simplement la conséquence de mon amour pour toi. Aussi, je me garde bien de parler de si peu de chose.

Cependant, Adèle, si tu connaissais cette partie extérieure et publique de ma vie dont tu ne peux avoir qu'une idée très imparfaite, peut-être trouverais-tu que je t'immole des jouissances. Mais comme je ne goûte qu'une jouissance au monde, toutes les autres, quelles qu'elles soient, ne sont rien pour moi. Une fois seulement, et tout récemment, j'ai accepté une invitation de bal et je t'ai dit pour quelles considérations. Néanmoins, en l'acceptant, il était de mon devoir de t'en parler. Tu me fis une observation qui était fort juste, c'est que tu n'y serais pas. C'est précisément pour cela que je t'en parlais. Quoique tu n'aies pas toujours jusqu'ici pensé de même, tu daignas me dire qu'il te serait moralement impossible d'aller à une fête où je ne serais pas. Ces paroles me remplirent de joie et fixèrent ma résolution. Je prétextai une indisposition, je fis plus, je la feignis, rien ne put m'empêcher de te donner cette marque d'obéissance et de me sauver en même temps un ennui. Tu vois, chère amie, que ce que je veux, je le veux bien; je sais, moi, trouver des raisons auxquelles on ne peut répondre.

Adieu pour ce soir, chère, bien chère Adèle, tu vas rentrer tard et fatiguée. Puisses-tu m'avoir donné une pensée dans toute ta soirée et bien dormir! Adieu.

Vendredi (22 mars).

Chère amie, que rien de ce qui est écrit plus haut ne te blesse. Je ne crois pas que ce que je t'ai dit là, sans la moindre amertume, puisse être amèrement interprété ; mais je veux prévenir en toi tout chagrin, même ceux qui me semblent improbables.

Hélas! comment oserais-je me plaindre de toi, de toi, mon Adèle, qui es si bonne, si tendre, si généreuse, si noblement et si entièrement dévouée ! A toutes les vertus de ta nature privilégiée tu ajoutes encore toutes les grandes et belles vertus de l'amour. Comment se fait-il, chère et bien-aimée Adèle, qu'un être tel que toi, soit si singulièrement entouré d'esprits étroits et de cœurs arides? Ce n'est pas à cause de moi que je m'afflige de tout ce qui t'environne. Que m'importe ce que cela pense de moi? C'est pour toi qui es obligée de vivre au niveau de ces gens qui te traitent comme une égale et auxquels tu es si supérieure ; c'est pour toi, noble amie, qui es condamnée à être incessamment examinée de leurs petits yeux, jugée de leur petit jugement, tourmentée par leur petite tyrannie. En vérité, il me semble voir une colombe parmi des canes, et je rirais bien de tant de discordance, s'il ne s'agissait de toi. Il y a bien des espèces d'animaux dans les hommes!

Chère amie, il est inutile de te dire combien

j'excepte de tout cela tes parents, que j'aime puisqu'ils sont les tiens. Ils ont bien aussi quelquefois, à parler franchement, le tort de voir de près ou de travers, mais chez eux ce n'est pas un défaut, parce que ce n'est pas une habitude. Du reste, il me semble qu'ils te connaissent et t'apprécient, et surtout qu'ils t'aiment, ce qui me fait passer par-dessus tout.

Le tableau que tu me présentes de notre bonheur à Gentilly m'a ému et transporté, quoiqu'il fût déjà tout entier dans mon attente et dans mon espérance. Tu dois croire, mon Adèle bien-aimée, que mon imagination n'a pas été moins prompte que la tienne à me représenter cette félicité. Elle me semble si grande qu'en vérité, accoutumé que je suis à souffrir toujours de malheurs inattendus, je regarde soigneusement et presque avec crainte dans l'avenir si je puis me confier à toute ma joie. Tout jeune que je suis, la douleur est pour moi une vieille connaissance avec laquelle il me serait maintenant bien cruel de renouer. C'est que je n'ai, moi, que de terribles résignations. Ne parlons plus de cela; à quoi bon se former des orages, quand on est sous un ciel si pur et si beau ? Le passé est passé, ne le ramenons pas à nous de force pour le mêler à notre avenir.

Adèle, tu as un Victor qui t'aime comme jamais femme ne fut aimée, qui est un homme et sait qu'on n'arrive au bonheur que par le travail et le danger. Aie donc de la joie et du courage. Dans la vie, tu seras mon appui moral, et je serai ton appui physique. Va, nous ne chancellerons ni l'un ni l'autre. Un regard de toi me conduirait à tout, il m'élèverait au ciel comme il me précipiterait dans un abîme. Oui, chère amie, sois fière, car voilà la puissance que tu exerces, et que tu exerces sur un homme, qui sentait la nécessité d'être homme lorsqu'il était encore enfant. L'immense supériorité que tu as sur moi ne m'épouvante pas, parce qu'elle m'inspire la force de franchir cet intervalle. Puisque mon être est lié au tien, il faut bien qu'il marche près du tien et digne du tien. Peu d'oreilles humaines comprendraient le langage que je te parle ici, mais je ne sais personne au monde qui soit plus que toi digne qu'on lui parle avec l'âme et le cœur.

Samedi (23 mars).

Ainsi je te verrai tous les jours! Ainsi nous habiterons sous le même toit, en attendant mieux encore! Ainsi, chaque matin en me levant, je pourrai voir les premiers rayons du soleil se réfléchir sur les vitres derrière lesquelles dormira ce que j'ai de plus cher et de plus précieux au monde! Je serai là au haut de cette tour comme la sentinelle qui veillera sur ton bonheur et ton repos. Je travaillerai avec plus d'ardeur et de joie encore en songeant que le prix de ce travail est si près de moi.

Adèle, il ne manquera à tant de bonheur que la présence de celle qui en eût tant joui ; car elle était ma mère, elle m'aimait et elle t'aimait aussi, toi en qui son fils plaçait tout son orgueil et toute sa félicité. Que ne t'a-t-elle tout à fait connue! Mais, mon amie, ses regards se sont trop arrêtés à tout ce qui t'entourait, elle t'a jugée d'après ceux à qui tu es si loin de ressembler ; ses yeux n'ont pas été, comme les miens, pénétrer jusqu'à ton âme. Elle t'eût certainement aimée et estimée bien plus que moi, son Victor, si elle t'avait vue comme je te vois, si noble, si grande et si pure! Déjà mon long et opiniâtre amour l'étonnait, ma haute estime pour toi la gagnait lentement, et, sans l'affreux malheur qui nous l'a sitôt enlevée, nous aurions peut-être été heureux par elle un an plus tôt.

Pardonne-moi, Adèle, de mêler des idées si tristes à d'autres idées si riantes ; mais, avant de me livrer entièrement à nos délicieuses espérances, tu ne peux me blâmer de donner encore un regard à cette mère admirable, pour la mémoire de laquelle je voudrais te voir partager mon culte et mon amour.

Une fois réunis, ce n'est pas elle qui nous eût imposé des entraves si singulières et presque si offensantes. Elle eût cru s'humilier elle-même, si, nous estimant tous deux, elle eût gêné notre liberté ; elle eût voulu, au contraire, que, par de hautes et intimes conversations, nous nous préparassions mutuellement à la sainte intimité du mariage. Elle aurait su qu'il n'y a rien dans mes plus secrètes pensées qui soit dangereux pour toi et rien dans les tiennes qui ne soit utile et profitable pour moi. Son Victor t'aurait consultée en tout, se serait plu à te révéler dans la solitude tous les mystères de la poésie qui touchent de si près aux mystères de l'âme et de la vertu, et auxquels par conséquent tu es si digne d'être initiée.

Le soir, qu'il m'eût été doux d'errer loin de tous les bruits, sous les arbres et parmi les gazons, devant toi et devant une belle nuit ! C'est alors qu'il se manifeste à l'âme des choses inconnues à la plupart des hommes. C'est alors que toutes les formes de la nature semblent ravissantes et divines, et que tout paraît en harmonie avec l'ange qu'on aime. Dans ces moments, chère amie, la parole humaine est insuffisante à rendre ce qu'on éprouve ; mais tu es de ces intelligences rares qui savent comprendre tout ce qu'elle ne peut exprimer. Tes yeux, Adèle, savent lire tout ce qu'on lit en eux. Ils entendent le langage céleste qu'ils parlent.

Et moi, j'aurais voulu étudier, dans une délicieuse solitude, cette âme qui apparaît si belle dans ton beau regard, épier toutes tes émotions, recueillir tous tes doutes, recevoir toutes tes confidences. J'espérais me nourrir de la douceur et de la sublimité de tes entretiens, te dévoiler à toi-même tout ce que ta modestie ignore en toi, réveiller ces hautes idées nées avec toi, mais qui peut-être sommeillent encore, et te montrer quelle reconnaissance nous devons tous deux au Dieu qui t'a créée.

Il paraît que ce sont des rêves ! — Nous ne serons jamais seuls, dis-tu, et par conséquent jamais ensemble ; car, pour être vraiment ensemble, il faut être seuls. Ajoute à cela que personne chez toi n'est capable de comprendre la langue que j'aimerais à te parler, comme à un homme de génie, et certes bien plus encore ; car une âme telle que la tienne est bien supérieure au génie. D'ailleurs cette langue, je te la parle ici, et je ne doute pas qu'elle ne te semble aussi claire qu'elle paraîtrait bizarre à des esprits limités et à des cœurs matériels.

Chère amie, il faut renoncer à transporter nos lettres dans nos conversations. Je n'en serai pas moins bien heureux, plus heureux que je n'aurais jamais osé l'espérer. Je te verrai, je te parlerai souvent, et est-il quelque bonheur au-dessus de celui-là, si ce n'est de te posséder, félicité dont je me figure à peine toute l'étendue, et qui cependant m'est promise.

Adieu, mon Adèle, ma femme bien-aimée, je pense que tu ne te plaindras pas de la brièveté de cette lettre. Tu dis que tu m'écris plus que je ne t'écris ; écoute, j'ai reçu de toi depuis le 8 octobre 1821, trente-deux lettres ; si tu as conservé par hasard les miennes à dater de cette époque, compte-les, et je suis sûr que tu reconnaîtras par cette preuve palpable combien ton reproche est peu fondé. Songe ensuite combien mes lettres sont longues. Leur longueur m'effraye tellement moi-même quelquefois que je doute que tu les lises en entier. Moi, je lis, je relis, je dévore les tiennes.

Adieu, quoique j'aie encore mille choses à te dire, adieu, mon Adèle adorée. Dors bien et donne-moi une pensée en t'éveillant, puisqu'il n'y aura de place pour moi dans tes rêves que lorsque j'habiterai mon colombier.

Encore une fois adieu pour t'embrasser.

Samedi (30 mars).

Je croyais trouver beaucoup de travail dans cette semaine et je n'y ai guère trouvé que beaucoup de bonheur. Ce n'est certainement pas moi qui croirai avoir perdu au change. Cependant, je serais plus content encore si j'avais pu réunir le travail et le bonheur. C'est ce qui aura lieu à Gentilly et c'est pour cela que je désire tant y être installé. Là, du moins, plus d'importunités, plus de visites, peu de lettres, tous mes jours seront à mon Adèle et à mes ouvrages.

Je t'ai vue cette semaine cinq jours, dimanche, lundi, mercredi, jeudi et vendredi. Certes, c'est l'une des plus heureuses dont je puisse conserver le souvenir. Mais pourquoi faut-il que tous les instants que je ne puis passer près de toi ne m'appartiennent pas? Il faut consumer en démarches ou perdre en conversations des moments précieux; cela m'afflige et de cœur et d'esprit; car, lorsque tu es absente, c'est dans une laborieuse retraite que je m'en aperçois le moins; il me semble que travailler pour toi, Adèle, c'est presque être en ta présence. Il est vrai que ces ennuyeuses démarches ont aussi mon Adèle pour but; par conséquent je ne dois pas m'en plaindre. Enfin tout cela finira, et il ne me restera de toutes ces petites contrariétés qu'une félicité immense et inaltérable.

J'envisage avec effroi les ennuis qu'entraînera pour moi la publication de cette ode et par suite celle de ce recueil, si je m'y décide définitivement. Je ne songeais pas à cela quand je parlais tout à l'heure du bonheur de Gentilly. Toutes ces maudites publications m'empêcheront encore de longtemps d'en jouir pleinement. Il faudra être si souvent à Paris pour voir les imprimeurs, parler aux libraires, presser les ouvriers, corriger les épreuves, etc., que je ne sais si cette seule considération ne m'arrêtera pas. Que me conseilles-tu, mon Adèle? Je ferai ce que tu me diras. Songe seulement que je ne te parle ici que des embarras indispensables et dont l'auteur ne peut se décharger sur personne. Que serait-ce si je te parlais de ceux qui suivent ordinairement l'impression?

Mais je suis décidé à ne rien faire pour aider au succès. Je considère comme indigne d'un homme qui se respecte cette habitude qu'ont adoptée tous les gens de lettres d'aller mendier de la gloire près des journalistes. Beaucoup de personnes trouvent cette délicatesse exagérée, mais je suis sûr que toi, tu ne me blâmeras pas. J'enverrai mon livre aux journaux; ils en parleront s'ils le jugent à propos, mais je ne quêterai pas leurs louanges comme une aumône. A cela on m'objecte qu'il est prouvé que les journaux peuvent faire le succès d'un mauvais ouvrage ou empêcher celui d'un chef-d'œuvre. Je réponds par des exemples que le tour qu'ils jouent au public n'a pas de longs effets et que le temps remet tout à sa place; ensuite, il m'est bien plus prouvé encore que l'homme qui va dire à un autre : *Louez-moi*, fait une chose méprisable. S'il invoque l'usage, je réponds que l'usage est méprisable ; et, juge-moi, mon Adèle, ai-je tort ?

D'ailleurs jusqu'ici je n'ai pas fait un pas pour moi près d'un journaliste, et c'est peut-être pour cela que les journalistes me témoignent quelque considération. On respecte celui qui se respecte. Je suis sûr, chère amie, que tu vas trouver ces idées toutes simples. Eh bien, croirais-tu qu'elles semblent extravagantes à une foule de gens qui ne sont pourtant ni fous, ni vils ? C'est ainsi que le monde adopte mille bienséances de convention qui, en principe, sont souvent stupides lorsqu'elles ne sont pas révoltantes.

Et, pour te parler ici d'un sujet qui nous intéresse tous deux, y a-t-il rien de plus ridicule que les prétendues convenances dont on environne la sainte cérémonie du mariage ? Dès le matin, on est assailli, fêté, ennuyé. On appartient à tous les indifférents, à tout le monde, excepté à l'être que l'on aime et dont on est le bien. Il faut absolument parler haut, rire aux éclats, comme si l'on pouvait plaisanter dans le bonheur. L'homme vraiment et profondément heureux est grave et serein, il ne se montre pas gai. Que lui importe tout ce qui l'entoure ! il jouit en lui, il jouit en une autre encore, mais voilà tout. Quand l'âme est ainsi inondée de félicité, elle craint de l'épancher au dehors ; elle ne cherche pas à échauffer les indifférents de sa joie, elle n'est expansive qu'avec l'âme qui lui répond et qui éprouve le même bonheur qu'elle. Les grandes émotions, Adèle, sont muettes. Le bonheur parfait ne rit pas; le malheur complet ne pleure pas.

Ces mystères intimes de notre organisation morale, chère amie, te sont aussi connus qu'à moi; mais il est étonnant qu'ils aient été révélés à si peu d'hommes. C'est que parmi nous l'esprit social altère l'âme naturelle.

Ainsi, par exemple, au lieu d'envelopper d'ombre et de silence le bonheur de deux jeunes époux, il semble qu'on n'ait pas assez de lumière et de bruit pour le troubler, et le troubler, c'est le profaner. Qu'importe les fêtes, les banquets et les danses à deux cœurs qui s'aiment et qu'on unit! Tout cela ajoute-t-il quelque bonheur à celui du mariage? N'est-il pas odieux qu'un ramas d'hommes souvent pleins de vice et de turpitude sachent précisément à quelle heure la vierge deviendra épouse? et qu'ils mêlent, même de loin, leurs conjectures grossièrement plaisantes aux plaisirs les plus permis et les plus sacrés?

Pardonne, chère amie, mais si j'étais le maître, rien ne se ferait ainsi. Un beau jour d'été, après avoir passé des heures heureuses ensemble, avec quelques vrais amis qui auraient encore été pour nous du superflu, nous irions le soir nous promener tous deux seuls dans les champs, pleins de rêveries douces et de délicieuses émotions. Une église de village se présenterait devant nous. Ton Victor t'y entraînerait, tu ne serais prévenue de rien, l'autel serait paré de fleurs, près de l'autel se retrouveraient et tes parents et nos amis, si oubliés dans notre promenade. Un prêtre arriverait et nous serions unis en un instant comme par enchantement. Alors tu pourrais venir te reposer dans mes bras de cette promenade faite à mon côté. Tout ce que nous aurions rêvé d'union pure, intime et divine dans la soirée, se réaliserait dans la nuit. Rien de profane ne se mêlerait à tant de choses sacrées. Le soir, nos amis joyeux respecteraient la paix angélique de notre félicité. Le lendemain matin, nul regard indiscret ne nous demanderait compte de nos plaisirs ; nulle parole importune ne sonderait le secret de nos âmes et de nos vies, ou plutôt de notre âme et de notre vie. Adèle, ce tableau de notre union me transporte ; si tu m'aimes, il ne te sera pas indifférent.

O mon Adèle, qu'importe tout ce que je dis ! Au milieu des accessoires les plus insipides, le jour de notre mariage n'en sera pas moins, avec le jour où j'ai su que tu daignais m'aimer, le plus beau jour de ma vie.

Adieu, ma noble, ma douce, ma bien-aimée Adèle. Ce n'est pas m'humilier que de dire que je ne suis pas digne de baiser la poussière de tes pieds. Je ne connais personne au monde qui en soit digne, et cependant, avec ton adorable bonté, tu me permets de t'embrasser, n'est-ce pas ?

Ton mari respectueux et fidèle.

Jeudi 4 avril.

J'espérais te voir ce matin à l'église; je t'ai attendue bien longtemps et bien inutilement. J'y retournerai à trois heures et, si je ne t'y vois pas, j'aurai du moins la consolation d'avoir fait pour toi ce que tu ne ferais certainement pas pour moi. Ce sera à la fois une consolation et une peine, car on voudrait toujours être aimé autant que l'on aime.

Tu te plains, chère amie, de ce que je t'écris, dis-tu, moins qu'autrefois. Cette plainte est loin de me sembler fondée. Si je m'écoutais, Adèle, je donnerais au bonheur de t'écrire tout le temps que je ne pourrais consacrer au bonheur de te voir. Mais ce serait de l'égoïsme, et tu serais la première à me rappeler que toutes mes heures doivent être employées utilement plutôt qu'agréablement et que je ne dois pas encore penser à passer tout mon temps aux choses qui me plaisent. Il me faut, je t'assure, beaucoup de courage pour ne pas t'apporter toutes les semaines un gros cahier où la même idée unique d'amour et de dévouement serait reproduite sous toutes les formes et dans toutes les phrases. Toutes occupations qui ne me ramènent pas directement à toi me sont insipides, et il faut qu'elles soient bien nécessaires pour que je me résigne à m'y livrer. Aussi, quand mes journées se sont bien ennuyeusement écoulées au milieu de ces affaires de tout genre qu'entraîne le souci d'une réputation et d'un état, je me récompense de mes peines en t'écrivant; je me repose en toi, mon Adèle, de toutes les fatigantes distractions qui se disputent ma vie. J'oublie alors qu'il existe autour de moi un monde, des hommes qui s'agitent dans le bien ou dans le mal, des événements qui s'écoulent, un ciel plein de nuages et d'étoiles, j'oublie tout pour ne penser qu'à celle qui peuple pour moi cet univers moral et physique où sans toi je serais comme dans un désert.

Dans ces moments d'oubli où domine ton seul souvenir, où ma pensée peut s'attacher sur toi pleinement, sans mélange et sans diversion, il me semble que je suis placé bien haut pour voir la terre. Alors, de même que je pleure de ce dont rient les hommes, je me sens la force de rire de ce dont ils pleurent. Je sépare alors distinctement l'animal humain de l'âme divine. Le mépris que m'inspirent les douleurs qui ne s'adressent qu'à la matière me rend plus sensible aux moindres des souffrances qui vont au cœur.

Adèle, toutes les choses dont se compose l'existence prennent une face nouvelle quand on aime. L'âme, placée dans l'amour qui est sa vie naturelle, acquiert alors de nouvelles forces pour observer le monde au milieu duquel elle est exilée. On devient indulgent, parce qu'on se pénètre de cette idée que, si l'on voulait être sévère, il faudrait l'être sans cesse. On reconnaît que bien peu de choses sur la terre méritent la haine et l'indignation, et qu'il faut apporter à la masse des hommes, en échange de ses bassesses et de ses folies, un peu de mépris et beaucoup de pitié.

Tu crains qu'il n'y ait de la dureté dans mes principes; mon amie, rassure-toi. Ce n'est pas à moi qu'il conviendrait d'être si impitoyable. Je sens combien je vaux peu, et je le sens surtout quand je te parle, à toi, mon Adèle bien-aimée. Tu ne saurais te figurer d'ailleurs dans quelle incroyable bienveillance j'enveloppe tous mes frères d'humanité. Je me suis accoutumé de bonne heure à rechercher dans le mal qu'on me fait le motif qui a poussé un homme à me faire ce mal. Alors ma colère d'un moment se change presque toujours en une longue et profonde compassion. Il m'arrive même assez souvent de trouver un principe louable dans la source d'une mauvaise action. Alors tu conviendras qu'on n'a guère de mérite à se consoler du tort reçu et à le pardonner. J'en reviens toujours à cette idée que je ne puis demander à des créatures vulgaires la perfection de mon Adèle. Après cette réflexion, il est tout simple que je sois indulgent. Il est remarquable, chère amie, qu'on ait souvent traité l'amour de folie, de démence, de maladie, etc. Eh bien! l'amour enseigne la plus belle des philosophies.

Je viens de te conduire dans des idées graves, mais parmi lesquelles ton esprit doit se retrouver comme dans une patrie; car je suis sûr qu'il n'y a rien de ce que j'exprime ici si faiblement que tu ne sentes comme moi et mieux que moi. Je ne dépose qu'en toi ces méditations intimes. Elles ne doivent être entendues que d'un cœur qui vive dans l'innocence et dans l'amour à la fois. Un enfant ne me comprendrait pas encore, un vieillard ne me comprendrait plus. C'est cette jeunesse de l'âme, Adèle, que nous conserverons toujours, si ton affection pour ton Victor est éternelle comme le sera sa tendresse pour toi.

Adieu pour aujourd'hui. Je vais à Saint-Sulpice. Y seras-tu ?

Vendredi (5 avril).

Je t'ai vue enfin hier au soir et j'en suis encore tout heureux. Quelle est donc cette puissance enchanteresse que tu exerces sur moi ! Quoique je te voie à présent bien souvent, ta présence produit toujours sur moi les mêmes effets avec la même force. Si je t'aperçois de loin, de très loin, comme je t'ai reconnue hier de la rue d'Assas, le cœur me bat et je double le pas comme lorsque je ne te voyais qu'à de longs intervalles, pendant de courts instants et grâce à des hasards longtemps épiés.

Mon Adèle, j'ai beau faire, je ne puis me figurer quelle ma félicité quand nous serons unis.

Pardonne-moi de te répéter si souvent la même chose, mais je n'ai qu'une pensée et à qui la dirais-je si ce n'est à toi ?

Adieu pour aujourd'hui. Je vais m'occuper de faire ma malle pour cette retraite où tant de bonheur m'est promis. Ce soir, j'irai m'ennuyer à quelques visites d'adieu. Et demain le jour sera beau dès mon lever, car je passerai ma matinée à t'écrire et ma journée près de toi.

Adieu, adieu ! je ne veux pas commencer une autre ligne, car il n'y aurait pas de raison pour que je finisse, tant il me coûte de laisser du papier blanc !

Samedi matin (6 avril 1822).

J'ai été très affligé et très indigné dimanche, chère amie, en entendant de quelles infamies on avait souillé dans ton esprit la mémoire de ma mère. Je t'ai suppliée de n'en rien croire, je t'en ai conjurée parce qu'il m'importe que celle qui partagera ma vie ne pense pas mal de celle à qui je dois cette vie. Songe, Adèle, si tu as quelque estime pour ton Victor, que la femme qu'on accuse d'une si vile calomnie envers une jeune fille, est celle qui m'a nourri, qui m'a élevé ; si cette considération n'est rien pour toi, songe de quelles nobles vertus cette mère nous a donné l'exemple au milieu des plus grandes douleurs.

Ma mère se plaignait peu, et pourtant elle a beaucoup souffert. Aussi, en inspirant à ses enfants l'horreur du vice qui faisait le malheur de toute son existence, elle répétait souvent que son malheur même ferait le bonheur de celles que ses fils épouseraient. Hélas! elle n'a pu être témoin de l'accomplissement de sa prédiction. Je suis fâché, mon amie, que tu ne m'aies pas parlé plus tôt de l'imposture imaginée sans doute pour me perdre dans ton estime, la tête de ma mère aurait été plus tôt déchargée de cet odieux mensonge. Car, chère amie, je ne doute pas que maintenant tu n'aies réfléchi au peu de fondement d'une telle accusation. Je ne m'y appesantirai donc pas. Je te dirai seulement que jamais je n'ai entendu ma mère parler de ta famille ou de toi avec colère à un étranger; *au contraire*, elle ne se servait que de paroles d'estime et d'amitié quand le hasard mêlait votre nom à une conversation, ce qui à la vérité arrivait très rarement.

Je te dirai encore avec la même franchise que lorsque ma mère était seule avec moi, et qu'elle me voyait toujours triste, morne et abattu, elle exhalait quelquefois sa douleur en plaintes contre moi et contre toi; mais dès qu'elle s'apercevait que ma tristesse ne faisait qu'en redoubler, elle se taisait. Je conviens encore qu'elle a fait tout ce qu'elle a pu *loyalement* pour te bannir de mon souvenir; elle a cherché à me livrer aux dissipations du monde; elle aurait voulu que je m'enivrasse des jouissances de l'amour-propre; pauvre mère! elle-même avait mis dans mon cœur le dédain du monde et le mépris du faux orgueil. Elle voyait bien que tout échouait sur moi, parce que j'avais placé ma vie ailleurs que dans les joies qui passent et les plaisirs qui s'évanouissent. Je ne parlais jamais de toi, mais elle lisait dans mes yeux que j'y pensais sans cesse.

Pourquoi cette noble mère a-t-elle été ambitieuse pour moi? Pourquoi a-t-elle rêvé pour son fils une prospérité qui n'est pas le bonheur? Cette sagesse lui a manqué entre toutes les sagesses qui réglaient sa conduite; elle a oublié que l'âme ne se nourrit pas de richesses et d'honneurs et que la vie perd toujours en félicité ce qu'elle gagne en éclat.

Ce sera une grande leçon pour moi un jour que cette erreur de ma mère. Je ne préférerai point les projets calculés et les froides espérances que mon âge mûr aura conçus pour mes enfants à leurs affections, aux penchants qui s'empareront de leurs cœurs, pourvu toutefois que je sois sûr de la pureté de ces penchants et de la noblesse de ces affections. Je tâcherai de les diriger d'après mon expérience pour leur plus grand bonheur, mais jamais je n'essaierai de détruire ce qui est indestructible, un amour vertueux dans un être pur.

Adèle, ma bien-aimée Adèle, tu partageras ces soins, tu m'aideras de tes conseils, et si jamais (ce qui est impossible) j'oubliais ce que je dis ici et que je voulusse sévir contre une passion innocente, tu me rappellerais, toi, ma douce Adèle, ce que le mari de vingt ans promettait pour le père de quarante.

Ce sera, n'est-il pas vrai? une chose ravissante que d'étudier chez nos enfants les progrès de ce que nous aurons éprouvé nous-mêmes, de les voir recommencer doucement toute l'histoire de notre jeunesse. Alors, chère amie, nous pourrons dire, comme ma noble mère, que nos souffrances feront leur bonheur.

Adieu, mon Adèle, je vais te voir dans quelques instants. Ce soir j'habiterai sous le même toit que toi. Embrasse-moi pour tant de bonheur. Adieu, ma femme, adieu, mon Adèle adorée, je t'embrasse mille et mille fois.

Ton fidèle Victor.

SÉJOUR A GENTILLY

Ce lundi, cinq heures du matin (6 mai).

Comment peux-tu, Adèle, me dire que je ne suis plus heureux de t'écrire, moi qui y passerais, si j'osais, tous les moments que je ne puis passer près de toi, afin de ne faire que changer de bonheur. Je ne puis croire en vérité que ce reproche soit sérieux de ta part. Faut-il tout te dire? C'est pour moi une jouissance si vive de t'écrire qu'ensuite tout travail me devient insipide et à peu près impossible. D'une émotion si douce et si profonde, comment veux-tu que je passe froidement à des émotions étrangères? Comment veux-tu que je songe à peindre des félicités ou des maux imaginaires quand je suis encore plein de ma propre tristesse ou de ma propre joie? Ne m'accuse pas, mon Adèle; tu ne connais pas ce supplice singulier d'appliquer violemment son imagination à mille choses différentes et indifférentes quand notre être tout entier est invinciblement absorbé dans un seul souvenir et dans une seule pensée. A la vérité, c'est toujours à toi que je ramène tous mes ouvrages, c'est toujours de toi que descendent toutes mes inspirations; mais si ton image préside à toutes mes idées, la nature nécessairement variée de ces idées fait souvent qu'elle ne peut y présider que de loin, et cela ne me suffit qu'à moitié. Maintenant, chère amie, ne va pas me gronder de toutes ces confidences, et surtout ne me fais plus le plus injuste de tous les reproches, celui de ne pas trouver de bonheur à la chose qui, après ta vue, m'en procure le plus au monde. O mon Adèle, quand donc croiras-tu à tout mon amour?

Tu me rappelais dans ta dernière lettre qu'il y avait longtemps que je ne t'avais parlé de t'écrire. Ce silence qui me coûtait beaucoup venait uniquement de ce que, sachant qu'ici tu étais constamment avec ta mère, je craignais de te paraître inutilement importun. Je ne te cacherai pas que ta plainte, quoique non fondée, m'a fait plaisir; j'ai vu avec joie que tu avais remarqué ce qui m'avait été si pénible; et j'avoue que j'aurais été vivement affligé si tu avais passé trois semaines sans m'écrire et sans t'en apercevoir. Moi-même, en t'écrivant, je me laisse en ce moment entraîner et je ne m'aperçois pas que la matinée ne doit pas s'écouler sans que j'aie travaillé pour mon Adèle. Mon seul bonheur à présent, mon Adèle bien chère et bien injuste, serait de pouvoir te parler sans cesse quand je suis près de toi et t'écrire toujours quand j'en suis loin. Mais, hélas! il faut toujours se priver de ce qu'on désire le plus.

Adèle, si tu doutes encore de mon amour, je ne demanderai plus au ciel qu'une chose, c'est qu'il te montre une fois mon âme à nu, telle qu'elle est dans son inexprimable tendresse pour toi, et qu'il me laisse mourir ensuite. Adèle, Adèle, nul au monde, pas même ta mère, ne t'aime d'un amour qui approche seulement à une distance immense du mien. C'est qu'à la vérité, nul ne te connaît comme moi.

O combien je t'aime! Embrasse-moi. Viendras-tu ce matin? Plus je te vois et plus j'ai besoin de te voir. Adieu, adieu, ma femme adorée. Réponds-moi si tu peux, je t'en supplie. Ta douce lettre d'hier m'a donné tant de bonheur!

Ce mardi matin.

Tu veux que je t'écrive avant tout, chère amie! Tu comptes donc bien sur ma pauvre raison pour croire qu'après avoir goûté dès le matin du bonheur de t'écrire, je pourrai faire autre chose toute la journée.

En t'écrivant dès à présent, je commence par où l'on devrait toujours finir, car ce bonheur serait la récompense de mon travail ce soir, tandis qu'il va me rendre au contraire le travail bien pénible tout à l'heure, par le contraste qui s'établira nécessairement en moi.

Il faudra cependant avoir la force de m'arracher à toi, mon Adèle, pour je ne sais quelle insipide correspondance et cet éternel roman*. Quand donc seras-tu là, près de moi, pour donner du charme et de l'attrait à ces ennuyeuses occupations!

Pourtant, chère amie, quand j'y songe, je me demande s'il est bien vrai que j'aurai la force de m'y livrer quand tu vivras sans cesse avec moi. Il me semble qu'il me faudra un courage surnaturel pour ne point passer toute ma journée dans tes bras; il me semble que je ne pourrai m'empêcher d'employer

---

* Han d'Islande.

tous mes instants à te caresser, à te couvrir de baisers et d'embrassements. Ange, dis-moi, comment veux-tu, quand je serai libre de jouir à toute heure de cette enivrante félicité, comment veux-tu que je me la refuse? Ce sera toi, Adèle bien-aimée, qui me repousseras quand ce sera nécessaire, car jamais, non jamais, je ne remporterais une si triste victoire sur moi-même.

Il est vrai, chère amie, que le désir de te voir riche, heureuse, bien heureuse, est tout-puissant sur moi, et tu n'auras qu'à me le rappeler d'une seule parole pour que je me prive sur-le-champ de la plus douce des félicités. — Je veux garder un peu de celle de t'écrire pour ce soir. Ainsi, adieu pour l'instant.

Cinq heures un quart de l'après-midi.

Chère amie, je viens de travailler et je vais attendre en t'écrivant le moment si heureux où je te verrai; je t'avoue qu'en pensant que je suis encore séparé de toi par tout le temps qu'il faut pour remplir cette page et demie, je ne puis la mesurer de l'œil sans un certain effroi. C'est que le bonheur de t'écrire est encore si différent du bonheur de te voir! Je ne sais, mais plus je te vois, plus je sens combien ta vue est nécessaire à mon existence; chaque jour je me dis qu'il est impossible d'être plus parfaite que tu ne l'es, et chaque soir je me couche avec l'idée que j'ai découvert en toi une perfection nouvelle. Il y a si longtemps que cela dure, mon Adèle, que cette seule preuve suffirait pour démontrer que mon amour pour toi ne finira jamais. Oh! si tu m'aimes, que nous serons heureux !

Quand ma pensée se reporte aux temps douloureux qui sont passés pour nous et que je les compare à la félicité dont je suis si près de jouir, je suis merveilleusement frappé de l'espace que la vie peut parcourir en si peu de temps. Je croyais qu'il y avait plus loin du fond du désespoir au faîte du bonheur. Et quand j'envisage, du point où je suis actuellement arrivé, la situation où j'étais il y a un an, je suis comme le voyageur qui s'effraie de l'abîme dont il vient de sortir.

Je me dis souvent : Peut-être avons-nous encore bien des épreuves à subir, bien des contrariétés, bien des malheurs même à supporter ; mais il est impossible que cet effroyable passé revienne pour nous. Nous avons payé par assez d'afflictions un heureux avenir, et l'on n'essuie pas deux fois de semblables malheurs sans mourir. Que nous importe donc les peines qui peuvent nous attendre maintenant ! N'est-il pas vrai, ange bien-aimée, que les souffrir ensemble, ce ne sera pas souffrir ? Ah! si tu m'aimes, Adèle, tu ne me démentiras pas. Oh oui! tu m'aimes, mon Adèle adorée, tu m'aimes, puisque je vis.

Ce dimanche matin (12 mai).

Après la mauvaise nuit que je viens de passer, je veux du moins passer une douce matinée, mon Adèle bien-aimée, à t'écrire pendant que tu m'écris. Hier soir, en te quittant, je ne m'attendais pas à avoir une bonne nuit, j'étais tourmenté d'une trop vive agitation. Cependant, pour ne pas te désobéir, j'ai résisté à la tentation de rester jusqu'au jour à t'écrire, et je me suis couché pour essayer de dormir. Alors tout ce qui venait d'avoir lieu entre nous m'est revenu ; j'ai pensé avec amertume à tes larmes que j'avais encore fait couler et au récit effrayant que tu m'avais fait sur cette fatale carrière. Juge, mon Adèle, de la nuit que j'ai passée.

Hélas ! c'est une idée qui me poursuivra bien longtemps que celle d'avoir pu involontairement pousser jusque-là l'âme de ma douce et adorée Adèle. Quand je songe à toutes les circonstances que tu m'as racontées, je frissonne. Toi mourir, ange ! et qu'as-tu donc fait pour mourir ? Et à cause de moi, grand Dieu ! de moi dont toute la vie ne vaut pas une de tes larmes ! Grand Dieu ! grand Dieu !...

Je viens de m'arrêter un moment afin de penser à autre chose, car ces idées me brisent. Cela m'a été impossible. Toutes les douleurs de ma nuit me reviennent; en vain tu m'as souri en me disant adieu, en vain je songe à ta charmante lettre que j'ai lue et relue hier au soir, que j'ai couverte de baisers; une douloureuse préoccupation m'accable. Je voudrais te parler de notre bonheur, de ce bonheur si enivrant et si près de nous, et je songe à quoi il a tenu qu'il ne fût hier détruit pour jamais. Sur quoi faut-il donc compter dans la vie ?

Quoi! mon Adèle, tu as eu un moment l'idée de laisser ton Victor seul sur la terre et d'ajouter le veuvage à son isolement d'orphelin ! Si tu as été assez cruelle pour concevoir cette idée affreuse, je te préviens qu'elle aurait été trompée, car je n'aurais pas survécu quatre minutes à celle qui est ma vie et mon âme. Je serais mort dans le même instant et de la même manière, afin d'être sûr de te suivre, quel que fût ton sort, dans l'éternité.

Hélas! je voudrais chasser toutes ces pensées qui m'obsèdent depuis des heures, et je suis impuissant contre moi-même. Adèle, oh! que je voudrais te voir en ce moment, te presser dans mes bras, m'assurer qu'elle est bien là, près de moi, qu'elle est bien vivante, celle sans qui je ne puis vivre! Il n'y a que ta présence qui puisse me calmer. Jusqu'à ce que je te voie, il faut me résigner. Mais je vais te voir bientôt. Que ce *bientôt* est triste, quand j'ai besoin de te voir tout de suite !

Tu me souriras, n'est-ce pas, mon Adèle ? Dans ce moment où je suis si seul, je pense à ce sourire comme à la félicité des anges ; il me semble qu'il me guérira de tout ce que j'ai souffert cette nuit.

Que fais-tu en ce moment ? Pourquoi n'es-tu pas près de ton Victor qui a besoin de toi ? Viens, qu'il se rassasie de ta vue. Je suis, Adèle, altéré de te voir et j'en suis fou.

Comment ! tu m'aimes donc, toi qui es pour moi un être plus divin que la divinité même ! Et, dis-moi, est-ce que je suis digne de tant de bonheur ?

Prends pitié de moi, Adèle, car tout ce qui me vient de toi m'enivre de ravissement ou de désespoir.

Adèle, Adèle, mon ange adoré, je vais te voir, je pourrai baiser des lignes que tu auras tracées, un papier que tu auras touché ! Adieu, je ne me plains pas quand je songe à tout cela. Adieu, je t'embrasse et je t'adore.

Dix heures du soir.

Tu ne sais pas, ange, tu ne sais pas, ma bien-aimée Adèle, avec quel profond sentiment de douleur je t'écris, maintenant que je suis seul, seul avec moi-même et avec l'idée que ce sont d'autres soins que les miens, d'autres caresses que les miennes qui soulageront tes souffrances, qui tariront des larmes dont je suis cause. Hélas! je suis bien à plaindre, moi qui suis seul à dévorer mes peines, moi qui te fais pleurer, Adèle, et ne puis te consoler. O mon Adèle, que ne puis-je arracher en ce moment mon cœur pour te le montrer à nu, tu verrais si c'est une torture cruelle pour un *étranger*, pour un orphelin, qui a attaché toute son existence à un seul être, qui l'aime d'un amour infini, qui donnerait toute sa vie pour un de ses sourires ou pour une de ses larmes, de faire couler les pleurs de cet ange et d'être le seul auquel on refuse le droit de les essuyer de ses baisers.

Que fais-tu dans ce moment, mon ange adoré? tu pleures, tu souffres, et c'est pour moi! et je ne suis pas là! Plains-moi, car n'est-il pas vrai que je suis encore plus malheureux que toi? Toutes mes douleurs restent sur moi, mais je les voudrais mille fois plus pesantes et plus amères encore pour t'épargner, à toi, bien-aimée Adèle, la moindre contrariété. Oh!

avec quelle vérité je ne cesse de m'offrir à chaque instant tout entier en sacrifice pour la moindre partie de ton être ! je considère ton bonheur comme le but de ma vie ; je ne suis sur la terre que ton bouclier ; ma tâche n'est pas comme celle de tous les autres hommes de songer à mon repos et à ma félicité personnelle, mais uniquement de détourner sur moi tous les chagrins qui te seraient destinés. Juge, chère amie, de ce que je dois éprouver quand je vois qu'au lieu de te garantir de quelques souffrances, j'en attire sur toi de nouvelles.

Ainsi l'inquiétude que tu m'as avouée avec une tendresse angélique qui m'aurait enivré de bonheur dans tout autre instant, n'est pas la seule cause de tes larmes. Adèle, je dois pour ma punition m'accuser devant toi de ce que ta générosité n'a pas voulu me reprocher. Je veux parler de ma conduite avec toi depuis l'heure du dîner. Je n'essaierai pas de me justifier, je me condamne sans appel, puisque tu as pleuré. Cependant, écoute, et tu vas voir que ce qui t'a affligée n'avait encore sa source que dans un excès d'amour, qui m'exagère la moindre peine qui me vient de toi.

Lorsque tu descendis dans le jardin un moment après moi, je remarquai que tu m'évitais avec un soin qui me parut de l'affectation ; néanmoins je changeai de direction pour te rencontrer ; même persévérance opiniâtre de ta part à me fuir. Cela me sembla une bien forte marque d'indifférence ; je ne dirai pas ce que j'en éprouvai, je ne me suis pas plaint et je ne me plaindrai pas. Au moment du dîner, je t'abordai, nous venions de passer séparés trois quarts d'heure que nous aurions pu passer ensemble, et je te retrouvai gaie. Je résolus de répondre à tant de froideur par une froideur apparente. Pardonne-moi, Adèle, je suis bien coupable.

Après le dîner, nouvelle séparation. Je passai quelques heures bien tristes. A mon retour, tu me parus encore gaie, et ta mère me dit que tu l'avais été en effet pendant toute cette visite. Mon Adèle, rarement mes émotions se peignent sur mon visage, mais elles n'en sont peut-être que plus profondes. Ta gaîté me désola. Résolu de répondre à l'indifférence par un air d'indifférence, je n'eus pas de peine à paraître triste. Tu sais le reste.

A présent, je me mets à genoux devant l'ange qui me pardonne toujours et je lui demande pardon encore pour cette fois. Hélas! j'ai tant souffert ce soir! C'est quand je suis seul que je sens combien je suis isolé. Moi, qui de tous ceux qui t'entourent devrais en ce moment être le plus près de toi, j'en suis le plus éloigné. Je suis bien malheureux!

Samedi (25 mai).

J'ai passé hier une heureuse journée. Ces fatigues pour toi et près de toi m'étaient douces. Quand ta lèvre pure approchait la mienne, quand ta douce main se posait sur mon front et en essuyait la sueur, Adèle, je n'aurais pas donné ces moments-là pour toutes les félicités de la terre et du ciel. J'ai quelquefois des instants de bonheur enivrants. Je me demande alors ce que j'ai fait pour les mériter, et je trouve que je vaux bien peu et que j'ai bien peu souffert pour obtenir le bel avenir qui est devant mes yeux. Je ne suis digne de toi, mon Adèle adorée, que parce que je sens profondément que nul n'en serait digne. Du moins as-tu en moi un mari qui t'appréciera et qui t'honorera comme tu dois être honorée et appréciée. Ce qui me fait croire quelquefois que je suis un peu supérieur aux autres, c'est qu'il ne leur est pas donné comme à moi de sentir ton angélique supériorité. Il y a donc une faculté dans mon âme qui n'est pas dans la leur. Mais, du reste, que suis-je pour partager ta vie? Et cependant, Adèle, je la partagerai. Non, je ne puis comprendre comment tant de néant peut mériter et sentir tant de bonheur.

Je vais te voir dans peu d'instants; dans peu d'instants je saurai si ta nuit a été paisible, si tu as pensé à moi en t'endormant et en t'éveillant, si tu as un peu désiré pendant cette longue matinée de voir arriver l'heure qui doit me ramener près de toi. Adèle, pour moi, ce sont là toutes les idées qui remplissent ma vie ; ou plutôt c'est là toute mon idée unique. *Pense-t-elle à moi? A-t-elle pensé à moi?* Et si jamais une voix intérieure me répondait *non*, si jamais je cessais d'avoir la conscience que tu m'aimes, Adèle, alors je m'éteindrais naturellement parce que mon existence n'aurait plus d'aliment, parce que mon âme n'aurait plus rien à faire parmi les âmes des hommes. Prends garde, mon Adèle, car ce que je te dis là est bien vrai et je ne crois pas que tu puisses jamais désirer ma mort.

Adieu, ange, mon ange adoré. Je t'embrasse tendrement. Réponds-moi le plus tôt que tu pourras. Adieu.

Je voudrais, mon Adèle adorée, pouvoir te dire tout ce qui se passe dans mon âme en ce moment. Tu ne me répéterais plus, comme tu le fais trop souvent, que tu es *malheureuse*. Je voudrais pouvoir saisir la vague et douce rêverie où me jette cet instant de délice sitôt passé...

Oh! quand donc, ange, m'appartiendras-tu devant les hommes? Quand pourrai-je à chaque instant du jour jouir de la félicité qui vient de m'échapper comme un songe, et d'un bonheur plus grand encore! Je crois à peine, à la vérité, que ce soit possible, mais cela sera pourtant; car un jour viendra où les alarmes de mon Adèle bien-aimée n'arrêteront plus mes caresses et où peut-être elle daignera répondre à celles de son mari. Oh! est-ce que je ne mourrai pas de bonheur alors?

Je voudrais que tu puisses savoir quel idolâtre dévouement prosterne tout mon être devant le tien, avec quel sentiment profond de respect et d'amour je baiserais la poussière de tes pieds. Oui, Adèle, rien de tout cela n'est exagéré, ce sont des vérités bien trop faiblement exprimées. Qu'ai-je donc fait de digne d'un Dieu pour être aimé de cet ange, de mon Adèle adorée?

Adieu, mon bien, ma vie, ma joie, adieu. Je t'embrasse et je t'embrasse encore.

Mardi matin (28 mai, Paris*).

Je viens de m'éveiller, mon Adèle, tout triste de ne pas m'éveiller dans la même maison que toi. Tu ne saurais croire combien les jours que nous passons à Paris me paraissent longs et insupportables. Toutes mes heures sont désertes, toutes mes journées sont vides, quoique remplies d'une foule de distractions qui ne me suivent certes pas à Gentilly. Hélas! Adèle, quand donc t'aurai-je sans cesse près de moi! En ce moment tu es loin de ton Victor, d'autres t'occupent, tu ne penses plus à notre bonheur de Gentilly, tu ris peut-être; et celui dont tu absorbes toutes les pensées est ici seul, triste, et ne songeant qu'avec ennui au moment où il faudra cesser d'être seul et de paraître triste.

Avant-hier, à pareille heure, que j'étais heureux! Pourquoi des moments comme ceux-là passent-ils? Pourquoi deux êtres qui s'aiment ne peuvent-ils pas couler ainsi toute leur vie dans les bras l'un de l'autre? Adèle, oh! je veux croire que cette félicité nous sera donnée, je veux le croire; car autrement je fuirais devant ce long avenir qu'il me reste encore à parcourir. Mais pourquoi, si ce bonheur est réservé à ton Victor, n'en jouit-il pas dès à présent? Est-ce

* De temps en temps leurs affaires appellent à Paris pour des journées Victor et la famille Foucher.

que cela dérangerait quelque chose aux destinées des autres hommes que la nôtre se fixât promptement? Qu'importerait à Dieu que notre éternité de bonheur commençât trois ou six mois plus tôt?

Quand je pense à tout cela, je suis prêt à murmurer comme un insensé. S'il a été fait une exception, elle est pour moi, et je me plains! Mais dis-moi, ma bien-aimée Adèle, n'est-il pas excusable de se livrer à l'impatience quand on attend le jour où l'on unira une vie jusqu'alors si tourmentée à celle de l'ange le plus pur qui ait jamais existé? Oui, Adèle, il est impossible d'exagérer en parlant de toi, comme en parlant de l'amour que tu mérites et que tu m'inspires.

Hélas! et cependant j'ai encore fait couler tes larmes avant-hier... Ange! en de pareils moments je suis bien coupable, mais crois que je suis encore bien plus malheureux. Je ne puis te dire ce qui se passe en moi quand je vois cette Adèle adorée pleurer à cause de moi. Et si cela arrive au milieu d'un moment de bonheur, oh! alors, ce que j'éprouve est au-dessus de toute expression. C'est du ciel et de l'enfer.

Adieu pour ce matin, mon Adèle; je vais bientôt te voir pendant quelques minutes; c'est un bonheur que je savoure longuement d'avance.

Mercredi soir (29 mai, Paris).

Que ne peux-tu savoir, dès à présent, chère amie, combien ce peu de mots de toi m'a fait de bien ! Tu en serais contente, car tu m'aimes et il doit t'être doux de voir avec quelle passion je t'aime de mon côté. Ne me dis plus pourtant que jamais je ne comprendrai à quel point tu m'aimes. Quelle affection ne dois-je pas comprendre, Adèle, moi qui t'aime d'un amour éternel et infini ? Aime-moi autant que je t'aime, ange, et nous aurons le bonheur le plus parfait que puisse contenir la vie.

Comment peux-tu craindre que je t'abandonne jamais si j'avais le malheur de voir tout ce que j'aime au monde malade ? Grand Dieu ! Adèle, il faudrait m'arracher de force de ton lit de douleur, et si l'on me repoussait aussi impitoyablement, on me verrait nuit et jour couché devant ta porte. Oh ! non, tu ne recevrais rien, n'est-ce pas, que des mains de ton Victor ? Tu supplierais avec lui tes parents de ne pas lui ôter la seule consolation qui puisse l'aider à supporter d'aussi cruelles inquiétudes, celle d'être continuellement et constamment auprès de ton lit, d'y veiller, d'y vivre. Et comment pourrais-je supporter qu'une main étrangère environne de soins, à défaut de moi, celle qui est pour moi certes bien plus que moi-même ? Et cela dans le moment même

où elle et moi aurions le plus besoin l'un de l'autre !
Non, mon Adèle bien-aimée, cela ne sera jamais.
Ton mari sera jusqu'à et après ta mort, ton compagnon de joie et de douleur. C'est cette idée qui remplit toute son âme et il s'y livre avec confiance.

Adieu, mon Adèle adorée, j'achèverai demain.
Je vais baiser ta lettre et tes cheveux, cela m'aidera peut-être à dormir comme j'espère que tu dors en ce moment.

Jeudi matin.

Je ne te dirai pas que je veux que ma première pensée soit pour mon Adèle, car pensant ou rêvant continuellement à toi, je ne puis t'offrir ni première ni dernière pensée, mais seulement la pensée unique qui domine toute mon âme et toute ma vie. Et toi, mon Adèle, as-tu bien dormi ? Qu'il me tarde de te voir, de lire ce que tu m'as écrit hier au soir ! J'espère que tu n'as plus de chagrin ou du moins que tu n'en auras plus ce soir quand je te verrai. O mon Adèle, je ne te verrai donc que ce soir ! Je m'étais fait une habitude du bonheur de te voir souvent tous les jours, et cette habitude si douce me rend bien malheureux à Paris.

Mercredi matin (5 juin, Gentilly).

Mon Adèle bien aimée, je veux la première fois que je te verrai me mettre à tes genoux et baiser la poussière de tes pieds. Si tu savais quel bien me font tes lettres, quel courage elles me donnent, tu passerais à m'écrire tous les moments que nous ne passons pas ensemble. Moi, je voudrais quand je t'écris laisser aller ma plume selon mon cœur. Il me semble quand je me mets à cette douce occupation qu'il me sera facile de te dire tout ce qu'il y a dans mon âme; mais je suis étonné tout à coup de ne pouvoir rendre ce que j'éprouve et de chercher vainement des paroles assez fortes pour ce que je veux te dire. Adèle, tout ce que je sens à ta seule pensée est inexprimable. Tu remplis mon âme comme si j'avais une divinité, un ciel, pour moi à part sur la terre. Je voudrais quelquefois t'adorer d'un culte d'idolâtrie, ô mon Adèle. Tu m'inspires tous les sentiments tendres, nobles, généreux qui composent ta nature. Je te respecte, je te vénère, je t'estime, je t'admire, je t'aime comme on adore, et, quand tu me dis de te répéter souvent que je suis ton mari, juge quelle est ma joie et mon orgueil.

Oh! oui, je suis ton mari, ton défenseur, ton protecteur, ton esclave; le jour où je perdrais cette conviction, je suis certain que mon existence se dissoudrait d'elle-même, parce qu'il n'y aurait plus de base à ma vie. Tu es, Adèle, le seul être sur lequel puisse jamais reposer tout ce qui désire, tout ce qui aime, tout ce qui espère en moi, c'est-à-dire mon âme tout entière.

Je t'en conjure, si c'est quelque chose pour toi que de m'épargner une vive douleur, ne me répète plus, ange, que les preuves de tendresse et de dévouement que tu daignes me donner peuvent m'inspirer un autre sentiment que celui de la reconnaissance la plus profonde et la plus respectueuse. Si tu savais quel est mon bonheur quand je vois celle à qui j'ai confié tout mon avenir se confier de son côté à moi; quand tu places sans crainte ton corps si pur et si virginal dans mes bras, il me semble que c'est la plus haute preuve d'estime que tu puisses me donner, et combien je suis fier de me sentir estimé d'un ange tel que toi! Aussi ton mari espère-t-il que tu ne seras pas inexorable et que tu ne lui refuseras pas, si tu l'aimes, encore quelques matinées comme la bienheureuse d'avant-hier. Je te prierai tant!

Adieu. Je vais courir toute la journée pour nos affaires; il m'est bien pénible de penser que tu sortiras aussi et que je ne serai pas près de ma femme. Plains ton pauvre Victor.

Samedi (8 juin, Gentilly).

Oh ! console-moi toujours ainsi, bien-aimée Adèle, des larmes que tu me feras verser. Je ne donnerais pas maintenant pour le bonheur des anges la douleur, à la vérité bien amère, que tu m'as causée, puisqu'elle m'a valu une lettre si douce et des consolations si tendres.

Chère amie, oui, cette douleur a été bien vive. Les larmes me font bien mal. Ceux qui pleurent aisément sont soulagés quand ils pleurent ; moi, je n'ai pas ce bonheur. Celles de mes larmes qui peuvent sortir sont celles qui me soulagent; mais presque toutes me restent sur le cœur et m'étouffent. Une mère, qui a prévu le cas où l'on est seul dans la vie, m'a accoutumé dès l'enfance à tout dévorer et à tout garder pour moi.

Pourtant, Adèle, il m'est bien doux de m'épancher en toi. Endurées pour toi, les fatigues et les souffrances ne me sont rien ; mais si je te vois quelquefois les deviner et les plaindre, alors, mon Adèle adorée, elles me sont chères et précieuses.

Lundi, dix heures du soir (17 juin, Paris).

Tu souffres en ce moment, mon Adèle bien-aimée. Puisque je ne puis te voir, je vais t'écrire. Peut-être demain cette lettre inattendue te procurera-t-elle un instant de plaisir. Hélas ! je suis bien à plaindre de ne pas être près de toi dans un moment où tu aurais besoin de soulagement. Que ceux qui t'entourent sont heureux !

O mon Adèle, si tu savais avec quel serrement de cœur je viens de revoir cette chambre déserte, si loin de celle où tu vas dormir ! C'est toujours pour moi une douleur nouvelle que de quitter ce cher Gentilly, où, cependant je suis loin d'être pleinement heureux.

Tu m'as fait bien des chagrins aujourd'hui, mais, puisque tu es malade, je ne te reprocherai rien. Pourtant, je n'ai pu m'empêcher de remarquer avec douleur, dans cette voiture, que tu as eu les yeux fermés pendant presque tout le chemin. Grand Dieu ! mon Adèle, je ne t'accuse pas, tu étais souffrante, et, si cela te soulageait, tu as bien fait. Seulement, si j'avais, moi, souffert à ta place, il me semble que c'est en fixant mes regards sur toi que j'aurais cru me guérir. Quoi qu'il en soit, chère, bien chère amie, je te le répète, si cela t'a soulagée, tu as bien fait de me fermer tes yeux; et, pourvu que je retrouve demain soir ma femme tout à fait bien portante, je ne me plaindrai pas.

Adieu pour ce soir, mon Adèle adorée. J'espère que tu dors, reçois mille baisers de ton pauvre mari qui est vraiment bien triste.

Vendredi matin (21 juin, Gentilly.)

Pourquoi, Adèle, ne pas nous rendre mutuellement compte de nos impressions sans hésitation et sans détour? Est-ce qu'il doit y avoir dans nos cœurs une pensée de l'un qui soit cachée à l'autre. Hélas! malheur à nous s'il en est jamais ainsi! Vois si ton Victor te dissimule une seule des émotions qui lui viennent de toi, soit douce, soit douloureuse. Je me croirais coupable d'agir ainsi.

Mon plus grand désir, Adèle bien-aimée, serait que tu pusses connaître mon âme comme tu connais la tienne. Tu saurais qu'il n'est pas, je ne dis pas une seule des émotions de mon cœur, mais un seul des mouvements de tout mon être qui ne soit dirigé vers toi. Même absente, je te cherche de l'âme et du regard; quelquefois je t'appelle à haute voix avec des transports convulsifs. Si j'apprends que je puisse te voir passer de loin dans quelque rue, rien ne m'arrête et je reste des heures entières à épier ton passage, souvent inutilement; si tu parais, je te suis, toujours prêt, quoique éloigné de toi, à te défendre, à te sauver de je ne sais quels périls imaginaires que je crains toujours pour toi. Tu le vois, Adèle, je te dévoile sans pitié pour moi-même toute ma folie, dont tu vas peut-être rire.

Oh non! n'est-il pas vrai, mon Adèle adorée, que

tu n'en riras point? Mais n'est-il pas vrai aussi que désormais tu ne m'accuseras plus de ne pas t'aimer? Songe à toutes mes paroles, à toutes mes pensées, à toutes mes actions, Adèle, et conviens que c'est une légèreté bien cruelle que de m'avoir fait ce reproche.

Quatre heures et demie.

Dans peu de temps je te verrai. Que ce peu de temps me semble long! Du moins en passerai-je une partie à t'écrire, et cela en adoucira l'ennui.

J'ai encore couru aujourd'hui toute la journée. Il faut bien des pas inutiles pour en faire un utile. Quelqu'un m'a dit aujourd'hui : « Vous avez tout ce qu'il faut pour réussir, hors *le bonheur d'en être indigne.* » C'est un mot profond, Adèle, et qui vaut la peine d'être médité. On me reproche de toutes parts de ne pas être importun, intrigant, de ne savoir pas plus solliciter un journaliste qu'un ministre, de pousser ce qu'on appelle la *fierté du talent* jusqu'à dédaigner la poursuite de la gloire, etc., etc.

Moi, Adèle, j'ignore si j'ai du talent, mais je veux être digne d'en avoir, je veux surtout être digne de toi. Je méprise, je l'avoue, tous ces moyens de succès; je crois que le bonheur et la gloire sont de nobles buts où l'on ne peut arriver que par de nobles chemins. Je ferai tout ce qu'il convient de faire, et je me conduirai en tout de façon que ma conduite puisse être entièrement approuvée par toi. Et dis-moi, mon Adèle bien-aimée, n'est-ce pas ainsi que tu penses, toi qui es le juge de toutes mes actions comme l'idole de toutes mes pensées ? Est-ce donc à moi de désespérer de l'avenir ? Je n'ai jamais dévié du sentier que je me suis tracé et je me vois à la veille d'obtenir ces deux pensions qui doivent assurer la félicité de toute ma vie.

Oh non ! ayons bon espoir et laissons parler les lâches et les sots. Adieu, ange, adieu, mon Adèle adorée.

Ton mari respectueux et fidèle.

RETOUR A PARIS

Vendredi matin (5 juillet.)

M'écris-tu en ce moment ou du moins penses-tu à moi, mon Adèle ? Je suis bien triste et j'aurais bien besoin que tu fusses maintenant à côté de moi, avec ta douce voix et ton doux regard. C'en est donc fait d'ici à bien longtemps de notre bonheur de Gentilly ! Que vais-je devenir dans ce grand Paris ? Tous mes instants, partagés là-bas entre le bonheur de te voir et celui de travailler pour toi, vont m'échapper à présent sans bonheur et presque sans travail. Tu me diras, il est vrai, qu'ici je serai à portée de mieux suivre toutes nos affaires et qu'ainsi mon temps ne sera pas perdu, mais ce sont de bien insipides nécessités que celles qui m'éloignent de toi.

Je ne sais si je devrais t'écrire en ce moment, Adèle. Je suis abattu, et je ne puis vaincre cet abattement. Je me répète pourtant tout ce que tu me disais hier soir pour me consoler; nous nous verrons tous les jours ; mais je m'étais fait une si douce habitude d'être sans cesse, absent ou présent, près de toi, de m'endormir et de m'éveiller sous le même toit, de prendre mes repas à tes côtés, de sentir ton pied sur le mien, de te servir...

Hélas! mon Adèle, rien de tout cela désormais !

Je vais reprendre mon ancienne manière de vie, je vais redevenir errant et solitaire, et le feu pourra prendre à ta maison sans que je sois là le premier pour t'enlever dans mes bras.

Tu vas traiter de pareilles idées de *folie*, et tu auras raison, car mon amour va sans cesse demander à mon imagination de nouveaux motifs de soucis et d'alarmes. Tu dois le savoir comme moi, mon ange bien-aimé, les âmes douées à un haut degré de la faculté d'aimer se font à tout moment des misères que ne comprennent pas les autres âmes. Je suis dans un de ces instants d'accablement, je voudrais travailler et je n'ai rien dans la tête qu'une vague inquiétude et le regret de notre félicité de Gentilly sitôt passée. Dans deux mois, il est vrai... Mais deux mois durent si longtemps ! O mon Adèle adorée, redonne-moi du courage pour ces deux longs mois, aime-moi un peu comme je t'aime, écris-moi souvent, mon Adèle, parle-moi, reparle-moi sans cesse de tout ce qui occupe ma pensée, et aime-moi, aime-moi, je ne serai jamais malheureux.

Adieu, pardonne à cette illisible écriture et reçois mille baisers de ton pauvre mari, de ton Victor.

Ce vendredi, 9 heures du soir.

Adèle, il me semble qu'il y a un siècle que je ne t'ai vue. Je ne puis me figurer qu'hier à pareille heure je fusse encore près de toi. Hier, j'étais bien heureux ! O quand donc tous mes instants, tous ! se passeront-ils ainsi ? quand serai-je ton compagnon de tous les jours ? quand pourrai-je veiller sur toutes les heures de ta vie, sur toutes les heures de ton sommeil ? Chère amie, il me semble que plus cette heureuse et mille fois heureuse époque approche, plus mon inquiète impatience redouble ! Si tu savais tout ce qui se passe dans mon âme quand je songe à toi, à l'immense félicité qui me viendra de toi ! Je cherche en vain des mots, toutes mes idées restent confuses et ma tête n'est plus qu'un chaos d'amour, d'ivresse et de joie.

Je crains, en vérité, que le jour où je pourrai m'écrier à la face de tous les hommes : elle est à moi, entièrement, uniquement et éternellement à moi ! oui, je crains que ce jour-là mon être ne se brise de bonheur. Tant de joie, en entrant violemment dans mon âme, devra, ce me semble, la bouleverser. Quel moment que celui où je tiendrai tout mon bonheur de toute ma vie ! ce bonheur qui est depuis si longtemps devant moi sans que je puisse l'atteindre ! C'est donc un ange qui peuplera ma solitude, qui fera cesser mon isolement ! Et quand je pense que cet ange bien-aimé m'a permis de croire qu'il désirait aussi un peu ce jour que j'appelle si ardemment de tous mes vœux et de tous mes travaux, j'oublie les cruelles épreuves que j'ai subies pour ne songer qu'à l'avenir enivrant qui m'est promis, et je trouve que j'ai encore trop peu souffert pour tant de bonheur.

Adèle, je jouirai donc bientôt auprès de toi des droits d'époux et des devoirs d'esclave, je pourrai te protéger et te servir, effacer tous tes chagrins avec mes caresses, tarir toutes tes larmes avec mes baisers ; ou plutôt tu n'auras alors ni chagrins, ni larmes ; tu seras heureuse, n'est-ce pas ? et ma joie reposera dans la tienne. — S'il nous survient des contrariétés, et, ne nous faisons pas illusion, il nous en surviendra, elles ne seront rien, parce que nous les supporterons ensemble, ou plutôt parce que ton sourire m'aidera à les supporter. Car dans tout le cours de notre vie nos rôles mutuels seront, toi, de me consoler, et moi, de te défendre.

Maintenant je vais compter tous les jours jusqu'à celui où je recevrai le titre de mes pensions, et cependant j'ai été prévenu que cela pourrait bien durer encore six semaines. N'importe, il me semble que tous les bureaux vont se presser dans leur travail, parce que j'attends pour être heureux qu'ils aient fini. Cela ressemble un peu à de la folie, mais que veux-tu ? C'est à toi que tu dois t'en prendre. Pourquoi as-tu fait perdre la raison à ton Victor ?

En vérité, depuis que notre mariage est devenu pour moi la chose la plus certaine qui soit sous le ciel, je m'étonne à chaque instant de le voir arrêté par ce qui l'arrête. Je me demande comment il se fait que la réalisation des espérances les plus pures et les plus idéales soit retardée par un obstacle aussi matériel, l'argent ! Et cela est pourtant. C'est comme si je voyais un nuage attaché avec une chaîne de fer.

Adieu, mon Adèle adorée, pardonne-moi toutes mes folies, donne-moi demain une longue lettre et reçois en échange mille baisers de ton mari, de celui dont tu es l'ange et l'idole.

Samedi matin (13 juillet).

Ta lettre me remplit d'attendrissement et de joie chaque fois que je la relis. J'avais bien besoin, mon Adèle adorée, d'être consolé de la douleur si vive que j'ai éprouvée hier, en apprenant que je ne passerais pas ces trois jours près de toi, à cet heureux Gentilly. Oh! écris-moi toujours ainsi, ange! j'ai tant besoin d'amour pour supporter la vie! Si tu savais quelle est la puissance de ton âme sur la mienne, tu serais heureuse, car tu m'aimes, tout indigne que je suis d'être aimé d'un être tel que toi. J'ai baisé ta lettre avec transport, il me semblait qu'elle avait quelque chose de mon Adèle absente. Mon Adèle, ma bien-aimée Adèle, que ne connais-tu ton Victor tout entier! tu verrais que, s'il est bien imparfait sous tous les rapports, il a du moins quelque chose de parfait, c'est son amour pour toi.

Cet amour, je le retrouve sans cesse, sous la moindre comme sous la plus importante de mes pensées. Pardonne-moi de te répéter sans cesse la même chose en d'autres paroles. Moi, quand je t'ai parlé de mon amour, de mon adoration, de mon idolâtrie, j'ai fini le cercle de mes idées et il faut recommencer.

2 heures après midi.

Je saisis tous les moments où je peux t'écrire, afin que cette journée s'abrège. Elle est si longue. Oh oui ! regrettons, mon Adèle, notre Gentilly. Qu'est-ce que ces trois heures passées le soir dans une gêne perpétuelle près de la douceur de dormir sous le même toit, de respirer le même air, de m'asseoir à la même table que toi. Hier, chère amie, j'ai essayé de prendre ta défense contre des reproches bien singuliers : je n'ai pas été bien reçu ; mais, pour toi, est-ce que je ne supporte pas tout ? Est-ce donc à ta mère de m'envier une tendresse que tu ne pourrais me refuser sans la plus profonde ingratitude, car il n'y a que l'amour qui puisse payer l'amour ! Comment ! ta mère voudrait que tu ne répondisses que par une affection secondaire à l'attachement le plus ardent, au dévoûment le plus absolu, à l'amour et au respect le plus profond ! O répète-moi sans relâche, mon Adèle bien-aimée, ce que tu me disais dans ta douce lettre d'hier, que ton Victor est tout pour toi comme tu es tout pour lui, que toutes les affections s'évanouissent devant notre amour mutuel ; redis-le-moi sans cesse, car c'est du plus profond de mon cœur que je t'affirme que j'ai besoin de cette conviction pour vivre. Si demain je cessais de croire en toi, Adèle, mon existence se briserait d'elle-même ; car où serait mon appui dans la vie pour supporter le poids d'un pareil malheur ?

Samedi (20 juillet).

Prends garde, mon Adèle, ne m'accuse plus de ne pas aimer à t'écrire, car j'y passerais désormais toutes mes journées. Tu me dis, à la vérité, que je peux bien tous les jours donner à une lettre pour toi une heure ou une demi-heure, et tu aurais raison s'il me suffisait d'une heure ou d'une demi-heure pour t'écrire. Tu ne sais pas, chère amie, après quel long recueillement je commence ces lettres ; il me semble que lorsque je m'entretiens ainsi avec toi, je ne puis fouiller assez profondément dans mon âme. Si je n'écoutais que ma pensée éternelle, si je laissais courir ma plume, je t'écrirais sans cesse que je t'aime et toujours que je t'aime, tandis que je m'applique à t'exprimer tout ce que cette seule et grande idée réveille de sentiments dans mon cœur ; autrement ces lettres, Adèle, seraient toutes les répétitions les unes des autres.

Après cette explication qui t'a sans doute ennuyée, chère amie, ne me répète plus un reproche cruel qui ne devrait jamais se présenter à ton cœur, parce qu'il est cruel, ni à ton esprit parce qu'il est injuste. Toi qui es si bonne et si douce, tu ne voudrais pas faire de peine à ton Victor. Et comment peux-tu, je te le demande, mon Adèle chérie, douter un seul instant du bonheur que j'éprouve à épancher ainsi dans ces lettres tout ce qui peut s'exprimer dans l'inexprimable amour que j'ai pour toi!

Tu ne sais pas, Adèle, quel poids était sur mon cœur à l'époque douloureuse où nous étions séparés, la passion brûlante que j'étais obligé de renfermer en moi-même et qui me dévorait. Te rappelles-tu, as-tu encore la première lettre que je t'écrivis alors? Hélas! mon Adèle, souviens-toi de l'accueil que tu lui fis d'abord... Je ne te blâme pas, ange, tu me connaissais bien peu dans ce temps-là.

Il y a aujourd'hui un an que j'arrivai à Dreux. Ne nous plaignons pas du ciel; aujourd'hui je suis bien près de mon bonheur, et le jour de cette arrivée j'étais loin de croire qu'une année dût suffire pour l'amener.

O mon Adèle, pardonne-moi, car je doutais de toi, et je croyais presque toute ma félicité évanouie. Pardonne-moi! Depuis, tu m'as bien prouvé que ta belle âme est faite pour toutes les nobles vertus d'un amour constant, virginal et dévoué. Oh! combien je t'aime, combien je t'ai toujours aimée! Et comment oserais-je me plaindre de la vie, quand j'y ai rencontré pour compagne un ange tel que toi.

Mardi, huit heures et demie du matin (23 juillet).

Je veux dérober encore ce matin quelques moments aux ennuis et à l'ennui. Que fais-tu en cet instant ? As-tu bien dormi, mon Adèle ? Penses-tu à moi ? M'écris-tu ? Que me dis-tu ? Quelle est ta pensée ? Ah ! faut-il être contraint de me faire à chaque instant du jour des questions pareilles ? Ne devrais-je pas être sans cesse près de toi, Adèle, moi qui ne vis réellement que près de toi ? C'est vrai, il me semble que je ne sens mon âme et ma vie que lorsque je puis voir ton regard ou entendre ta voix. Loin de ce bonheur, tout est ténèbres autour de moi et je suis en quelque sorte indifférent à moi-même. Je vois des objets se mouvoir, j'entends des sons se former, mais rien ne m'intéresse, et il faut quelque chose d'extraordinaire pour me tirer de cette apathie. Si l'on cause devant moi, je rêve ailleurs; si l'on me parle directement, je réponds des mots sans suite. Adèle, c'est toi qui es cause de ma folie, c'est toi aussi qui en es le remède. Laisse-moi croire, je t'en supplie, que tu penses à moi comme je pense à toi, que tu m'aimes comme je t'aime, répète-le-moi sans cesse et ne te lasse pas de me le redire si tu veux que j'aime cette vie, si douce avec toi, si affreuse et si insupportable sans toi.

Lundi, 9 heures du soir (5 août).

Chère amie, je viens de lire ta lettre, et je suis aussi heureux que ton Victor peut l'être loin de toi. Seulement, c'est avec regret, avec un regret bien vif, que je n'ai pas vu cette lettre sortir de ton sein. Il me semble que j'éprouve un double bonheur quand je puis baiser à la fois des caractères tracés par ta main et un papier qui a touché ton sein. Ne ris pas de mes folies, mais il me semble encore qu'une lettre près de laquelle a battu ton cœur a quelque chose de plus mystérieux et de plus tendre.

Mercredi, 3 heures après-midi (7 août).

Je suis triste, mon Adèle chérie, et d'avance découragé de tout le découragement que je vais sans doute remarquer en toi ce soir. Encore des délais ! Je te conterai en détail quand je te verrai comment il se fait que ma pension est encore retardée pour quelques jours.

Ce nouvel incident ne sera rien peut-être, mais j'avoue que je n'y tiens plus. Mets-toi un instant à ma place, Adèle, et tu sentiras combien ma position est gênante envers tes parents et toi. Il me semble que je suis responsable de chaque instant qui s'écoule, et je n'ignore pas qu'on ne peut s'empêcher de croire chez toi que, si tous les obstacles ne sont pas levés, c'est bien un peu par ma faute. Toi-même, Adèle, tu n'es pas éloignée de le penser; et ne crois pas que je veuille ici te faire un reproche, puisqu'il m'arrive souvent à moi-même de me demander sévèrement si je fais bien tout ce que le devoir, concilié avec un sentiment de réserve et de fierté que tu comprendras, m'ordonne de faire. Je crois pouvoir t'assurer du fond de l'âme que je n'ai point à m'accuser de ce tort grave; je serais bien heureux si cette assurance pouvait dissiper en toi des doutes que tu éprouves, mais que ta délicatesse généreuse cherche à me cacher.

Adèle, je désire notre mariage pour lui-même, toi tu le souhaites surtout par ennui de ta position actuelle. Ne me répète donc pas ton reproche cruel que tu le désires plus que moi.

Adieu, mon Adèle bien-aimée, je suis abattu d'avoir un retard à t'annoncer, cependant ce retard ne différera peut-être rien. Daignes-tu me permettre encore de t'embrasser ?

V.

Jeudi soir (8 août).

Hélas !... Mon Adèle, c'est par ce mot que devraient maintenant commencer toutes mes lettres. Je suis bien triste. Te voir si peu à présent et ne te voir qu'au milieu de tant de gêne, il me semble que c'est de mauvais augure. Peut-être aussi dois-je croire, — et j'adopte avec empressement cette idée, car elle me vient de toi, — que je n'ai point encore assez acheté l'immense bonheur qui est si près de moi. J'ai bien souffert, à la vérité, mais je vais être si heureux ! Ah ! aucune souffrance ne pourrait payer cette félicité.

Adèle, hélas ! je ne sais que te dire de l'état de mon âme, je pense à notre bonheur futur, prochain, et je suis triste ! Chère amie, tu es en ce moment en proie à tant de contrariétés, à tant d'ennuis ! Ange, le mouchoir que tu as trempé de tes larmes n'est pas encore sec ; comment penser à de la joie ?

Et ce brevet* éternellement promis qui n'arrive pas ! Adèle, dois-je t'avouer ma faiblesse ? Ces retards me tourmentent à présent qu'ils t'inquiètent. Je n'ai confiance que dans ta confiance, comme je n'ai de joie que dans ta joie et de peine que dans ta peine. Chère amie, quand je pense à ceux qui retien-

* Le brevet de la pension de 1,200 francs, promise et due.

nent peut-être mon bonheur dans leurs mains, j'éprouve des mouvements inouïs de rage et de douleur. Oui, de rage! Ah! l'homme qui me retarderait d'un mois le bonheur de te posséder serait mal conseillé dans son intérêt. Le bonheur qui me vient de toi, Adèle, est sacré ; malheur à qui y touche ou y touchera !

Adieu pour ce soir, demain j'espère pouvoir continuer. Que ne puis-je t'écrire sans cesse? Pourquoi faut-il travailler?

Vendredi (9 août).

Je n'ai que peu de temps devant moi, chère amie, car il n'est pas loin de six heures. Je viens de travailler et de dîner. Toute ma journée m'a échappé sans que j'aie pu t'écrire plus tôt. Toutes mes journées, Adèle, sont maintenant bien tristes et bien insipides.

Je t'en prie, soutiens mon courage, car je suis bien près d'en manquer. J'ai eu trois mois si heureux avant ce triste mois ! Je m'étais accoutumé au bonheur, j'avais cru presque que c'était la vie. A présent, il faut reprendre cette insupportable vie, qui me rappelle si cruellement l'année passée. Il faut perdre des habitudes qu'il m'avait été si doux de prendre et reprendre ces habitudes qu'il m'avait été si doux de quitter.

Cependant, à Gentilly même où j'étais si heureux, Adèle, il me manquait quelque chose, il me manquait tout ! Je ne serai pleinement heureux que lorsque je pourrai passer tous mes instants près de toi, et tu te rappelles qu'il était loin d'en être ainsi à Gentilly. Pourtant, que ne donnerais-je point pour y être encore.

Je me souviens avec délices de nos promenades à Arcueil, à Bourg-la-Reine, etc. Je me rappelle nos parties sur l'eau où j'avais le bonheur de conduire la barque qui te portait ; je me rappelle surtout avec une joie et un regret inexprimables ces petites visites si courtes que ma femme adorée daignait me faire le matin dans mon heureuse tour. Je me représente ces moments de ravissement et d'ivresse. Oh! dis-moi qu'ils reviendront, mon Adèle chérie, et qu'ils nous apporteront un bonheur plus grand, une félicité plus complète encore...

Pardonne-moi de dire *nous*, mais tu veux toi-même que je croie à ton amour, et comment vivrais-je si je n'y croyais pas? Adèle, je donnerais vingt ans de ma vie pour être plus vieux de deux mois!

Adieu, ange, embrasse ton mari.

Mardi, 9 heures et demie du soir (13 août).

Il m'est impossible, mon Adèle, de me coucher avant de t'avoir répondu. Oh non ! tu n'es pas *coupable*, car tu n'as jamais pu penser un seul moment que je *changerais*, Adèle, tu n'as même pu le rêver. Je ne puis croire que les rêves mêmes puissent être à ce point menteurs. Moi, t'oublier ! moi, cesser jamais de t'aimer, de t'adorer, de t'idolâtrer ! N'est-il pas vrai, ange chéri, que cette idée ne s'est pas arrêtée un seul instant dans ton esprit ? Ce serait pour ton Victor une bien profonde douleur, si jamais un doute pareil..... Mais non, cela ne se peut et je rêve de me défendre d'un tel reproche. Me dire que je peux jamais cesser de t'aimer, c'est me dire que je n'ai point d'âme et qu'il n'y a point de Dieu. Et quelle autre créature humaine pourrait donc être digne d'un homme honoré de ton amour ? Est-il une femme au monde vers laquelle puisse descendre celui vers lequel tu as bien voulu descendre ? Et si tu daignes, toi, angélique et admirable jeune fille, avoir quelque estime pour cet homme encore si indigne de toi, pour ce Victor si fier d'être ton mari, comment peux-tu croire un moment que sa plus grande félicité ne serait pas de sacrifier pour un seul de tes regards mille vies et, s'il était possible, mille éternités ?

O mon Adèle, quel être sur la terre peut te dire son dévouement égal au mien ? Est-ce que toutes mes paroles, toutes mes pensées, tous mes mouvements ne sont pas pour toi ? Est-ce que j'ai jamais éprouvé une joie qui ne me vînt de toi ? Est-ce que tu n'es pas mêlée à toutes mes douleurs ? Est-ce que tu n'es pas mon âme, ma vie, mon ciel ? Hélas ! je vois Dieu en toi, je l'aime en toi, parce que je ne puis voir et aimer autre chose que toi. Ce sont peut-être là des blasphèmes ; mais pardonne-moi. Ce n'est pas offenser Dieu que d'adorer un ange. Il ne t'aurait pas créée si parfaite, s'il n'avait voulu que celui qui te donnerait sa vie l'oubliât lui-même pour ne songer qu'à toi.

Adieu pour ce soir, mon Adèle adorée. Pourquoi ne puis-je pas te dire tout ce qui me gonfle le cœur ? Pourquoi ne puis-je trouver des paroles pour mon amour ? Adieu, dors bien. Je t'embrasse et je t'embrasse encore.

Mercredi, 4 heures un quart (14 août).

Oh ! qu'il me tarde d'être enfin ton mari devant tous ! On te tourmente, on t'afflige, et je n'ai pas encore le droit de te soustraire à toutes les afflictions, de te défendre de toutes les tyrannies ! Cette expression n'est pas trop forte, Adèle, elle est bien faible au contraire. Il faut avoir un courage que je ne comprends pas pour agir envers toi comme on le fait, envers toi, la plus douce et la plus adorable des créatures ! Mon Adèle, ne crois pas que j'exagère encore une fois. Ce sont des vérités puisées dans le repli le plus intime de mon cœur. Malgré ta modestie et ta soumission, tu dois les reconnaître en toi-même.

Ce n'est pas que je veuille en rien diminuer ton respect et ton amour pour tes parents, chère amie ; ce respect et cet amour sont aux yeux de ton mari un de tes charmes les plus touchants ; mais je veux néanmoins que tu saches résister à d'injustes vexations, que tu ne te laisses pas sacrifier aussi paisiblement à des prédilections inexplicables pour moi.

Grand Dieu ! pourquoi ne suis-je pas déjà ton mari ? N'importe, je le suis devant toi et devant Dieu, je suis ton défenseur, ton appui. Compte sur moi, mon ange bien-aimé. Et qui élèvera la voix pour toi, si ce n'est ton Victor ? Oh oui ! compte toujours sur moi, sois sûre que ce soutien-là du moins ne te manquera jamais. Mon bonheur, mon repos ne sont pas le but de ma vie, c'est ton repos, c'est ton bonheur que je dois assurer par tous les sacrifices, conserver par tous les dévouements. Tu es faible, mais je suis fort, et toute ma force est pour toi. Oui, je suis à toi tout entier, tout en moi t'appartient, ce qui doit mourir comme ce qui est immortel.

Adieu, mon Adèle adorée. Adieu, ma femme. Je t'embrasse bien tendrement.

Mardi soir (20 août).

Ton papier était bien petit, mon Adèle, et les bords en étaient coupés comme s'il avait été diminué. Pardonne-moi, chère amie, cette remarque qui te prouve combien tes lettres me sont précieuses. Hélas! je compte pour ainsi dire les lignes de toutes les pages et les lettres de toutes les lignes... Oh oui, Adèle! ton Victor a bien besoin de croire que tu l'aimes.

Je suis heureux de voir que quelques jours de retard t'affligent autant que moi; peut-être, à la vérité, y a-t-il de la présomption à le croire; mais, cher ange, le dirais-tu si cela n'était pas?

Je sors du ministère : encore une ou deux semaines de patience, mon Adèle! Ces gens-là ne se doutent pas que ce qu'ils appellent des *semaines de patience* sont pour moi des *siècles de souffrance*. Ils traitent l'affaire de ma pension comme une affaire, sans soupçonner qu'ils devraient la traiter comme un bonheur. Cependant l'ardeur de mes démarches actuelles contraste si fortement avec l'indifférence qu'ils me voyaient précédemment apporter à mes intérêts qu'elle devrait leur faire sentir qu'il s'agit ici de plus que de moi. Enfin, pourvu que leurs longues promesses se réalisent bientôt, j'aurai bien vite oublié leurs lenteurs.

O mon Adèle, parle-moi souvent de notre bonheur quand nous serons unis; du tien surtout, car il est tout le mien. Je voudrais que tu pusses lire mon âme; tu serais peut-être heureuse. Va, sois-en sûre, dans six semaines tu seras à moi; j'ai bien besoin de cette certitude de moi-même, et je l'ai.

Adieu, adieu, mon Adèle bien-aimée, n'aie aucune inquiétude de l'avenir. Il faut que nous soyons mariés dans deux mois, et nous le serons ou je serai mort.

Jeudi (22 août).

N'en doute pas, chère amie, nous avons une destinée à part dans la vie. Nous jouissons de cette rare intimité des âmes qui fait la félicité de la terre et du ciel. Notre mariage qui s'apprête ne sera que la consécration devant les hommes d'un autre mariage, de ce mariage idéal de nos cœurs dont Dieu seul a été l'auteur, le confident et le témoin. Il y a des moments, Adèle, où je m'inquiète, en songeant qu'un jour notre délicieuse union sera publique. Il me semble que le secret de notre bonheur est un bonheur de plus. Je voudrais le dérober aux regards de ces hommes : ils me l'envieront !

O Adèle, quel ravissant avenir que celui de l'être auquel le ciel a associé le tien ! S'il est vrai que dans l'existence de tout homme la part du malheur égale celle du bonheur, je ne comprends pas quel malheur assez immense pourra compenser le bonheur de te posséder. Ou plutôt, Adèle bien-aimée, je ne vois qu'un malheur, un malheur affreux, qui puisse me punir d'avoir osé jouir d'une telle félicité. Hélas ! aie, je t'en conjure, le plus grand soin de ta santé ; songe, mon ange adoré, que ma vie est toute dans la tienne, songe que je ne crains qu'un malheur au monde, et celui-là, je n'y survivrais pas.

Vendredi, 8 heures 1/2 du soir (23 août).

Ce n'est qu'en t'écrivant que je puis me consoler de ne pas te voir ; ma pensée, si triste en ce moment, ira du moins jusqu'à toi, mon Adèle. Que je serais heureux, si celle qui t'occupe au même instant pouvait de même m'être transmise. J'y retrouverais peut-être quelque chose de mon souvenir... Peut-être !... Pardonne-moi d'avoir dit peut-être, cher ange, tu m'as dit que tu pensais sans cesse à moi et, puisque tu l'as dit, cela est. Hé ! n'ai-je pas besoin d'être pénétré de cette conviction comme de celle de mon existence ? Mon amour n'est-il pas toute ma vie, et si tu cessais de le partager, que serait cette vie ?

Hélas ! en ce moment peut-être, mon Adèle, tu souffres, tu t'inquiètes, tu te fatigues ou tu attends des fatigues pour cette nuit*. Oh ! est-il donc vrai que ton repos, que ton sommeil sacré puisse être troublé, sans que j'aie le droit de le protéger ? Tu vas te récrier, m'accuser, invoquer ta tendresse filiale ! Chère amie, je ne puis te condamner, mais ce que tu fais comme fille, ne puis-je m'en plaindre comme mari ? Est-ce que tu crois que je te verrai de sang-froid sacrifier ton sommeil si cher, épuiser tes forces, compromettre ta santé ! Et tout cela, pour que tu remplisses seule des devoirs dont trois autres personnes devraient partager les soins ! Non, je me

* Mᵐᵉ Foucher, enceinte depuis plusieurs mois, était alors tout près d'accoucher, et sa fille devait souvent veiller la nuit près d'elle.

plaindrai, je me plaindrai sans cesse, et là-dessus je ne fléchirai pas. Que ne puis-je prendre pour moi le triple et le centuple de ces peines pour t'en épargner la centième partie! Mon Adèle, va, je suis bien digne de pitié. Voilà bien des nuits que je passe loin de toi. N'était-ce pas assez de cette douleur, sans avoir pour m'achever de continuelles inquiétudes sur la manière dont se passeront les tiennes? Il me semble te voir à chaque instant réveillée en sursaut, arrachée de ton repos, forcée de t'habiller à la hâte... Chère amie!

Tu sais, Adèle, que tu n'es plus à toi, tu sais que tu me dois compte de toutes tes actions, de toutes les palpitations de ton cœur. Ne prodigue pas ta santé qui est mon bien, je t'en supplie!...

Hélas! tu ne m'écouteras pas, et c'est ce qui me désole. Tu te figures que tu peux user et abuser de tes forces, que tu es maîtresse de toi... Ah! rappelle-toi ce que tu m'as donné en me donnant ton amour. Ne ris pas de mes craintes, je t'en conjure, puisqu'elles font mon tourment. Tu n'es qu'une femme, Adèle, quoique tu sois un ange, et tu n'as point assez de forces pour supporter l'insomnie et la fatigue. Ton projet de passer les nuits, quand ta mère sera accouchée, m'a effrayé, tellement effrayé que je n'ose y croire.

Je t'embrasse mille fois sur tes lèvres adorées.

Ton mari inquiet.

Lundi, 9 heures du soir (26 août).

Il me serait bien doux, mon Adèle, de passer toute la nuit à t'écrire, comme cela m'est déjà tant de fois arrivé; mais il faudrait renoncer à un autre bonheur également bien doux, celui de rêver de toi, et j'aime mieux partager ma nuit entre ces deux félicités. D'ailleurs ce sera t'obéir, ce qui est une joie de plus.

Chère amie, si tu savais combien il est grand le bonheur de mes songes!.. Souvent d'enchanteresses illusions te transportent, mon Adèle bien-aimée, dans les bras de ton mari; il te serre sur son cœur, tes lèvres adorées pressent ses lèvres, tu te plais à ses caresses, tu y réponds, Adèle, tout son être se confond avec le tien... Puis l'excès de bonheur me réveille, et rien!... Et mon lit vide, et mon Adèle absente, et toute la triste réalité! Alors, chère amie, je suis aussi à plaindre que j'étais digne d'envie, il me semble que je passe du ciel dans l'enfer. C'est dans ces moments, mon ange chéri, que j'ai bien besoin, pour relever mon courage, de penser que le jour où tant de rêves délicieux ne seront plus des rêves n'est pas loin de nous.

Hélas! mes rêves, Adèle, ont si longtemps été tout mon bonheur! Durant notre longue et douloureuse séparation, avais-je autre chose que les doux mensonges de la nuit et du sommeil? C'est alors que les nuits, quand l'affliction me permettait de dormir, étaient vraiment la seule partie heureuse de ma vie ; c'est alors que j'ai éprouvé que les malheurs si cruels d'un amour innocent sont adoucis par cette innocence même. A cette époque où mes journées étaient si tristes et si isolées, il m'a semblé que toutes les joies de mon âme s'étaient réfugiées dans mes songes. Tu apparaissais dans tous mes sommeils, et si quelquefois de douloureux souvenirs se mêlaient confusément à ces charmants rêves, du moins tu étais là, et ton image répandait son charme sur tout. Il me semblait que tu étais le témoin de mes tourments, la consolatrice de mes peines, et dans ces songes chéris combien ne bénissais-je pas des douleurs auxquelles je devais le bonheur d'être consolé par toi !

Mais alors c'était le réveil qui était affreux! je perdais tout, presque jusqu'à l'espérance. Tandis que maintenant, même quand tu m'es échappée avec mon rêve, il me reste encore la plus délicieuse, je ne dis pas des espérances, mais des certitudes. Dans un mois, mon Adèle... Ne trouves-tu pas qu'un mois est bien long ? Pardon pour cette question présomptueuse. Je me suis laissé un moment égarer par l'idée d'être aimé de toi autant que tu es adorée de moi. Chère amie, tu m'as permis, tu m'as ordonné de le croire, mais je n'ose me flatter d'un tel bonheur. Tu vas me gronder encore peut-être... Oh! gronde-moi;

dis-moi, répète-moi que tu m'aimes comme je t'aime. Tu sais bien, Adèle, que c'est par ces paroles que je vis, tu sais bien que toute mon existence dépend de la tienne, tu sais bien que tu as un jour tenu ma vie entre tes mains, ce jour où j'osai te dire que je t'aimais et où tu daignas me répondre...

Adèle, cette ravissante réponse a décidé de ma vie, de ma destinée, de mon éternité. Elle ne sortira de mon cœur que si tu l'en arraches; car, Adèle, il dépend de toi seule de m'ôter le bien que tu m'as donné, ton amour. C'est te dire que ma vie est à ta discrétion. Fais de ton Victor ce que tu voudras, pourvu que tu l'aimes. C'est la seule nécessité de son bonheur. Tout le reste n'est rien.

Aussi, quand je te vois un moment froide ou mécontente, ma douce Adèle, je ne saurais te dire tout ce que j'éprouve de douloureux. Il me semble que je vis moins, que mon âme est mal à l'aise. Un mot tendre de toi me rend toute ma vie, et c'est ce qui m'est arrivé ce soir.

Adieu, j'ai emporté en te quittant ce qui m'a manqué hier, la consolation d'un doux adieu; je vais bien dormir, c'est-à-dire rêver délicieusement. Quel jour donc cessera mon veuvage ? Encore un long mois, et ce mois aura trente jours d'un siècle, et ces jours chacun vingt-quatre heures éternelles.

Adieu, mon Adèle adorée; tu dors maintenant, il me semble te voir reposer, tes yeux charmants fermés, tes mains tant de fois couvertes de mes baisers croisées sur ton sein bien-aimé, il me semble voir ton haleine si fraîche et si pure sortir par intervalles égaux de ta bouche, sur laquelle je ne puis poser la mienne!

O Adèle, quand donc?... Dans un mois, n'est-ce pas?

Mardi (27 août).

.... Adèle, quand une parole douce sort de ta bouche, avec un doux sourire, tu ne te figures pas quelle impression elle produit sur ton Victor! Si tu savais combien il faut peu de chose de toi pour me rendre heureux!... Je crains quelquefois quand je suis près de toi d'être transporté d'un subit accès de folie; j'ai des tentations indicibles, quand je t'entends me parler noblement ou tendrement, de te ravir dans mes bras ou de baiser le bout de tes pieds. Alors tous les importuns qui nous entourent et nous observent disparaissent à mes yeux, je ne vois plus que toi, toi, mon Adèle angélique, ma femme adorée, toi, jeune fille sublime et douce, et il me faut toute ma force pour dompter ces impulsions d'une ivresse presque convulsive.

Tu ne connais rien de tout cela, mon Adèle. Si dans ce moment-là je t'exprime mon intime et impérieuse pensée, tu ne remarques pas l'égarement de mon regard, et tu me réponds en souriant et d'une voix calme. Oh! non, tu ne connaîtras jamais la violence de mon amour... Hélas!

Mardi, 9 heures du soir (**27 août**).

Une phrase de ta lettre m'afflige vivement, mon Adèle ; c'est celle où tu me menaces de me cacher à l'avenir ce que tu appelles tes *petites souffrances*, petites souffrances qui sont mes plus grandes douleurs. Je ne saurais te dire combien cette cruelle menace m'inquiète, d'autant plus que je crains, Adèle, que tu ne l'exécutes en croyant bien faire. Tu dis que tu ne veux pas me causer de peines. Avant tout, Adèle, tu ne dois pas me cacher les tiennes, tu ne dois rien me cacher. Oh! promets-moi, je t'en conjure à deux genoux, promets-moi de continuer à me dire tout, absolument tout ce que tu éprouves, promets-le-moi de façon que je n'en puisse douter; ne me laisse pas, mon Adèle bien-aimée, cette horrible inquiétude dans le cœur.

Et qui donc, Adèle, serait le confident de ce que tu souffres? Tu ne peux pas prétendre que je te voie souffrir sans ressentir moi-même de douleur. Alors comment as-tu le courage de me menacer de me priver de cette partie de ta confiance sur laquelle je compte le plus? Ne te laisse pas aveugler ici, chère amie, par une générosité qui ferait mon désespoir. Dis-moi tout sans craindre de m'affliger.

Songe, au contraire, à quelles alarmes insupportables je serais sans cesse livré si je pouvais croire un moment que mon Adèle, ma femme adorée, éprouverait une douleur physique ou morale sans m'en donner ma part! Si je puis, Adèle, conserver la nuit quelque sommeil et le jour quelque tranquillité d'esprit, c'est grâce à la certitude que tu ne peux avoir rien de secret pour moi. Songe, Adèle, qu'il est impossible que j'apprenne tes souffrances sans douleur puisque je t'aime; songe en même temps quelle serait ma désolation si je pouvais supposer que tu m'en caches une seule.

Adieu, mon Adèle adorée, adieu; ma femme, ange bien-aimé, je ne puis m'accoutumer à te quitter ainsi à huit heures, même pour t'écrire. Un jour viendra (et ce jour n'est pas loin) où cette heure, au lieu de nous séparer comme à présent, nous réunira plus intimement et plus étroitement.

Adieu, je voudrais bien rêver de ce bonheur. En attendant, je t'embrasse mille fois.

Mercredi, deux heures de l'après-midi (28 août).

Je te verrai ce soir, mon Adèle, rien que ce soir! Je t'apporterai une bonne nouvelle, qui aurait cependant pu être meilleure, mais enfin je craignais quelque chose de pis. Une réduction de 200 francs ne m'épouvante pas*. Ce sera autant de plus à regagner par mon travail. Peut-être d'ailleurs serons-nous dédommagés par la pension de l'intérieur. Enfin!...

Faut-il te le dire, mon Adèle bien-aimée? il est bien temps que je sois heureux. Je commençais à me lasser de ma position équivoque. Je m'effrayais quelquefois en moi-même d'un avenir qui ne m'offrait rien de fixe que ma volonté. Il m'était insupportable de voir le plus grand et le plus noble des bonheurs reculer ainsi devant mes yeux avec cette misérable pension. Il a fallu tout cela pour qu'elle eût quelque prix pour moi. Ce sera vraiment une étrange circonstance de notre vie que d'avoir été si longtemps contraints de mêler des affaires d'argent à des choses du cœur. Enfin, enfin, tout annonce que cette intolérable nécessité va cesser.

Oh! quel jour heureux que celui où ton Victor n'aura plus à songer qu'au bonheur!

* La pension promise de 1,200 francs était réduite à 1,000.

Mercredi, 9 heures et demie du soir (28 août).

Ange, c'est ta lettre qui me comble de joie; elle est bien courte cependant, mais c'est son seul tort. Oh! que je suis heureux d'avoir pu te donner un heureux rêve, puisque tu daignes appeler heureux les rêves où tu me retrouves tel que je suis, fidèle et tendre! Adèle, il est donc vrai que, cette nuit, tandis que je m'enivrais en songe de cette volupté imaginaire de te presser dans mes bras, ton cœur aussi palpitait en croyant battre sur le mien? il est donc vrai que ta bouche adorée a cherché la mienne pendant que la mienne cherchait tes lèvres, hélas! sans les trouver? Dieu! que ne donnerais-je pas de jours et d'avenir pour jouir dès à présent de cette félicité enivrante dont les rêves les plus brûlants ne retracent encore qu'une bien faible image!

Pardonne, ô pardonne, Adèle, à l'égarement de mes paroles, le ciel m'est témoin qu'aucune pensée impure ne se mêle à ces transports aussi chastes qu'ardents, et comment une pensée pourrait-elle se rapporter à toi sans être sanctifiée par son objet même? Il t'est donné, être virginal et pur, de purifier jusqu'au désir. C'est du bonheur conjugal que mes doux songes m'entretiennent, c'est aussi peut-être de ce bonheur qu'ils parlent à ton âme si innocente et si naïve. O mon Adèle, je conserverai comme toi, sois-en sûre, jusqu'à la nuit enchanteresse de nos noces, mon heureuse ignorance. Je t'apporterai des caresses aussi neuves que celles que je serais si heureux de recevoir de toi.

Je n'ose, mon Adèle adorée, me flatter d'une si grande douceur; tu n'as jamais répondu à mes caresses, le plus souvent tu parais *souffrir* mes baisers. Si néanmoins je pouvais croire un instant que ces preuves de mon amour t'importunent... Oh non! je ne veux pas m'arrêter à cette idée!

Ma bien-aimée Adèle, n'est-ce pas que mes embrassements ne te sont point odieux ? Oh ! je t'en conjure, daigne, si tu m'aimes, répondre quelquefois à mes caresses, aux caresses de ton Victor, de ton amant, de ton mari. Car, Adèle, je dois être tout pour toi, et il n'y a aucun titre que je ne doive prendre près de toi.

Oui, aime-moi, toi que j'aime comme on n'a jamais adoré la Divinité, et embrasse-moi, toi dont je baiserais la trace avec des transports de respect et d'amour.

Jeudi.

On m'obsède tout le jour, et je considère comme perdu tout le temps que je ne passe pas à travailler ou à t'écrire. Cependant depuis quelques jours je suis coupable et il faut que tu me grondes. Je me lève tard ; ce matin encore il était passé huit heures quand je me suis habillé. Il est vrai, Adèle, que je me couche tard, mais ce n'est pas une raison.

La véritable est que depuis ces dernières nuits surtout j'ai été visité par de si délicieux rêves que je n'ai pas le courage le matin de m'arracher à la douce impression qu'ils me laissent ; je tâche au contraire de la prolonger le plus longtemps possible après mon réveil par de vagues et douces rêveries. C'est en quoi j'ai tort, je ne dois pas employer ainsi pour mon seul bonheur des instants qui appartiennent au travail.

Gronde-moi, mais pardonne-moi, chère Adèle, car je te promets que cette paresse d'amour ne me reprendra plus. Je me ferai, s'il le faut, violence ; je m'arracherai à la douceur de rêver à toi pour travailler pour toi. D'ailleurs, cette Éthel, c'est toi.

Adieu, tu vois que j'ai à te demander pardon pour des fautes bien plus graves que celles que tu appelles les tiennes.

Jeudi, neuf heures un quart du soir.

Je puis te répéter ce que je t'ai déjà dit, ce que me dit si doucement ta charmante lettre de ce soir ; j'agis toujours, mon ange adoré, comme si j'agissais en ta présence. Toutes mes pensées, tu les connais ; elles sont une seule pensée. Mais comment peux-tu me demander sérieusement, aujourd'hui 29 août 1822, cette confiance qui est à toi tout entière et qui n'est qu'à toi depuis que j'ai une confiance à donner ! Mon Adèle, est-ce que tu ne sais pas toute mon âme, toute ma vie ? Écoute : toute mon âme, c'est Adèle ; toute ma vie, c'est Adèle. Et comment veux-tu que je puisse avoir, moi, quelque chose à te cacher ? Est-ce que tu n'es pas bien plus moi que je ne le suis moi-même ?

Oh ! racontons-nous toujours l'un à l'autre nos moindres chagrins et nos moindres joies ! ces épanchements, cette ravissante intimité, sont le droit et le devoir de l'amour.

Il en est de cette confiance comme de la jalousie dont nous parlions ce soir. Elle est de l'essence de l'amour véritable. Je te parle, Adèle, de cette jalousie chaste et tendre, qui se concilie si bien avec le respect, l'estime, l'enthousiasme pour l'être aimé. C'est ce sentiment que tu as dû mille fois observer en moi ; car j'en suis aussi fier que de mon amour dont il fait partie, et que je n'ai jamais pu surprendre chez toi. Adèle, je ne m'abuse pas, je ne suis pas plus digne de ta jalousie que de ton enthousiasme ; j'aurais été bien heureux de les mériter, et c'est la conviction que je ne pouvais m'en glorifier qui m'a toujours fait trembler de la vérité de ton amour.

Hélas ! cependant, il y a dans ta lettre des mots

bien doux, il y avait, dans ce que tu me disais ce soir, des paroles bien délicieuses... O Adèle, si ce bonheur pouvait vraiment être le mien ! Je veux m'endormir sur cette idée.

Puisses-tu, toi, mon ange bien-aimé, mieux dormir cette nuit que la dernière. Cependant j'avais baisé tes cheveux et ta lettre, tu aurais dû t'en ressentir.

Je t'embrasse ici, ravi d'avoir trouvé ce mot si tendre au bas d'une lettre de toi. Je t'embrasse et je dis que tu es un ange.

Lundi (2 septembre).

Je viens de travailler et de dîner. Il me semble que le peu d'instants qui me séparent de celui où je te verrai coulent bien lentement! Du moins seront-ils employés à t'écrire, afin que ce bonheur se mêle à mon impatience et la tempère.

Qu'as-tu fait aujourd'hui? Il faut que tu aies pensé à moi toute la journée; car, ainsi que tu le disais si bien hier, si tu peux être un moment sans penser à moi, il vaudrait autant n'y penser jamais. Que je suis heureux, chère amie, que ce soit toi qui aies dit cela! C'est une inspiration de ton cœur d'ange que j'ai recueillie avec une bien vive joie. Si tu me parlais toujours ainsi, Adèle, tu ne me verrais jamais douter de ton amour; il y a des paroles qu'on ne trouve que lorsqu'on aime, et celle qui me rend si heureux est l'une des plus tendres qui soient échappées au véritable amour.

Adieu, mon Adèle bien-aimée, nous allons causer, pendant quelques instants bien courts, de notre bonheur à venir et prochain, je vais entendre ta voix chérie, voir ton regard adoré, peut-être m'enivrer furtivement d'un baiser ou d'une caresse de toi. Cette attente me transporte. Adieu donc, ou plutôt *adieu* n'est pas le mot, puisqu'après un long jour je vais te revoir.

Lundi, neuf heures du soir (2 septembre).

Chère Adèle, je suis bien triste ce soir, je ne sais où sont mes idées, toute ma tête est en désordre et je me sens comme accablé. Il est donc vrai que je serai pendant huit ou dix jours presque continuellement éloigné de toi*. A peine pourrai-je voir chaque jour un instant celle dont la vue est cependant ma joie et ma vie. Oui, Adèle, j'ai besoin de ton regard pour vivre, j'ai besoin de pouvoir reposer le mien sur toi, sur toi qui es mon seul bien, mon unique trésor.

Ce soir je suis tombé dans une de ces tristesses indéfinissables qui ne me viennent que de toi ; il m'a paru que tu étais bien faiblement préoccupée de l'idée de nous séparer sitôt. Il m'a semblé que tu m'avertissais qu'il était temps de nous quitter. Rien sur ton visage, dans tes paroles, ne m'a fait pressentir dans toute la soirée que nous passerions huit ou dix jours sans presque nous voir ; et pourtant, Adèle, tu le savais, car tu m'en parles dans ta lettre. Voilà, chère amie, les signes qui me font douter de ton amour.

Tu me dis que ces doutes t'affligent, je ne t'en parlerai donc pas. C'est néanmoins une chose bien cruelle pour moi que de n'avoir pas prévenu ton adieu ce soir. Tu m'as dit ce mot la première avec

---

* Mme Foucher était sur le point d'accoucher.

une tranquillité qui m'a désolé. Ce n'est pas, Adèle, que je t'accuse de notre prompte séparation, tu m'as fait sentir qu'il était temps de partir pour vous *laisser tous reposer*, je ne crois pas que cela dépendît en rien de toi. Ce qui m'afflige profondément, c'est la gaîté que tu as montrée toute la soirée.

A Dieu ne plaise cependant que je veuille jamais te voir déguiser ou contraindre tes sentiments! J'aime encore mieux cet air franc de satisfaction, dans un moment où je suis, moi, bien triste, qu'un chagrin affecté. Sois toujours pour moi au dehors telle que tu es au dedans, car j'aime mieux être affligé comme ce soir par une gaîté intempestive que désespéré par une affliction simulée. Au reste, l'hypocrisie est si loin de ma noble Adèle que cette recommandation est bien inutile. Ne vois dans rien de tout ceci un reproche. Si, dans un moment où tu savais que nous serions séparés si longtemps, aucune douleur ne s'est manifestée en toi, ce n'est point une faute, mon Adèle. Je sens tout le premier qu'au milieu de tout ce qui réclamait ton attention, tu as bien pu oublier ce Victor. Moi, j'ai passé par de bien vives et bien amères douleurs, j'ai été livré à des affaires bien multipliées, à des soucis bien impérieux ; jamais ton souvenir adoré n'a cessé un instant de dominer mon âme. Mais puis-je en exiger autant de toi? Qui suis-je?

Adieu, je suis bien, bien triste; mais, en relisant ta lettre et surtout la ligne qui la termine, je me sens à demi consolé.

Jeudi, 5 septembre, neuf heures un quart du soir.

Mon Adèle chérie, je suis rentré ce soir avec un mal de tête. Il a suffi de bien peu de chose pour le causer, mais *bien peu de chose* de toi, Adèle, c'est beaucoup. Oui, je suis triste, et tout ce que tu m'as dit de tendre ne peut dissiper cette tristesse; tes douces caresses de ce soir ne peuvent effacer l'impression que ton adieu m'a laissée. Quand je me suis approché de toi et que je t'ai dit en te quittant : *A demain à six heures!* rien ne m'a témoigné que cet intervalle d'absence te parût comme à moi bien long. Je n'ignore pas, Adèle, qu'il ne dépend point de toi de l'abréger, mais il dépend de toi de me le rendre moins insupportable en n'y paraissant pas entièrement indifférente. Un mot, un geste, un signe de regret m'auraient presque consolé, tandis qu'en ce moment, à la peine d'être si longtemps séparé de toi, se joint celle de penser que tu ne t'aperçois point de cette séparation.

Et ne me rappelle pas ici, Adèle, tout ce que tu daignes et daignerais encore faire pour moi. De grandes preuves de dévouement peuvent être inspirées par la simple générosité, tandis que c'est dans les riens, dans les mots, dans les regards, que l'amour se décèle. Les plus fortes preuves de l'amour sont une foule de choses imperceptibles pour tout autre que l'être aimé. C'est dans les moindres mouvements, dans les promptes et premières inspirations de l'âme qu'il se révèle tout entier. La générosité ne va pas si loin, hélas! et tout ce que tu fais pour moi peut être le résultat d'une pitié généreuse, sans qu'aucun indice certain me prouve que c'est de l'amour.

Tu vas te récrier, m'accuser, me reprocher de l'ingratitude... Adèle, générosité pure encore que tout cela. Une marque de froideur t'est échappée naturellement. Elle m'a blessé naturellement aussi. J'ai la faiblesse de te raconter cette douleur que tu m'as faite, un simple sentiment de bonté et de compassion te porte à réparer le mal que tu as causé, et pour cela tu emploies les seuls moyens efficaces, des paroles ou des signes extérieurs de tendresse. Tout cela me prouve ce que je sais déjà, que tu es bonne, compatissante, généreuse, mais nullement que tu m'aimes.

Je prévois, mon Adèle, tout ce que tu vas me dire ici pour me faire changer d'idée, parce que je connais ton excellent cœur; mais il y a bien longtemps que j'ai cette pensée désolante dans l'âme. Rien n'a pu l'en arracher; tu l'endors quelquefois par de grandes protestations d'amour, mais bien souvent tu la réveilles par de petites marques d'indifférence. Adieu, il est bien temps que cette lettre finisse, car je ne pourrais en écrire davantage. *A demain* donc, *à six heures!*

Songe surtout que je ne demande rien que ce qui

est dans ton cœur. Quoi qu'il doive m'en coûter, je veux que tu te montres à moi telle que tu es.

Quatre heures et demie, samedi (7 septembre).

Il faut que je t'écrive quelques mots, mon Adèle bien-aimée. Il faut que tu saches combien ta douce lettre m'a causé d'émotion et de joie. J'y ai lu ce que tu ne m'avais pas dit dans la soirée à mon grand chagrin, c'est que tu t'étais aperçue de mon absence jusqu'à *six heures* du soir...

J'aurais bien voulu t'écrire hier soir, mais la nécessité d'avancer ce roman était là, et j'ai travaillé assez avant dans la nuit. Aujourd'hui j'ai travaillé encore toute la journée, et je me récompense à présent en t'écrivant. Cependant il faut cesser, je devrais déjà être près de toi.

Adieu, mon ange chéri, pourquoi les mots me manquent-ils quand je voudrais te dire à quel point je te respecte et t'adore. Oh ! oui !... Je t'embrasse et je t'embrasse encore

Ton mari fidèle.

Pourras-tu lire ce griffonnage, j'écris avec une plume qui n'en est pas une.

Dimanche (9 septembre).

Tes deux lettres, mon Adèle, m'ont pénétré de reconnaissance et de joie. Je m'empresse, ce matin, de t'écrire quelques mots pour que tu oublies mes déraisons et mes extravagances.

Je répondrai en détail à tout ce que tu m'écris. Il est encore quelques points sur lesquels je combattrai tes idées, quelques autres sur lesquels je me justifierai. Mais, Adèle, je me soumettrai à ton jugement avec respect, car tu es un ange et je ne suis... que suis-je, grand Dieu! près de toi! Oh! combien je t'aime! et combien je m'abhorre de t'avoir si souvent tourmentée !

Chère, bien chère amie, tu ne m'as pas parlé de ta santé dans ta lettre et pourtant je t'en avais bien priée. Tu t'oublies toujours, mais ce n'est pas avec moi qu'il faut t'oublier, car quel autre sujet que toi peut intéresser ton Victor? O mon Adèle, toi qui es à moi, pardonne-moi d'être si peu de chose et d'avoir levé mes yeux si haut. Oui, tu es à moi, et cependant je ne te mérite pas, si ce n'est par mon culte pur et profond, par mon humble et aveugle adoration. Je t'aime, je t'aime, et en vérité je ne comprends pas comment je puis prononcer et écrire d'autres mots.

Dis-moi, as-tu beaucoup souffert cette nuit? Je verrai demain un médecin habile que je consulterai et dont je te répéterai les paroles. Chère amie, ou ne souffre pas ou fais que je souffre avec toi. Donne-moi, je t'en supplie, du courage pour tes douleurs. Tu es malade, Adèle, parce qu'il faut bien que quelque chose t'avertisse que tu es de notre nature. Mourir, pour toi, ce sera reprendre des ailes. Mais tu ne mourras qu'après moi car tu es jeune, fraîche et belle, et Dieu ne voudra certainement pas trancher de bonne heure une vie de vertu.

Adèle, ne m'entretiens jamais de ces idées si lugubres et heureusement si improbables. Songe que je suis souvent seul et qu'alors ma tête fermente.

Adieu, écris-moi, je t'en supplie, bien long, puisque nous ne pouvons nous parler. Il faut m'arrêter ; ma pensée a conçu vingt pages avant que ma plume ait parcouru une ligne. Adieu, je ne suis quelque chose que par l'affection que tu daignes me porter et l'amour que j'ose te vouer. Aime-moi toujours et pense à moi dans ta belle âme.

Ce mardi (1ᵉʳ octobre).

Je viens de travailler. Je vais t'écrire pour me délasser. Cette douce occupation est la récompense de mes occupations sérieuses. C'est un bonheur dont je voudrais remplir tous les instants qui ne sont pas consacrés au bonheur de te voir.

Cependant, mon Adèle, c'est, à chaque fois que je t'écris, une nouvelle lutte de mon cœur et de ma pensée contre l'insuffisance des paroles. Il manque toujours quelque chose à mes lettres, et *ce quelque chose* que je n'ai pu exprimer est pourtant ce que j'aurais le plus désiré rendre. Il me semble, Adèle, que, si tu m'aimes, tu lirais avec ravissement dans mon âme; mais, si tu m'aimes, ange bien-aimé, tu dois savoir tout ce que je veux te dire, tu dois suppléer à la faiblesse de ces mots *amour, adoration, idolâtrie*, pour peindre ce que j'éprouve pour toi. Il doit y avoir dans ton cœur une voix intime qui te révèle tout ce que le mien renferme d'indicible et d'inexprimable dans la tendresse qu'il t'a vouée.

O Adèle, quand je songe qu'il aurait pu se faire que tu ne m'aimasses pas, je frissonne comme devant un abîme. Hélas ! que serais-je devenu, grand Dieu ! si le regard de cet ange n'avait pas daigné tomber sur moi ?

Il est vrai que ma vie aurait été une dérision du

ciel; car, n'est-il pas vrai, mon Adèle adorée, qu'il eût été injuste de me laisser chercher avec candeur et pureté l'âme destinée à mon âme, sans me permettre de la trouver?

Je n'ai rien fait pour ne pas te mériter; mais aussi, qu'ai-je fait pour te mériter? Hélas! rien, que de t'aimer de l'amour le plus ardent, le plus chaste, le plus virginal, de te dévouer jusqu'à la mort et après la mort tout mon être, toute mon existence mortelle et immortelle. Qu'est-ce que cela, ange, auprès du bonheur de te posséder?

Adieu, je te verrai ce soir. Aurai-je une lettre de toi? Je t'embrasse en mari bien impatient d'être mari.

Vendredi (4 octobre).

Quand je pense, mon Adèle, que notre bonheur est si prochain et que rien désormais ne paraît pouvoir l'entraver, ma vie me semble comme un rêve.

Il y a deux ans, il y a un an, que j'étais malheureux ! Aujourd'hui, que de bonheur ! Je crois parfois ne sortir qu'à peine de cette longue et douloureuse époque où un regard passager de toi, ta robe un moment aperçue de loin dans une rue ou dans une promenade, et, plus tard, une ou deux paroles échangées avec crainte pendant quelques minutes d'entrevue, étaient mes seules jouissances, mes seules félicités, et encore bien longtemps épiées, bien rarement obtenues !

Quelle joie ! tout cela est dans le passé, et que d'enchantement dans notre avenir ! Maintenant, Adèle, rien ne nous séparera plus, rien ne contraindra nos entretiens, nos caresses, notre amour !

Je te le répète, je crois à peine à mon bonheur, parce qu'il me semble que j'ai encore bien peu fait pour le mériter sitôt. Ma joie est dans mon âme au niveau de mon amour, c'est-à-dire que les expressions me manquent aujourd'hui pour l'une comme elles m'ont toujours manqué pour l'autre. Toutes les paroles d'ivresse et de dévouement ont été tant prodiguées qu'elles sont faibles à force d'être communes, et ce que j'éprouve est un sentiment de bonheur si pur, si intime, si profond qu'il ne ressemble à rien de ce qu'on peut dire avec la voix et la plume. Interroge ton âme, mon Adèle bien-aimée, et, s'il est vrai que tu m'aimes, elle te répondra tout ce que la mienne ne peut te peindre par des expressions matérielles.

Notre histoire, chère aimée, aura été une preuve de plus de cette vérité que vouloir fermement, c'est pouvoir. Quelques mois ont suffi pour vaincre beaucoup d'obstacles; mais que ne peut celui qui t'aime et qui se sent aimé de toi?

Adieu, mon Adèle adorée, ton bienheureux mari t'embrasse, bien impatient de savoir quelle a été ta nuit et quelle est ta santé en ce moment. Adieu donc.

Le mariage de Victor et d'Adèle eut lieu enfin le 12 octobre 1822.

Depuis le jour du premier aveu, 26 avril 1819, il s'était écoulé trois ans et demi.

AUTOGRAPHE DE LA PREMIÈRE LETTRE

Samedi soir.

Quelques mots de toi, mon Adèle chérie, ont bien changé l'état de mon âme. Oui, je puis vous jurer que si, ce demain je devais encore ne pas d'espérer si le doute venait de renaître, si tu rendais impossible ce livre adoré auquel j'essais par pour rappeler la vie dans mon corps, combien ce soir j'irais me coucher différent d'hier! hier, Adèle, avec ma confiance dans l'avenir m'avait abandonné, je ne croyais plus à ton amour, hier l'heure de ma mort aurait été la bienvenue!... Cependant, me disais-je encore, s'il est vrai qu'elle ne m'aime pas, si bien dans mon âme je ne pas ne mérite le bien de son amour sans lequel il n'y a plus de charme dans ma vie, est-ce une raison pour mourir? au reste c'est pour mon bonheur personnel que j'existe! Oh Dieu! que mon âme la considère, même malgré elle... Et de quel droit aurais-je osé

prétendre à son amour ? Suis-je donc ne
plus rien à ses yeux ou qu'un rien ? Je l'aime,
il est vrai, moi, je serais prêt à tout lui
sacrifier avec joie, oui, jusqu'à l'espérance
d'être aimé d'elle, il n'y a pas de sévérité car
donc je serais capable pour elle, puis un
seul sourire, pour suivre ses regards ; mais
comment cela pourrait être autrement ? est-ce
qu'elle n'a pas l'unique but de ma vie ?
qu'elle me montre de l'indifférence, de la
haine même, en dans mon malheur, voilà
tout. Qu'importe, s'il lui revient pour elle sa
félicité ! Oh oui ! si elle ne peut m'aimer, je
n'en dois accuser que moi, mais dois-je sur de
m'attacher à ses pas, d'environner son existence de la mienne, de lui servir de rempart
contre les siens, de lui offrir ma tête pour
marche-pied, de me placer sans cesse entre elle et
toute la douleur, sans réclamer de salaire,
sans attendre de récompense, trop heureux si elle
daigne quelquefois jeter un regard de pitié sur mes

esclave et le souvenir de moi au moment
du danger ! Hélas ! qu'elle au besoin
jeter mo[n] vie au devant de ou ses jours, de
[travailler] à sa [vie], qu'elle me permette de
baiser avec respect la trace adorée de ses pieds,
qu'elle consente à appuyer parfois sa marche
sur moi dans les difficultés de l'existence,
et j'aurai obtenu le seul bonheur auquel
j'aie la présomption d'aspirer. Pourquoi j'irai
pas à [vouloir] lui inspirer, est-ce que elle me
doit quelque reconnaissance ? est-ce à sa faute
si je l'aime ? faut-il qu'elle [se voie pour]
cela contrainte de m'aimer ? non, elle pourrait
[   ] de mon dévouement payer de haine mes
services, repousser mon [   ] avec mépris,
sans que j'aie un moment le droit de me plaindre
de ses [   ], sans que je doive cesser un instant
de lui prodiguer [   ] qu'elle [   ].
Et quand chacun de mes jours aurait été
marqué par une [   ] pour elle, [   ]

jour de ma vie. Je n'aurais encore rien
acquitté de la dette infinie de mon être envers
toi. — Mais, en cette heure, mon Adèle
bien-aimée, c'étaient là les pensées et
les résolutions de mon âme. Elles sont encore
les mêmes aujourd'hui, seulement il s'y mêle
la certitude du bonheur, et ce bonheur est si grand
que je n'y pense jamais qu'en tremblant... Est-
il certain ? — Il me semblait que tu m'aimais,
Adèle ! dis-moi, est-ce que je puis me fier
à cette ravissante idée [illegible]
[illegible]
[illegible]
sûr de te rendre aussi heureuse que je serai
heureux, sans t'être aussi dévoué [illegible], que serait
devenu de moi ? Oh ! ta lettre m'a rendu le repos
[illegible] de bonheur.
Oh ! mille fois merci, Adèle, mon ange bien-aimé,
je voudrais pouvoir me prosterner devant toi comme
devant une divinité. Que tu me rends heureux !
Adieu, adieu, je vais passer une bien douce nuit à
rêver de toi, dors bien, et laisse ton mari [illegible]

TABLE

		Pages.
I.	Janvier 1820 — Juin 1821	1
II.	Octobre — Décembre 1821	65
III.	Janvier — Mars 1822	139
IV.	Mars — Octobre 1822	233

3302. — Librairies-Imprimeries réunies, MOTTEROZ, Directeur, 7, rue Saint-Benoît, Paris.

EUGÈNE FASQUELLE, ÉDITEUR, 11, RUE DE GRENELLE, PARIS

ŒUVRES POSTHUMES DE VICTOR HUGO

Pour paraître en Octobre

POST-SCRIPTUM DE MA VIE

ŒUVRES PARUES dans la BIBLIOTHÈQUE-CHARPENTIER
à 3 fr. 50 le volume

Théâtre en liberté	1 vol.
La Fin de Satan	1 vol.
Toute la Lyre	2 vol.
Choses vues	1 vol.
Amy Robsart. — Les Jumeaux	1 vol.
Alpes et Pyrénées	1 vol.

ŒUVRES DE VICTOR HUGO
DANS LA PETITE BIBLIOTHÈQUE-CHARPENTIER IN-32
à 2 francs le volume

Les Orientales. — Les Feuilles d'automne, avec 2 dessins de Benjamin Constant, grav. à l'eau-forte, par Desmoulin	1 vol.
Odes, avec 2 dess. de G. Rochegrosse, gr. à l'eau-forte, par Jasinski	1 vol.
Ballades. — Les Rayons et les Ombres, avec 2 dessins de Jules Garnier, gravés à l'eau-forte par F. Desmoulin	1 vol.
Les Chansons des Rues et des Bois, avec 2 dessins de Maurice Eliot, gravés à l'eau-forte par Deblois	1 vol.
Les Châtiments, avec 2 dessins de Paul Robert, gravés à l'eau-forte par F. Desmoulin	1 vol.
Les Chants du Crépuscule. — Les Voix intérieures, avec 2 dessins de H. Laurent-Desrousseaux, gravés à l'eau-forte, par L. Muller	1 vol.
Les Contemplations, avec 4 dessins de H. Moulégut, gravés à l'eau-forte, par A. Musé	2 vol.
La Légende des Siècles (t. I), avec 2 eaux-fortes de Jeanniot	1 vol.
— Tome II, av. 2 dess. de Maurice Eliot, grav. à l'eau-f. p. Desmoulin	1 vol.
— Tome III, av. 2 dess. de Laurent-Desrousseaux, grav. à l'eau-forte	1 vol.
— Tome IV, avec 2 dessins de Roux, gravés à l'eau-forte	1 vol.

www.ingramcontent.com/pod-product-compliance
Lightning Source LLC
Chambersburg PA
CBHW060323170426
43202CB00014B/2646